Je boirai mon sang

Armand de La Rouërie,
rebelle en Haute-Bretagne
et jusqu'en Amérique

François-Xavier Lefranc

Je boirai mon sang

Armand de La Rouërie,
rebelle en Haute-Bretagne
et jusqu'en Amérique

roman

Robert Laffont

ISBN : 978-2-221-26347-1
Dépôt légal : octobre 2023
Éditions Robert Laffont – 92, avenue de France, 75013 Paris

À Paule et François, du Coglais
À Paty et tous les miens
À Armand, d'Amérique, héros de mon enfance

« Qu'est-ce que cette terre ? Une tempête d'âmes… »
— Victor Hugo, « À Guernesey »,
I. L'Art d'être grand-père

1

En 1755, les habitants de Livré, entre Rennes et Fougères, prièrent pour que la pluie arrive. Ils furent entendus. L'année suivante, ils prièrent pour qu'elle cesse enfin. Ils devaient avoir bien des fautes à expier. Elle ne s'arrêta pas. Les pauvres furent encore plus pauvres.

« La misère nous emporte ! gémissait Jeanne Lapôtre.

— Il faut prier le Très-Haut », répondait le curé Bicheux.

Alors Jeanne priait, encore et encore, jetant son regard triste vers le ciel. Parfois, un soleil timide faisait naître en elle un peu d'espoir. Le bon Dieu ne la laissait pas tomber ! Mais la pluie revenait. Et le visage de Jeanne retrouvait son masque de douleur. Louis, son homme, avait tenté de sauver la récolte, en vain. La famille comprit avant la mi-août que la disette arriverait avec l'hiver.

De petite santé, Louis perdit sa bonne humeur au fil des jours. L'inquiétude le rongeait. Il restait trop peu de fourrage pour finir l'automne. Son cheval était mort l'an passé. Et ses trois vaches ne suffiraient pas pour nourrir sa famille. Il but plus que de coutume, du mauvais vin et aussi de la gnôle. Cela ne faisait pas revenir le soleil, mais il y pensait moins.

« Que d'misère ! se lamentait Jeanne.

— Le Seigneur aura pitié de nous », répondait le curé Bicheux accablé.

Pressé de toute part, il organisa une procession jusqu'à la chapelle de Bon-Secours pour implorer sainte Marie-de-la-Moisson.

Les paroissiens de Livré se retrouvèrent un matin devant l'église, dont la porte désossée avait été posée contre le mur. La pierre de son bénitier était lissée, tant les fidèles l'avaient caressée de leurs mains priantes.

Ils se mirent en marche vers Val-d'Izé, la commune voisine. Le sol était trempé, et les enfants s'amusaient à glisser dans la boue. À plusieurs reprises, le curé Bicheux dut intervenir pour corriger les garnements.

Le cortège s'arrêta bien avant le bourg d'Izé, au croisement de deux chemins où se trouvait un vieil oratoire. Jeanne avait emmené ses trois fils, l'aîné Jean-Baptiste, de huit ans, le cadet Julien, de six ans, et le petit François, d'à peine cinq ans. Louis, leur père, s'était mêlé aux hommes qui marchaient derrière. Il tenait encore debout, mais la procession lui fut bien longue.

La voix forte du curé entonnait la prière à laquelle répondaient les fidèles :

« *Sancta Maria de Messione Fructus*...

— ... *Ora pro nobis.* »

Louis, rincé de fatigue, dodelinait de la tête. Il ne disait rien quand les autres paroissiens marmonnaient. Jeanne et ses consœurs mettaient leur reste de forces dans les prières qui devaient monter jusqu'au ciel pour être exaucées.

« *Sancta Maria de Messione Fructus*... répéta le curé.

— ... *Ora pro nobis*... reprit la foule.

— Priez pour nous... » ajoutèrent quelques paysannes, frappant leur poitrine de leurs poings serrés.

Les paroissiens d'Izé qui rejoignaient ceux de Livré à la chapelle de Bon-Secours étaient tout aussi accablés. On pressentait déjà que l'arrivée prochaine de l'automne ne chasserait pas le mauvais temps. Le ciel était de plomb.

« L'an passé, on a fait le même chemin pour demander la pluie... »

Jeanne dut le répéter vingt fois aux personnes qui prenaient le temps d'échanger quelques mots quand la procession ralentissait.

Les matins suivants, elle emmena ses trois garçons à l'église. Les prières ne cessaient que quand les cierges étaient réduits en fumée. Bientôt, la terre n'arriva plus à absorber l'eau du ciel. Un paysan et son cheval se noyèrent dans les vallons de la Chevalerie, où le ruisseau avait envahi les champs creux.

Un nouveau malheur s'abattit sur Livré en septembre. On parla d'abord d'une mauvaise fièvre. Ce n'était pas le feu de Saint-Antoine, comme certains le pensèrent. Les premiers malades furent pris de fortes chaleurs, de vomissements et de diarrhées.

Les plus anciens se souvinrent avec effroi de l'année 1739, quand la dysenterie avait saigné la commune au sortir de l'été. On organisa encore une procession. Les paroissiens marchèrent, serrés les uns contre les autres, comme pour donner plus de force à leurs prières. Louis Lapôtre vomit le soir même et fut emporté en trois jours. On le mit en terre aussitôt, car son corps sentait fort… Pas un matin ne se leva alors sans que l'on apprenne qu'un enfant, une femme ou un homme avait été rappelé à Dieu.

Éplorée, Jeanne réunit ses trois fils. Elle prit sur ses genoux son petit François. Jean-Baptiste et Julien se tenaient debout à ses côtés quand le recteur Gilles Bicheux frappa doucement à la porte, accompagné d'une voisine. À nouveau, ils prièrent.

« Le Seigneur m'avait tout donné… » entama le curé après avoir tapoté la joue de chacun des orphelins.

Et ils répétèrent :

« Le Seigneur m'avait tout donné…

— Le Seigneur m'a tout ôté… »

Trois paroissiens étaient morts la nuit précédente. Le prêtre prononça le nom de la terrible maladie :

« Il s'agirait de la dysenterie. Des maîtres chirurgiens de Rennes vont se déplacer jusqu'à Livré pour soigner les malades. »

Les garçons écoutaient, figés par la gravité des nouvelles. Ce devait être une mauvaise maladie pour que des savants décident de venir de Rennes.

Jeanne sombra dans un profond désarroi. Qu'allait-elle devenir, avec ses trois rejetons, sans son homme ?

Quelques jours passèrent, et de nouveaux morts furent recensés. Julien ressentit les premières douleurs le dimanche suivant. Jeanne, inconsolable, comprit alors qu'elle aurait encore à prier, car le malheur n'avait pas quitté sa pauvre maison.

Le garçon vomit durant trois jours. Il mourut à la fin de la semaine et fut mis en terre.

« Mon Louis, et maintenant mon Julien, mais qu'ai-je fait au bon Dieu ? »

Le curé revint le lendemain dans la cahute. Jeanne avait pleuré toute la nuit. Il annonça qu'arrivaient de Rennes M. Leroy, docteur en médecine, et M. Toulmouche, maître chirurgien.

Il fut décidé que les trois derniers cadavres seraient ouverts par le maître chirurgien. L'opération s'effectua dans une petite étable près de l'ancien prieuré et donna lieu à un rapport circonstancié :

« Nous avons ouvert les trois cadavres, et les trois étaient infestés de vers. C'est bien la dysenterie, comme dans les paroisses voisines. »

Jean-Baptiste, l'aîné, mourut trois semaines après Julien. Quels mots pouvaient consoler la pauvre mère ?

« Dites, monsieur le curé, va-t-Il aussi me prendre mon François ? »

Le recteur Bicheux tenta de réciter une autre prière, mais, gagné par l'émotion, il sanglota. Jeanne Lapôtre fut épargnée par le mauvais mal, mais mourut de chagrin. On vit le soir même un enfant marcher aux côtés de la soutane, derrière une civière portée par quatre hommes. Ceux-là empruntaient le chemin tous les jours, jusqu'au champ des morts. Jeanne fut mise en terre sous une pluie battante devant son petit de cinq ans. Trois voisines venues en procession en prirent soin. Il fut convenu que le prêtre trouverait une solution pour l'orphelin avant l'hiver.

Les derniers morts de dysenterie furent enterrés vers la Saint-Simon, à la fin du mois d'octobre. François Lapôtre fut hébergé chez des voisins, et l'on s'entraida pour le nourrir.

Avant Noël, le recteur fit conduire le petit orphelin chez les cousins d'un rémouleur de Livré. Ils habitaient à Saint-Ouen-la-Rouërie.

François grandit là, dans une pauvre ferme des bas du bourg, près du ruisseau qui séparait la Bretagne de la Normandie.

L'enfant ne parla plus jamais, ni de sa mère, ni de son père, ni de ses frères. D'ailleurs, il finit par ne plus parler du tout. Les seuls sons qui sortaient de sa bouche étaient les cris des oiseaux qu'il apprenait à imiter. Assez vite, il devint capable de faire chanter à toute heure du jour ou de la nuit le merle et le coucou, la fauvette et le chat-huant.

La famille qui l'avait accueilli admit d'emblée qu'elle avait affaire à un taiseux et ne trouva rien à y redire. Elle avait reçu du curé de Livré une somme pour nourrir l'enfant jusqu'à ce qu'il puisse aider au travail des champs, ce qu'il fit très jeune. Il s'occupa aussi des bêtes, nettoya l'étable et gagna sa pitance.

Souvent, il se perdait dans la lande pour penser à ses morts. S'il avait pu voler, François se serait porté dans les cimes des forêts alentour. Il n'aurait eu à répondre à personne et ne serait descendu que pour rejoindre la bande des gamins du pays qui ne lui demandaient rien. Seulement de faire chanter les oiseaux. Il courut les bois, les chemins creux taillés par le passage d'hommes, de femmes et de chevaux, de mendiants et de bonimenteurs. D'enfants à la vie dure.

2

Après un hiver très rude, l'année 1763 fut trop sèche jusqu'à l'été et se termina sous une pluie drue. Au sein du bois qui longeait le grand chemin vers Avranches, François Lapôtre, qui venait d'avoir douze ans, marchait seul sous la lune de novembre.

Peut-être pensait-il à ses morts quand un battement d'ailes chuchotait au-dessus du hallier. Parfois, c'était un feuillage froissé par le dos d'un blaireau. Il écoutait, reprenait sa marche lente sur un lit couvert de feuilles et de mousse. Il portait alors ses mains à la bouche, l'une contre l'autre comme pour y garder un fragile trésor, et un long hululement de chat-huant se perdait dans l'obscurité. À Saint-Ouen, on l'appelait « P'tit-Chouin qui ne cause jamais ».

« Qui va là ? »

Le garçon reconnut le ton du chef.

« P'tit-Chouin, c'est toi ? J'ai avec moi la Fouine et Chasse-Crapaud », souffla la voix, plus ferme.

Il aperçut des silhouettes qui se mussaient dans le taillis, et le chef s'approcha de lui. Il faisait trop sombre pour qu'on voie son visage, mais il devina le large chapeau qu'il portait souvent. Il y eut un mouvement.

« P'tit-Chouin, t'as mangé ta langue ? »

P'tit-Chouin reconnut le timbre enjoué de Chasse-Crapaud, puis le rire étouffé de la Fouine. Il répondit par le « tjuk tjuk tjuk » du merle noir.

Chasse-Crapaud émit aussitôt un lourd grognement de sanglier, ce qui fit pouffer la Fouine. Le chef se retourna vers eux.

« Taisez-vous donc, bande d'idiots. Si les Anglais étaient là, vous seriez déjà embrochés ! »

Le silence se fit à nouveau. Chasse-Crapaud et la Fouine restaient trois pas derrière pour se protéger d'un éventuel danger. Ces deux-là n'étaient jamais l'un sans l'autre. La Fouine, un miséreux, coulait ses pas dans ceux de Chasse-Crapaud – peut-être craignait-il la lumière ? La fièvre avait emporté sa mère alors qu'il n'avait pas deux ans. Son père avait voulu un jour dégotter quelques sous dans le commerce du sel. Il était parti dans le Maine avec une équipe de faux-sauniers, laissant son fils à la garde d'un lointain cousin qui s'abreuvait d'eau-de-vie. Le père n'était jamais revenu. Chasse-Crapaud, lui, était le fils d'un laboureur installé près du Couesnon sur les terres du château. Il n'avait pas son pareil pour musarder dans les fossés et les talus rabotés par le gros gibier.

Le chef, d'un coup de menton, mit sa troupe en marche.

« Gare aux bandits. Et si on croise ceux de Rennes, on les jette dans le Couesnon !

— Et si c'est un Anglais, on le jette au feu ! »

La Fouine, courant derrière, ajoutait toujours son grain de sel, et on le laissait dire. Les quatre gamins n'y voyaient goutte. Ils remontèrent jusqu'au grand sentier, qu'ils traversèrent presque en courant. Ils filèrent ensuite vers Antrain, glissant leurs frêles silhouettes dans un dédale de chemins creux qui descendaient vers le Couesnon.

À chaque pas, les pieds s'enfonçaient dans la boue épaisse. Les cuisses brûlaient sous l'effort. Pour oublier le long parcours qui les attendait, Chasse-Crapaud comptait les chênes têtards que l'on devinait dans la pénombre, dressés sur le haut talus comme de vieux soldats morts debout, les doigts secs et tordus.

Le chef ouvrait la voie à la hussarde, noyé dans ses pensées, rêvant sans doute de batailles épiques et de conquêtes. L'ordre était clair.

« Notre marche est secrète. On ne doit ni nous voir ni nous entendre d'ici au menhir de la Roche au Diable ! »

Ce vieux rocher disposé par les hommes au-dessus des marais du Couesnon trônait sur les hauteurs de Sougeal, à près de deux lieues de Saint-Ouen. Aucun des trois garnements n'osa demander de faire une halte. La silhouette longiligne du chef s'extirpait de la boue épaisse ; ses épaules se balançaient à un rythme parfait. Il semblait si à l'aise dans l'effort que Chasse-Crapaud, à sa suite, en était impressionné.

En troisième position, P'tit-Chouin ahanait, piochant dans la glaise. La Fouine fermait la marche. Chasse-Crapaud devinait ses crachats et quelques jurons essoufflés lancés de temps à autre, d'une voix sourde. « La Fouine va peiner... » tenta Chasse-Crapaud à l'adresse du chef, qui marqua alors un arrêt, lâchant d'un ton sec :

« La Fouine, suis-tu ?

— Sûr que je suis ! »

Il s'irritait quand on doutait ainsi de lui. Entre deux jurons, le souffle parfois lui manquait. Il crachait, jurait et suivait toujours.

« On est bientôt aux marais ? interrogea-t-il d'une voix fatiguée.

— Chaque pas nous y amène, répondit le chef soudain tout joyeux.

— Faut que je pisse ! »

L'éclat de rire général dut réveiller la campagne alentour. Même le chef oublia la consigne de discrétion qu'il avait donnée.

« Faisons halte, lança-t-il à la cantonade, pissons sur le talus et noyons les Anglais ! »

Des chemins plus faciles menaient à la Roche au Diable. Mais le chef avait tranché : « Nous traverserons les marais. »

Les quatre compagnons approchaient de Sougeal lorsque la première lueur du jour perça timidement le ciel lourd. On entendit quelques sarcelles et souchets s'encanailler dans les flûteaux, parmi les joncs et les herbes grasses.

La Fouine faillit couler dans un trou. P'tit-Chouin le retint de justesse. Chasse-Crapaud se précipita pour l'aider.

« Reste avec nous, la Fouine, le Couesnon n'aime pas les cochons ! »

La Fouine, galoches trempées, éclata de rire.

Au sortir des marais, la montée était raide jusqu'à La Musse et la croix du Bois-Robert.

« Silence ! On ne doit pas nous voir ni nous entendre. Ils vont penser à des rôdeurs. Ou aux Normands », souffla le chef.

Les habitants vivaient alors dans une grande méfiance. Le Couesnon, séparant la Bretagne et la Normandie, était entouré de marécages. Un usage ancien autorisait le passage des bestiaux d'une rive à l'autre sans qu'on se soucie de la province foulée. Mais, au-delà du Couesnon, les seigneurs normands d'Aucey et de Boucey ainsi que les paysans les plus riches avaient des vues sur le marais breton de Sougeal. Son assèchement aurait permis d'en tirer meilleur profit. Côté breton, les paroissiens de Sougeal guettaient le Normand comme le renard dans le poulailler.

Le chef leva la main et s'arrêta net. Il fit signe à ses compagnons de s'accroupir derrière une grosse touffe de joncs. Trois individus musardaient de l'autre côté de la rivière. Le ciel levait déjà son voile épais, laissant deviner un horizon de terre et d'eau.

« Celui de devant tient un harnais, souffla Chasse-Crapaud.

— C'est les Normands ! »

À moitié rassuré, la Fouine regardait le chef.

« Peut-être, ils vont sans doute chercher un cheval qui s'est échappé… »

Le chef fixa longuement les trois individus qui se mouvaient dans les marais. Le premier, petit, râblé, semblait connaître les lieux. Les deux autres suivaient, mais se retournaient souvent.

« Les rats craignent d'être aperçus.

— C'est peut-être de mauvais voleurs de bestiaux ? demanda la Fouine.

— Tu vois juste, répondit le chef à voix basse, ces trois-là ne m'inspirent pas confiance. »

Chasse-Crapaud s'agita soudain.

« Chef, regarde, je vois un bateau, ils ont passé le Couesnon avec un bateau ! Je le vois d'ici… Ils le laissent partir… Je vois le bateau qui s'en va ! »

Aux beaux jours, le Couesnon se traversait à gué du côté du château du Guépéroux. À la fin novembre, l'eau était trop haute. La masse sombre de ce qui semblait une petite embarcation s'éloignait au loin et se fondit dans la brume.

« Les chiens ! lança le chef. Ces trois rôdeurs sont de mauvais Normands. Ils ont dû voler le canot. Maintenant, ils s'éloignent de nous. »

La petite bande reprit sa marche vers le menhir de la Roche au Diable. Ils arrivèrent enfin près du vieux caillou qui dominait la baie. Et là, ils l'aperçurent tout au bout des marais, ce Mont-Saint-Michel que jamais l'Anglais ne réussirait à conquérir.

Le chef, grave, se plaça au plus près de la Roche au Diable, une main sur le menhir, P'tit-Chouin, la Fouine et Chasse-Crapaud à ses côtés.

« De là, on perçoit le monde », lâcha-t-il, balayant les alentours du regard.

Ce que la bande ne devinait pas, c'étaient trois hommes accroupis derrière le talus, en contrebas. L'un d'eux avait sorti son surin pour écarter les ronces. Il portait un harnais accroché à sa ceinture.

Le chef saisit la main droite de chacun, les unissant toutes dans la sienne, regardant à tour de rôle ses équipiers pour marquer l'importance de l'instant.

« Jurons fidélité à notre roi et à notre Bretagne ! »

La Fouine ne put contenir une quinte de toux. P'tit-Chouin bougea seulement les lèvres. Le chef les fixa sévèrement.

« La Fouine, reprends ton souffle, nous t'écoutons. »

Celui-ci s'exécuta fièrement, marquant chaque mot :

« À notre roi, à notre Bretagne ! »

Le chef se tourna alors vers P'tit-Chouin. Il savait qu'il fallait deviner chacune de ses syllabes, lâchées dans un souffle inaudible. P'tit-Chouin supplia ses camarades du regard, comme pour demander de l'aide. Le voyant si gêné, le chef eut une parole réconfortante :

« François, tu n'as pas parlé bien fort, mais nous t'avons entendu. »

Un long silence suivit. Le chef avait appelé P'tit-Chouin par son prénom. C'était sa façon de lui témoigner de l'affection.

« Mes frères d'armes, vous avez bien marché. Maintenant, les braves, demi-tour ! Évitons les marais, partons chasser ces maudits rôdeurs.

— Mieux vaut descendre par La Fontenelle, on pourra les rattraper », proposa Chasse-Crapaud.

3

La plus vieille vache de Louis Bernier attendait l'aube. Chaque matin à la même heure, elle descendait le long du talus boire au ruisseau, d'un pas traînant, suivie par deux autres laitières maigrichonnes. Fauvette, la jument grise de dix ans, ignorait cette lente procession matinale et restait brouter au milieu du pré pentu.

Dès l'aube, Louis Bernier jetait un œil en contrebas, grimpé sur un bloc de granit, près de la mare. De là, il voyait tout son champ, sauf un angle mort derrière des chênes où les bêtes aimaient s'abriter du vent.

Ce matin-là, sous la pluie, il eut un choc. Les trois vaches s'agitaient en tous sens. Un long meuglement qu'on dut entendre jusqu'au bourg de Saint-Ouen glaça le sang du paysan. Il aperçut deux hommes à la poursuite de sa jument Fauvette. Il la vit foncer vers les arbres, puis faire demi-tour là où le talus creusé par le gros gibier n'est qu'une petite levée facile à franchir.

Les voleurs de bétail étaient à l'œuvre ! Il distingua l'un des deux hommes qui tentait de saisir l'encolure du cheval – mais on n'arrête pas aisément un bidet breton quand il est furieux.

Louis Bernier parvint à nouveau à compter ses trois vaches, en revanche il eut beau chercher du regard sa jument Fauvette, il ne la vit pas. Apeurée par les deux bandits, elle venait de franchir la levée.

La catastrophe s'abattait sur le laboureur, qui glissa dans la boue en descendant de son perchoir de pierre. Il se releva et voulut courir. Dur à la tâche, usé par une pauvre vie de labeur, il n'était plus leste. Il parvint en boitant jusqu'à l'entrée du pré, le souffle coupé.

« Ah, les maudits ! Les maudits !… »

C'était un grand malheur pour un laboureur quand ses bêtes disparaissaient dans la nuit. Sa famille sombrait dans une misère noire. Sans son cheval, il ne pouvait plus préparer les prochaines récoltes ni exécuter les travaux de force. En ce temps-là, on retrouvait beaucoup de paysans réduits au désespoir noyés dans les marais ou pendus au fond d'un bois.

« Les maudits… »

Hagard, le laboureur tournait les mots d'une voix tremblante. Il avait du mal à retrouver son souffle. La barrière avait été jetée à terre. Les vaches affolées couraient encore. Au fond du champ, derrière la levée et juste avant le ruisseau, un couloir étroit était creusé dans les branches entremêlées et les ronces. La jument avait été entraînée là.

Louis Bernier pensa tout de suite à la bande à Liger. Elle avait sévi du côté de Fougères le mois précédent. Le curé en avait parlé à l'église. Joseph Liger, ancien meunier, terrorisait les campagnes avec sa vingtaine d'hommes spécialisés dans le trafic de bestiaux. Les bêtes volées étaient revendues dans les foires de Normandie, du Maine et parfois jusque dans l'Anjou. Louis Bernier, abattu, se sentit misérable. Il jura en boitillant pour tenir debout et redresser la barrière, bien incapable de galoper après sa jument. C'est alors qu'il eut une autre surprise : un garçon venait de sauter par-dessus le talus et courait vers lui en faisant de grands gestes. Il était rapide comme un lièvre. Tout essoufflé, il fonça droit vers Louis Bernier.

« Bernier ! Bernier ! Ta jument ! »

Une quinte de toux le saisit.

« Tu l'as vue ? Qui me l'a prise ?

— Des brigands, on les a aperçus, ils en voulaient à ta jument, mais on va te la ramener ! »

Le laboureur se méfiait, mais le gamin frêle avait l'air sincère.

« Es-tu seul ?

— Non, je suis avec le chef et des camarades. On a repéré trois rôdeurs qui épiaient ton champ. Ils sont arrivés par les marais à Sougeal. Deux ont sauté le talus pour empoigner ton cheval, et le troisième attendait dans le chemin. Le chef m'a dit de te prévenir. »

Une toux rauque l'empêcha de poursuivre.

« Vous arrivez d'où ? De quel chef parles-tu ? »

Le garçon, nerveux, visiblement sous le coup de l'émotion, toussa encore, cracha, jura et reprit son souffle.

« Le chef, Chasse-Crapaud et P'tit-Chouin vont te la ramener, répéta le marmot comme pour convaincre le paysan incrédule. Mais il leur faut de l'aide, viens ! »

Au-delà du ruisseau, le chemin remontait vers Antrain, bordé de très hauts talus que la jument aurait du mal à franchir. Dans le profond couloir de terre, les voleurs de bestiaux seraient plus facilement pris au piège. Mais le garçon disait-il vrai ?

« C'est vous les p'tiots qui avez affolé mes bêtes ? »

Le laboureur paraissait bien méfiant.

« Bon Dieu, faut me croire, Bernier. Moi, je suis la Fouine, je m'appelle Joseph. On arrivait des marais de Sougeal et, en revenant, on est tombés sur eux. »

Bernier ne pensait qu'à sa jument. Il lui fallait la reprendre, et vite. Même si cette petite fouine disait juste, que pourraient trois gamins face à des voleurs de bestiaux aguerris ? C'était forcément de solides gaillards, rompus au brigandage.

Le paysan grimpa la levée, la Fouine à ses trousses, et descendit vers le ruisseau en traînant sa jambe douloureuse. Ils n'eurent pas à aller bien loin pour tomber sur Fauvette. Après quelques mètres dans les ronces, on arrivait au chemin d'Antrain. Un peu plus haut, la jument paissait paisiblement l'herbe sur le talus. Au milieu du champ, la bataille faisait rage. Les brigands étaient là, tous les trois, face aux compagnons de la Fouine.

L'un des voleurs semblait prêt à fuir, comme s'il n'attendait que ses compères pour filer. Si l'affaire tournait court, il n'aurait sans doute rien à gagner à se battre dans un pré, avec des enfants de paysans. Il se tenait ainsi à quelques mètres de la bataille. Le deuxième hésitait, tournant autour des gamins, le poing levé. Quant au troisième, petit, râblé, le cou trop large, il avait l'air fou de rage. Il faisait face à celui des trois gamins qui semblait le plus décidé à en découdre et lui décocha un vigoureux coup de poing dans l'épaule. Son adversaire n'en parut pas ébranlé. Très vif, le garçon frappa violemment son agresseur au visage. L'homme le saisit alors, lui serrant le cou d'un bras gros comme un cuisseau. Il vociférait, la voix rocailleuse et pleine de rage :

« Crève, petite vermine, tu vas regretter de m'avoir suivi ! »

Il dut vite lâcher prise : le jeune combattant s'était saisi d'une dague et, d'un geste ample, il lui lacéra la joue et l'oreille. L'homme hurla de douleur, la figure en sang, et fit volte-face. Son rival prenait l'avantage : il s'était brusquement dégagé et braillait ses menaces.

« Viens, espèce de chien, en garde, bats-toi ! Viens gagner ton butin ! »

Il faisait face à l'homme au cou de bœuf.

« Chasse-Crapaud, P'tit-Chouin, à moi ! »

Les deux amis vinrent immédiatement se ranger à ses côtés. Le premier, le bras replié, serrait fort le manche en bois de son couteau. Le second prenait quelque distance, apeuré par le visage sanguinolent du voleur de bétail qui jurait tel un démon.

« Viens goûter mon épée, mauvais rôdeur ! lança le plus jeune dont la dague fendait l'air.

— Je vais te saigner ! » promit l'homme, en tentant à nouveau de saisir son intrépide adversaire.

Mais la dague déchira sa chemise et revint à l'assaut. Le garçon savait manier la lame, et son adversaire comprit vite qu'il n'aurait pas le dessus. Si d'autres paysans arrivaient à l'aide, son compte était bon. Ses deux compères fuyaient déjà.

Du chemin, grimpé sur la levée, Louis Bernier observait la scène, incrédule, en agrippant sa jument, la Fouine à ses côtés. Tout heureux d'avoir retrouvé sa Fauvette, le paysan craignait que l'affaire ne tourne au drame. Il voulut retenir la Fouine, qui sauta en contrebas :

« Chef ! Chef ! Chef ! Me voilà, on a la jument ! »

La Fouine, comme un chat, s'extirpa des ronces qui couvraient le talus, bondit sur quelques mètres, mais trébucha et s'étendit de tout son long. En l'apercevant, l'homme au cou de bœuf comprit que les renforts étaient là et se mit à courir vers ses compères qui prenaient la fuite. Le garçon à la dague partit dans un grand éclat de rire. Le bandit avait-il plus peur de la Fouine que de la lame qui venait de le griffer ?

« La Fouine, tu as fait fuir les voleurs de bestiaux… Un jour, la Fouine, tu seras général ! Général la Fouine, tu es un héros ! »

Et il riait encore.

Louis Bernier, fasciné, fixait le garçon dont la dague tournoyait et fendait l'air. Il lui cria de prendre garde à lui :

« C'est toi, le chef ? Ne cours pas après ces bandits, ils sont mauvais, des assassins…

— Montjoie ! Saint Denis ! Torreben ! »

La Fouine ne comprenait pas ce que tout cela signifiait. Mais les mots du chef claquaient, tels des cris de bataille. Et ces mots affirmaient que lui, la Fouine, avait aussi mené le combat. Le chef venait de l'associer à la victoire de belle manière !

À peine relevé, la Fouine se mit à tousser. Il cracha, ainsi qu'il le faisait dès que l'émotion le gagnait, amorça quelques pas, s'arrêta et ne put retenir ses larmes. Il pourrait en raconter, à ceux de la bande de Saint-Ouen qui n'étaient pas venus, cette nuit-là, prêter serment à la Roche au Diable. Il leur raconterait comment le chef s'était libéré des mains d'un assassin devant lequel plus d'un aurait reculé. Lui était là et avait tout vu, la lame du chef déchirant la joue de l'ennemi, et son grand courage lorsqu'il avait affronté le cou-de-bœuf qui voulait le saigner. Le chef leur dirait comment, voyant sauter la Fouine par-dessus le talus, le voleur avait préféré s'enfuir.

Louis Bernier, à son tour, rejoignit les garçons au milieu du champ. Le jeune chef faisait encore danser sa dague au-dessus de sa tête. Il ne tenait plus en place et riait de bon cœur, la chemise tachée de sang. Boitillant, Louis Bernier s'approcha de lui, battant l'air avec ses mains pour l'inviter à s'apaiser.

« Prends garde, ne te blesse pas, les bandits ont fui. »

Le chef lui lança un regard ironique.

« Ta jument est sauve, mais ils reviendront, et nous serons là à nouveau pour les chasser. »

Il avait l'air bien sûr de lui. N'était-il pas un peu fou, ce jeune paysan survolté ?

« Oui, vous êtes braves. Ma jument est sauve ! Mais es-tu blessé ?

— Non, c'est le sang de ce chien. Je lui ai taillé la face pour mieux le reconnaître quand il repassera par là. Et il goûtera de ma lame pour de bon. Je l'égorgerai comme un porcelet ! »

Le gamin à la dague partit alors dans un grand éclat de rire et se mit à danser de joie. Les trois autres le fixaient, l'air étonné et grave. Le chef semblait ailleurs.

La Fouine avait séché ses larmes et il fit parler son cœur :

« Vive le chef ! Vive le chef, le magnifique ! »

Louis Bernier recula d'un pas, interloqué par la scène et par ce jeune chef qui semblait possédé. Il connaissait les gamins qui traînaient souvent vers Antrain ou Saint-Ouen. Mais il eut un doute sur l'identité du bagarreur victorieux. Il paraissait plus instruit que les autres. Ce devait être le fils d'un laboureur qui avait quelque bien, dans une commune voisine.

Ce matin-là, de retour à Saint-Ouen, le chef abandonna sa bande près de la fontaine à Guillaume. La pluie avait cessé. Il reprit sa marche, seul, vers le château. Il caressa sa dague en longeant la grande allée jusqu'au domaine. Le sang sur sa chemise, ses cheveux longs et mouillés, ses vêtements trempés couverts de boue lui donnaient l'apparence d'un bandit.

Il ouvrit la lourde porte en sachant qu'un autre combat l'attendait là, moins violent mais plus rude à soutenir. Il lui fallait maintenant affronter le regard noir et outragé de sa mère, Thérèse de La Bélinaye du Bois-le-Houx, marquise de La Rouërie.

4

« Nous irons à Fougères passer l'hiver ! »

Blême, cheveux noués, Thérèse de La Bélinaye, marquise de La Rouërie, fixait son fils aîné d'un regard de glace. Armand, debout près du grand escalier de pierre, sentit ses jambes flageoler. Il leva les yeux, remarqua le mouchoir que sa mère écrasait de son poing et la toisa. Il tiendrait bon.

« Je n'irai pas à Fougères !

— Nous irons à Fougères et vous ferez ce que je vous dis ! Vous préférez être là, à vous vautrer dans les chemins, à vous rouler dans la boue, comme un chien fou, à vous couvrir de honte, et toute votre famille par la même occasion ! Oui, vous me faites honte ! »

La charge était violente. La froide colère d'une mère peut être injuste et cruelle. Elle monta *crescendo*.

« À qui est ce sang, si ce n'est le vôtre ? Qui avez-vous blessé ? Ou, pire encore, mon fils de douze ans est-il déjà un assassin ? Répondez-moi ! »

Une porte grinça au fond de la grande salle. Jeanne Dubois, la domestique qui préparait les repas, sentit l'orage gronder et préféra rejoindre la cuisine – où l'on trouvait toujours à faire.

« Je n'ai tué personne, tenta Armand, mais j'ai fait fuir des voleurs de bétail. Ils s'en prenaient à la jument d'un laboureur. Nous les avons chassés. L'un d'eux voulait m'étrangler. Qu'attendez-vous de moi ? Que je me laisse occire ?

— Taisez-vous ! J'attends de vous ce qu'attendait votre pauvre père : que vous vous teniez droit ! Que vous cessiez d'aller courir la nuit je ne sais où, avec je ne sais qui, à vous prendre pour la maréchaussée. Avez-vous blessé cet homme ?

— Je l'ai juste griffé...

— Tout ce sang ne provient pas d'une simple griffure !

— Il est parti en courant comme un lièvre. Je l'ai éraflé avec ma dague avant qu'il ne m'étrangle. Je vous ai épargné d'avoir à me pleurer. Dois-je le regretter ?

— Mon Dieu, taisez-vous donc ! Votre sœur... »

La marquise de La Rouërie se sentit vaciller à la pensée de sa petite Renée, emportée alors qu'elle n'avait que deux mois et dont l'image, dans son linceul blanc, ne quittait jamais son esprit. Qu'Armand meure à son tour, elle n'y aurait pas survécu. Une larme perla sur sa joue. Armand en fut touché, mais n'eut pas le temps de s'épancher.

« Mère...

— Taisez-vous ! Je veux savoir qui vous accompagnait !

— P'tit-Chouin, Chasse-Crapaud et la Fouine, et croyez-moi, ils se sont tenus droit.

— "La Fouine" ? Ce n'est pas un nom, "la Fouine" ! N'ont-ils pas de noms ? Qui sont-ils ?

— Vous le savez. Mes compagnons sont des alentours. François Lapôtre, celui qui jamais ne cause, Hubert Portier, qui est de nos terres, et le petit Joseph, qui n'a plus personne.

— Joseph ? C'est lui que vous appelez "la Fouine" ? Cet enfant est souffreteux et mourra à passer la nuit dehors ! Est-ce ce que vous voulez ?

— Il est brave. Et je prends garde à lui.

— Qui d'autre ?

— Les autres ne sont pas venus.

— Parce qu'ils sont plus sages que vous !

— Non, parce qu'on les en a empêchés !

— Vous préférez courir avec les paysans et les domestiques que de grandir près des vôtres !

— J'apprends auprès d'eux le commandement.

— Vous ne commanderez pas des officiers en commandant des paysans !

— Ces paysans sont mes soldats !

— Vous n'êtes pas un paysan ! Vous êtes un marquis, d'une lignée qui sait se tenir. Serez-vous la honte de notre famille ?

— Je suis heureux d'être votre fils, mais cette lignée n'est pas de mon mérite. Mon mérite, je le gagnerai au combat ! »

Thérèse de La Bélinaye crut défaillir de colère. Elle reprit son souffle. Son effronté de fils ne pliait pas. Elle se sentit bien seule à mener la bataille. Il manquait à ce garçon un père pour le sermonner.

« Que vais-je faire de vous, et de vos frères qui n'ont d'autre exemple que le vôtre ? »

Elle marqua un temps d'arrêt.

« Je vous interdis, entendez-moi bien, je vous interdis d'emmener Gervais ou Charles-Louis traîner avec votre bande. Jamais je ne vous le pardonnerais ! Quand serez-vous enfin digne d'être chef de famille ? »

Armand la vit baisser les yeux, au bord des larmes. Il s'en voulut de tant la peiner. L'émotion montait en lui, mais il la contiendrait. Et puis, quelle injustice ! Pourquoi une telle colère ? Comment lui faire comprendre que, s'il était sorti cette nuit-là, c'était pour se préparer à de grandes batailles, pour apprendre à mener les hommes, à protéger les siens, sa famille ? Pour tenir son rang ?

Charles-Louis, le benjamin de neuf ans, venait de mettre un pied dans la pièce, inquiet d'entendre tant de cris. Sa mère lui ordonna de faire demi-tour.

« N'approchez pas votre démon de frère avant qu'il soit sec et propre ! »

Et elle tourna les talons.

Armand en fut blessé. Pourquoi ce mépris ? Son orgueil reprit le dessus. Un chef de famille ne s'apitoie pas. Il songea aux bandits, fuyant à travers champs, et cette pensée lui donna un bel entrain. Il ne revit la marquise de La Rouërie qu'au repas du soir.

Tout l'après-midi, Armand avait croisé le fer avec le sieur Dournel, maître d'armes venu de Saint-Malo. Ce dernier avait trouvé le jeune La Rouërie bien nerveux ce jour-là et dut même s'emporter pour se faire entendre.

« Monsieur, attendez le bon moment ! Vous portez votre botte comme un furieux ! »

Botte de prime, de seconde, de tierce, quarte et quinte... Armand dut calmer ses ardeurs et écouter Dournel, qui savait tordre les volontés les plus rétives.

Il rejoignit le souper en même temps que ses frères. Jeanne Dubois avait préparé un bouillon divin pour réchauffer l'atmosphère glaciale. Thérèse de La Bélinaye s'assit comme si de rien n'était. Elle sourit même à Gervais, son deuxième fils de onze ans, puis à Charles-Louis. Armand guetta un signe d'apaisement. Pas un sourire, juste un mot indiquant que sa mère se laissait gagner par un peu de compréhension. Il ne vint pas. Leurs regards se croisèrent. Thérèse de La Bélinaye fixa son aîné. Elle semblait le défier. Au bout de quelques secondes, elle rompit le silence :

« Nous séjournerons à Fougères, cet hiver. Nous y serons après les premiers jours de décembre.

— Mère, je viendrai. »

Armand Charles Tuffin, seigneur de Carnet, marquis de La Rouërie, vicomte des Portes, avait rendu les armes. Le jeune chef de famille se savait observé par ses deux frères. Il devait donner l'exemple de la raison et écouter sa mère. Comme chaque année, il passerait Noël à Fougères, éloigné de sa bande de Saint-Ouen. Il y retrouverait son grand-père, Armand de La Bélinaye, ses oncles, ses tantes et la compagnie de nobles des alentours qui souvent l'ennuyaient.

À Fougères, l'hôtel de La Bélinaye était une confortable demeure en moellons de granit et pierres de taille. Le vicomte Armand de La Bélinaye, père de Thérèse, appréciait cette maison de ville quand il quittait son froid manoir du Bois-le-Houx, à Luitré. C'est là qu'était né Armand Tuffin de La Rouërie, le 13 avril 1751.

Le père d'Armand, Anne Joseph Jacques Tuffin, marquis de La Rouërie, était issu d'une lignée installée à Saint-Ouen depuis au moins cinq siècles. À la naissance de son premier fils, il s'était dit, en tenant le bambin à bout de bras, que la longue histoire familiale se poursuivrait des siècles encore.

« Voici notre nouveau général, avait-il lancé à la cantonade, il va conquérir l'Angleterre ! »

Son bonheur avait peu duré, car il était mort trois ans plus tard. Cette disparition, quelques mois après le décès de leur petite Renée, avait laissé la marquise de La Rouërie dans une grande douleur.

Dès ses premiers pas, l'aîné des La Rouërie avait été intenable. Dans son enfance, Thérèse de La Bélinaye avait accueilli avec fierté les compliments sur son aîné si vif et d'une grande intelligence. Il avait marché tôt et su parler avant bien d'autres. Néanmoins, la marquise avait dû se rendre à l'évidence : l'emmener à l'âge adulte ne serait pas de tout repos.

« Votre petit Armand est né avec un tempérament de lion », lui disait souvent Perrine Labbé, sa gouvernante.

Thérèse de La Bélinaye, pour assagir son fils, lui rappelait les mots de son père à sa naissance : on attendait de lui qu'il embrasse la carrière militaire, qu'il porte haut dans l'histoire le blason d'argent à la bande de sable chargée de trois croissants – le blason des La Rouërie !

« Vous commanderez, c'est ce que voulait votre père. »

L'enfant au cœur de feu avait pris cette injonction au pied de la lettre et n'avait pas attendu d'être adulte pour suivre cette voie. Il était né chef. Il ne laissa jamais les siens ni ceux qui croisèrent sa route l'oublier.

Avant que la famille ne prenne ses quartiers d'hiver à Fougères, il restait à Armand quatre semaines pour mettre sa troupe en ordre de bataille. Rendez-vous fut donné sans attendre, dès le lendemain.

Ils étaient sept autour de la fontaine à Guillaume. Il y avait là le chef, P'tit-Chouin, la Fouine et Chasse-Crapaud. Les quatre garçons furent rejoints par Châtaigne, un gamin d'Antrain aux poignes de fer, Ventre-à-Terre, un Normand qui courait comme un chevreuil, et Lance-Patates, de La Fontenelle, qui cachait ses longs cheveux sous un grand calot noir, ses frondes toujours à la ceinture.

« Les voleurs de bétail sont remontés du Maine, raconta Lance-Patates. Ceux de la bande à Liger se sont battus vers Saint-Germain, je l'ai su par un mendiant qui arrivait de Saint-Brice et marchait vers Dol. Ils ont volé des chevaux au Châtelier et ont même cabossé un laboureur en lisière du Maine, à ce qu'il m'a raconté. C'est sans doute eux que vous avez combattus ?

— Non, coupa le chef, ceux-là n'étaient que trois et venaient de Normandie. Liger et sa troupe attaquent en bande, par surprise.

— On rapporte qu'ils sont bien nombreux pour aller vendre les animaux dans le Maine ou dans les foires normandes, ajouta Lance-Patates.

— Liger a des compagnons dans toutes les paroisses, assura le chef. C'est un ancien meunier et, où qu'il aille, il sait à quelles portes frapper. Il connaît des coquins dans bien des moulins.

— Il faut les pendre ! s'enflamma Ventre-à-Terre.

— Il faut d'abord les repérer, apprendre à les connaître et les combattre, rétorqua le chef.

— Allons au-devant d'eux et détroussons-les ! insista Ventre-à-Terre, si vexé d'avoir raté la bagarre de la veille qu'il jouait au brave comme pour se rattraper.

— Demain, nous surveillerons les rives de la Loisance vers Saint-Brice et nous descendrons jusqu'au château de la Motte ! conclut le chef. Si des voleurs de bestiaux sont toujours là-bas, je jure que nous les mettrons à terre !

— Ceux de Saint-Brice vont nous aider ? interrogea la Fouine, encore impressionné par le combat et inquiet pour le suivant, car il faudrait être bien nombreux pour affronter une telle bande de brigands.

— Nous leur raconterons notre bataille, et ils raconteront à leur tour que les voleurs de bestiaux ont été combattus près du

Couesnon par les soldats de Saint-Ouen. Et si Saint-Brice le sait, Fougères le saura bien assez tôt. La Fouine, nous leur dirons combien tu as été brave ! »

Le visage de la Fouine devint pourpre. Il racla sa gorge et se mit à tousser. Le chef avait compris la gêne de ceux qui n'étaient pas venus prêter serment à la Roche au Diable. Il devait célébrer les efforts de la Fouine, de Chasse-Crapaud et de P'tit-Chouin, qui avaient marché toute la nuit et s'étaient battus. Les autres n'en auraient que plus de hargne lors d'un prochain combat.

Mais Armand pensait aussi à l'avertissement de sa mère. La Fouine semblait atteint d'un mauvais mal et peinait de plus en plus.

« Dans quelques jours, nous passerons en Normandie et nous irons jusqu'au sommet du Mont-Saint-Michel. Du cloître, la Fouine, tu verras les cieux ! »

Les yeux de ce dernier brillaient. La pluie se mit à tomber. On entendit sur la hauteur sonner les deux cloches de l'église de Saint-Ouen. Le chef pointa son index vers les nuages, pour imposer un moment de solennité, puis montra la colline depuis laquelle sonnait l'angélus. Il se mit à rire.

« Armande Louise Charlotte, ma cloche, nous te saluons ! Ma belle amie, tu nous donnes du cœur à l'ouvrage ! »

Le chef partit alors dans une grande tirade, à son habitude, les yeux joyeux. Les compagnons l'écoutaient, amusés, mais aussi admiratifs de son aisance. Il était capable, pour séduire son auditoire, des plus folles envolées. Et ce jour-là, il fut imaginatif.

« Ma jolie cloche, nous amènerons l'Anglais à tes pieds et nous lui botterons les fesses, chacun notre tour !

— Chasse-Crapaud sera le premier à essuyer ses pieds crottés », ajouta la Fouine.

L'intéressé rit comme un bossu, suivi par les autres.

La Fouine repensa à la belle cérémonie à laquelle il avait assisté, l'été de l'an passé. Ce jour-là, on avait baptisé la deuxième cloche de l'église de Saint-Ouen « Armande Louise Charlotte », du nom de son parrain, le jeune marquis de La Rouërie, et de sa marraine,

Louise Charlotte Guérin, marquise de Saint-Brice, riche héritière de la plus importante baronnie de Fougères. Le recteur Thomas, accompagné du curé Mariau, avait béni la cloche sous le regard des compagnons du chef, réunis sur la place de l'église où affluaient nombre de paroissiens. Armand avait à ses côtés sa famille. Mais c'était vers sa troupe qu'il avait porté son regard au moment de la bénédiction.

5

La motte féodale s'élevait entre le château de Saint-Brice et la Loisance, un ruisseau poissonneux qui se jetait dans le Couesnon vers Antrain. Le tertre massif semblait garder les lieux depuis des temps oubliés. Du sommet, on voyait le domaine des Guérin de Saint-Brice s'étendre entre les bois, les marais et les lourdes saillies granitiques.

« J'irai jusqu'au château de Saint-Brice avec seulement Ventre-à-Terre », avait prévenu le chef.

Après deux heures de marche, les autres étaient restés à l'entrée du bourg. Une dizaine de garçons longeant la rivière aurait forcément attiré l'attention, et Armand de La Rouërie ne se voyait pas saluer Jacqueline Hyacinthe Le Prestre de Chateaugiron, marquise de Saint-Brice, avec sa redingote boueuse et ses cheveux au vent. Qu'aurait dit le maître des lieux, Anne Gilles Jacques Guérin de La Grasserie, marquis de Saint-Brice, capitaine du régiment de Conti-Cavalerie, face au jeune La Rouërie crotté et ébouriffé ?

Ventre-à-Terre ajusta le long tissu qui tenait ses cheveux, sans un mot. Il resserra sa ceinture où était fichée une dague, et ils s'élancèrent en courant. Ventre-à-Terre était le plus rapide. Ils avaient connu ensemble de mémorables bagarres, lancés à travers champs à la poursuite de gamins venus de la Normandie voisine. Le chef louait les qualités extraordinaires de Ventre-à-Terre, « que même un cheval ne parviendrait pas à rattraper ». Pour frapper son auditoire, le jeune La Rouërie ne répugnait jamais à quelques exagérations.

Les deux garçons rejoignirent rapidement l'extrémité du marais qui enserrait le domaine.

« Nous voilà chez les Guérin de Saint-Brice. Qu'ils me reconnaissent, et mon oncle le saura. Il me dira encore qu'on lui a parlé de moi comme d'un bandit de grand chemin. »

Son oncle, Charles René de La Bélinaye, était un beau parleur, une personnalité enflammée qui menait grande vie à Paris dans les régiments du Roi.

« Nous n'irons pas plus loin, les gens du château pourraient nous repérer. »

L'air sombre, le chef réfléchit un instant.

« Il n'y a pas de brigands ici, et c'est bien dommage. J'aurais volontiers tordu les os d'un bandit !

— Pour cela, il faudrait filer après Saint-Germain et Fougères, proposa Ventre-à-Terre, prêt à courir des lieues pour se battre.

— Non, retrouvons les autres. J'ai mes raisons. »

Ventre-à-Terre fit craquer ses doigts et replaça le tissu qui serrait ses cheveux.

« Sommes-nous bredouilles ? »

Le regard d'Armand venait de se fixer sur un vieux chêne têtard au tronc volumineux, trois cents pieds devant, sur le talus. Ventre-à-Terre le vit porter la main à sa ceinture, comme pour vérifier que sa dague était bien là. Qu'avait-il repéré ?

« On nous observe.

— Qui donc ? »

Ventre-à-Terre n'avait rien remarqué.

« Un homme est caché derrière l'arbre, devant toi. Et un honnête homme ne se fourre pas sous les troncs.

— Je le vois, chuchota Ventre-à-Terre. Je peux le rejoindre avant qu'il n'ait eu le temps de fuir.

— Attends ! Je marche vers lui, tu sautes le talus et tu le contournes. Tu seras derrière lui, moi devant. Attention de ne pas alerter les gens du château. File ! »

Aussitôt Ventre-à-Terre se coula sous le talus, et le chef s'élança d'un pas rapide. En un rien de temps, il vit Ventre-à-Terre réapparaître derrière l'homme, qui comprit la manœuvre et se planta au milieu du chemin, appuyé sur un bâton qu'il maniait prestement. Son chapeau couleur de cendre cachait mal une chevelure blanche et désordonnée. Il avait drôle d'allure, engoncé dans une redingote qui lui donnait un air de vieux seigneur. Son visage était marqué de rides, mais le chef fut saisi par les yeux rieurs, d'un bleu intense, qui le fixaient.

« Qui va là ? » cria La Rouërie.

L'homme semblait rire, mais aucun son ne sortait de sa bouche édentée. Face à lui, le chef de bande était sur ses gardes, prêt à parer le moindre coup. Ventre-à-Terre se tenait derrière l'homme à la redingote, tel un chat aux aguets qui s'apprête à bondir. L'individu finit par lâcher des mots d'une voix criarde, heurtée par un petit rire essoufflé :

« Que Dieu vous bénisse, messeigneurs ! N'ayez crainte, je suis de bonne compagnie.

— Eh ! Tu crois me faire peur, vieux fou ? répliqua Armand, portant sur l'intrus un regard de glace. Qui es-tu ? Tu n'es pas le seigneur de ces lieux, je le sais.

— Mon domaine à moi est plus vaste. Il est des bois, des chemins et des landes, du Maine jusqu'à la mer, et peut-être même plus loin encore, partout où l'on me donne l'aumône. Dieu soit loué de vous avoir mis sur ma route.

— Tu es mendiant ? Quel est ton nom ?

— On me nomme Sans-Chagrin… »

Ventre-à-Terre s'était rapproché de son chef, intrigué par le personnage.

« Tu ne pleures donc jamais ? interrogea Armand. Le malheur pourtant n'a pas dû t'épargner ? »

La voix du chef était presque douce. Il avait ravalé son ardeur guerrière. Quelque chose lui disait qu'il pouvait être en confiance.

« Le malheur ? Les riches sont-ils plus heureux que les pauvres ? Que le Seigneur vous bénisse de tant de bonté. Vous prenez soin de moi, de mon malheur passé et de mon humble vie… »

Sans-Chagrin s'arrêta, secoué d'un petit rire nerveux.

« Peut-être votre bonté ira-t-elle jusqu'à me donner la pièce ? Tous les aubergistes ne m'ouvrent pas la porte, et je n'ai point mangé depuis l'angélus d'hier à l'aube. »

Le chef porta la main à sa poche et se saisit d'une pièce.

« Tiens, file jusqu'à Fougères, tu y trouveras d'autres bienfaiteurs. »

L'homme ôta son chapeau, baissa la tête, et les deux garçons l'entendirent bafouiller des prières plus qu'un prêtre n'en disait en une messe.

« Que le Seigneur vous bénisse, vous et vos familles. Qu'Il vous couvre de joies et que la Vierge Marie veille sur vous et les vôtres. Et qu'elle bénisse...

— Suffit ! l'arrêta La Rouërie. Garde tes prières pour ton recteur.

— Vous êtes bien bon... monsieur le marquis ! »

Le chef se ressaisit soudainement et prit un air sombre.

« Qui te dit que je suis marquis ? lâcha-t-il sévèrement.

— Un mendiant sait beaucoup de choses, mon bon monsieur. »

Sans-Chagrin fut repris d'un rire nerveux. Ventre-à-Terre en conclut que cet homme-là était malin comme un singe, ce dont Armand de La Rouërie, courroucé, ne semblait pas s'apercevoir.

« Vous êtes connu en dehors de Saint-Ouen, commença Sans-Chagrin, on dit de vous que vous êtes un chef respecté par votre troupe jusqu'à Fougères, et même au-delà.

— Je le suis ! N'est-ce pas, Ventre-à-Terre ? Suis-je respecté ?

— Oui, par nous tous... Mais n'écoute pas ce vieux singe qui cherche à nous noyer dans ses prières.

— Que raconte-t-on de mes soldats, et de moi-même ?

— Mon bon monsieur, Dieu vous bénisse, je sais qu'il y a deux jours vous avez rossé des voleurs de bestiaux, et, croyez-moi, ils se méfieront de vous. Votre réputation est rude.

— Tu entends ça, Ventre-à-Terre ? Ces chiens ne viendront plus de sitôt rôder chez nous. Avertis-les, vieux fou, si tu les croises, mes soldats et moi leur couperons les boyaux. »

Le chef, amusé, saisit sa dague, la leva vers le ciel et s'approcha de Sans-Chagrin, à tel point qu'il aurait pu toucher son visage.

« Sans-Chagrin, si tu rencontres ces bandits, dis-leur aussi que ma lame est encore rouge du sang d'un voleur que j'ai chassé de nos terres et qu'il n'y reviendra point. Avec ma troupe, j'irai les occire jusque dans le Maine. Qu'ils sachent qu'un dénommé Armand, chef d'une bande invincible, est à leurs trousses. »

Le vieux mendiant parut soudain impressionné par l'exaltation du garçon.

« Que Dieu me punisse si j'oublie le serment que je fais aujourd'hui. Ils le sauront, je te le jure !

— Reprends ta route, vieil homme. Et que Dieu te protège aussi. »

Sans-Chagrin rajusta son chapeau. Il ne riait plus et prit le bras du chef. Ses yeux d'un bleu intense devinrent graves.

« J'ai vu tes compagnons tout à l'heure. Ceux qui t'attendent près du bourg de Saint-Brice. L'un d'eux est bien mal en point. Connais-tu le château de La Mancellière, dans le pays de Dol ?

— Je ne le connais pas, mais j'en ai entendu dire du bien. Mme de Noyan et son fils y cultivent de grands jardins.

— Oui, de beaux jardins et des plantes qui guérissent. Ils m'ont soigné. Le comte de Noyan vit dans le Périgord, mais il revient souvent visiter ses terres bretonnes. Emmène ton ami, s'il peut aller jusqu'à Dol.

— Je vais y penser, vieil homme. Sois remercié de l'attention que tu portes à mon ami, pour lequel j'ai beaucoup d'inquiétude.

— Va vite à son devant, et que Dieu te garde. »

Il se tourna vers Ventre-à-Terre, lui lança un coup d'œil mauvais et, sans prononcer un mot, reprit sa marche sur le chemin qui longeait la Loisance.

Les deux garçons le virent s'éloigner. Le chef semblait bien sombre tout à coup.

« N'écoute pas ce vieux fou, lâcha Ventre-à-Terre.

— Il faut toujours écouter les mendiants, ne l'oublie jamais… »

En silence, les garçons regagnèrent le bourg tout proche. Des chiens aboyaient au loin, du côté du château. Sans doute avaient-ils flairé un vieux mendiant en redingote... Ils progressèrent quelques minutes avant que le chef s'arrête. Il fixa son compagnon de ses yeux noirs.

« Nous avons trop couru depuis Saint-Ouen, as-tu remarqué comment la Fouine a craché tout au long du chemin ?

— Chasse-Crapaud m'a alerté, il a eu du mal à nous suivre, mais c'est son habitude. Il crache, mais il avance.

— Non... Le vieux Sans-Chagrin a vu juste. La Fouine est bien malade et ne passera pas l'hiver. »

Le sombre présage bouleversa Ventre-à-Terre, qui mit du temps à répondre :

« Crois-tu que cela soit si grave ? Il bavarde volontiers, il rit de bon cœur.

— Deux enfants de nos terres qui toussaient eux aussi sont partis l'année dernière... Je suis inquiet pour notre ami. »

Le chef semblait perdu dans ses pensées. Une idée lui vint.

« Tu sais combien il serait heureux d'aller jusqu'en haut du Mont-Saint-Michel ? Nous l'y emmènerons, je le lui ai promis. Faisons-le sans tarder, car nous serons bientôt obligés de le porter.

— Nous le porterons jusque là-haut, s'il le faut », lança Ventre-à-Terre.

La Fouine avait une place à part au sein de la troupe, qui s'était habituée à l'entendre jurer, souffler et cracher. Il mettait un tel entrain qu'on lui pardonnait d'être parfois agité comme un roquet. Parce qu'il ne mangeait pas à sa faim, le chef n'oubliait jamais d'apporter un peu de nourriture dans sa besace.

À l'entrée du bourg, la petite bande était en plein conciliabule.

« Hardi ! Soldats, on lève le camp ! »

Les garçons continuaient de parlementer. Ils entouraient Chasse-Crapaud et la Fouine, assis l'un près de l'autre. Le premier soutenait le second, visiblement bien mal en point. Il ne toussait pas, pourtant il était d'une pâleur alarmante. À la vue du chef, il voulut se redresser, mais en fut bien incapable.

Le chef s'approcha de lui et mit la main sur son épaule.

« Nous rentrons, et nous allons te porter, chacun notre tour.

— Non, chef, je suis d'aplomb ! Je saurai suivre, c'est juste un étourdissement, et…

— Cela suffit ! l'interrompit le chef d'un ton dur. Tu as bien couru ce matin et je suis fier de toi. Mais ce jour, tu ne tiens plus debout. C'est arrivé à Lance-Patates le mois dernier. Tu feras comme lui, il te faut du sommeil. »

Lance-Patates, d'un naturel bavard, prit la parole :

« Oui, la Fouine, je n'avançais plus, et l'on s'inquiétait pour moi. J'ai dormi deux jours et deux nuits, sans manger ni boire. Et je suis reparti. Tu dois faire pareil et écouter le chef. »

Armand plongea alors la main dans sa poche intérieure, d'où il extirpa un petit couteau enserré dans un fourreau de cuir. Il fixa la Fouine et lui sourit.

« Tu as beaucoup marché et tu t'es bien battu récemment. Je te le donne, il est à toi, soldat ! »

La Fouine ouvrit de grands yeux. Il essaya de nouveau de se redresser, mais manquait de force. Ce beau petit couteau était un trésor. Il le tourna dans tous les sens, glissa la fine lame du fourreau et caressa le manche de ses doigts amaigris en bredouillant :

« Merci, chef, jamais il ne me quittera. »

Chasse-Crapaud proposa le premier de porter la Fouine sur son dos. Mais le chef en avait décidé autrement : il souleva le garçon.

« Accroche-toi à mon cou. Chevalier la Fouine, à cheval ! »

En deux mouvements, la Fouine, qui tenait de son poing serré le couteau dans son fourreau, se retrouva sur le dos du chef.

La troupe reprit sa marche vers le bourg de Saint-Ouen, distant d'une lieue. Ils s'organisèrent tels des soldats en campagne, chacun portant la Fouine à son tour. Le gamin avait bien du mal à tenir accroché au cou de ses camarades. Ils firent quelques haltes pour lui permettre de se reposer. Dans le bois de Gâtines, le malade était sur le dos de Ventre-à-Terre, qui prit un malin plaisir à accélérer. Le chef, qui affrontait souvent les situations difficiles en faisant le drôle, égaya tout le monde en criant :

« La Fouine, je n'arrive plus à te suivre ! »

Ils rirent de bon cœur pour donner du courage au souffreteux. Armand devisa avec Chasse-Crapaud, qui semblait le plus soucieux.

« Demain, je parlerai à ma mère, souffla le chef. Nous irons voir le comte de Noyan, à La Mancellière. Il maîtrise l'art des herbes et connaît bien des secrets capables de guérir les fièvres.

— En attendant, nous devons l'emmener chez son cousin, s'alarma Chasse-Crapaud. C'est un dénommé "la Topette". Il est saoul comme un bourrin du matin au soir.

— Nous passerons d'abord en notre demeure, où il prendra une soupe, nous irons ensuite à la rencontre de son cousin, qui devra vite dessaouler pour veiller notre ami. »

Le jour déclinait quand la petite troupe arriva aux abords du domaine de La Rouërie. L'air était plutôt doux pour une fin de novembre. Des domestiques qui nettoyaient la cour virent la troupe remonter la rabine, à marche forcée.

Armand allait devant, martial et visiblement soucieux. Ventre-à-Terre suivait d'un pas rapide, La Fouine sur le dos, accroché à ses épaules. On fit asseoir le malade à l'entrée de la remise sur des sacs de toile posés là. Armand, le regard sombre, fila vers le château. Thérèse de La Bélinaye, marquise de La Rouërie, l'attendait sur le pas de la porte, le visage fermé.

« Ne dites rien, mère, je ne me suis pas battu, nous n'avons rien fait que marcher jusqu'à Saint-Brice, et l'un des nôtres a la fièvre. Il lui faut une soupe et nous l'accompagnerons chez son cousin où il vit. »

Armand voulait éviter les remontrances, mais sa mère ne put s'empêcher de lui faire un reproche :

« Vous finirez par tuer ce jeune garçon.

— Il serait déjà mort si nous ne prenions garde à lui. »

Lasse d'avoir à ferrailler avec son fils, la marquise se tourna vers Jeanne Dubois, la cuisinière, qui s'était approchée, sachant qu'on aurait besoin d'elle.

« Jeanne, pouvez-vous apporter une soupe à ce pauvre enfant assis près de la remise ? »

Armand fixa le beau visage de sa mère, qui paraissait vraiment touchée par l'état de faiblesse du jeune garçon. Il voulut lui dire combien il lui était reconnaissant de prendre soin de son ami, mais il retint ses mots.

« Merci, mère. »

La paix était scellée, pour ce soir. La soupe avalée redonna quelques forces à la Fouine. La marquise et son fils aîné s'accordèrent pour louer le savoir-faire de Jeanne, qui faisait des merveilles avec les légumes du potager.

Armand décida qu'il était l'heure pour la Fouine de retrouver sa paillasse et d'y rester dormir le temps qu'il faudrait. Le jeune malade eut un peu de mal à se relever, mais, aidé par Armand et Chasse-Crapaud, il réussit à se mettre debout. En moins de deux, Ventre-à-Terre le hissa sur son dos, et la Fouine reprit son chemin de misère, escorté de ses amis.

P'tit-Chouin fit chanter le merle pour égayer la troupe qui marcha jusqu'à une grange nichée près d'un ruisseau, dans le fond d'un vallon marécageux. Armand n'avait jamais vu un logement aussi misérable. Le toit percé laissait filtrer des volutes de fumée. De la cheminée, il ne restait qu'un trou béant. Le chef veilla à ne pas taper trop fort sur le chambranle, de peur qu'il ne s'écroule. Le cousin la Topette mit du temps à venir.

Il était en loques et tituba en accueillant la troupe. Hirsute, les yeux rougis par l'alcool, la Topette émit quelques grognements avant de réussir à aligner trois mots :

« Qu'est qu'c'est que c't'envahissement ? »

Armand le brusqua.

« Réveille-toi, la Topette, et viens prendre soin de notre ami. Il a besoin de dormir et d'être au chaud. As-tu du bois ? »

Déjà, Chasse-Crapaud et Ventre-à-Terre arrivaient avec des bûches ramassées sous un vieil appentis délabré. La Topette, qui se tenait contre la porte pour ne pas tomber, dut écouter les remontrances de Chasse-Crapaud, qui le connaissait bien :

« Il faut veiller sur la Fouine, qui a la fièvre ! Je repasserai demain au matin le voir et lui faire un bouillon. Mais tu dois y prendre garde. Je compte sur toi. Et le chef… Et les autres aussi ! »

Armand fut moins diplomate. Il était nerveux, et il fusilla la Topette de son regard noir.

« Prends bien soin de mon soldat blessé, ou demain je viens te couper la barbe. »

Sous la pression de la troupe, la Topette jura que les flammes tiendraient jusqu'au matin et que Joseph serait au chaud. La petite bande prit congé et remonta vers le bourg.

À la nuit tombée, le cousin de la Fouine, trop saoul, remplit la cheminée de vieux bois humide, étouffant les braises. Il finit par y jeter de sa mauvaise eau-de-vie. La flambée reprit de la vigueur, et la Topette y versa de nouveau un flot de gnôle. Au passage, il en avala une généreuse lampée. Son esprit vacilla, et la Topette s'écroula au pied du foyer. Le fond d'eau-de-vie s'écoula jusqu'au brasier. Épuisé, la Fouine avait sombré dans un profond sommeil. L'épaisse fumée à l'intérieur de la cahute l'endormit. Très vite, les flammes léchèrent le toit.

Au petit matin, un laboureur qui passait là découvrit le drame. Il ne restait plus de la cabane que des murs noircis, d'où l'on retira deux corps. L'un était méconnaissable, dévoré par le brasier. L'autre n'avait plus de pieds, et ses jambes étaient noires comme le charbon. Il était couché recroquevillé par terre, au pied d'une paillasse à moitié consumée. Un petit couteau dans son fourreau de cuir était fiché dans son poing serré, figé pour l'éternité.

6

Les deux hommes remontèrent la rabine en faisant de grands gestes, soufflant une buée qui trahissait un fort débit de paroles. L'un dépassait son compagnon d'une bonne tête. Mathurin Carré et son voisin Julien Varin habitaient le bourg. Ils prêtaient souvent main-forte au curé et, s'ils menaient leur besogne d'un air agité, c'est qu'une affaire délicate motivait leur venue. Varin et Carré annonçaient les nouvelles, et les paroissiens leur tendaient volontiers le pichet pour en savoir plus. Ils frappèrent leurs sabots sur les pierres de la cour pour les décrotter et ôtèrent leur chapeau sur le pas de la porte. Puis on appela la marquise de La Rouërie.

Inquiète, elle descendit trop rapidement l'escalier de pierre et manqua de chuter, ce qui la mit de fort méchante humeur. Qu'était-il encore arrivé à Armand ?

Elle fit entrer les deux visiteurs. Mathurin Carré et Julien Varin, toujours essoufflés, racontèrent alors comment monsieur Armand avait tambouriné tôt le matin même à la porte du recteur Thomas jusqu'à ce qu'il sorte et lui avait alors annoncé un grand drame. Carré et Varin, qui se trouvaient sur la place à ce moment-là, avaient d'abord cru qu'un malheur était survenu au château.

« Monsieur le marquis nous a répondu que c'est un petit Joseph qui a été rappelé à Dieu… »

Thérèse de La Bélinaye blêmit. Mathurin Carré reprit son souffle, et Julien Varin poursuivit :

« Quand on a répondu qu'on était rassurés, on a cru que monsieur le marquis allait se jeter sur nous et nous estourbir.

“Ça vous fait moins mal que si c’était un chien”, qu’il nous a rétorqué. Hein, Mathurin ?

— Oui, on a expliqué qu’on ne connaissait pas beaucoup le petit Joseph, que c’était bien triste, mais qu’on croyait que l’un des jeunes messieurs du château avait péri. “C’était mon frère !” qu’il nous a crié...

— “Mon frère d’armes”, plutôt, ajouta Julien Varin.

— Oui, madame la marquise, c’est ça, “mon frère d’armes” », reprit Mathurin Carré.

Thérèse de La Bélinaye mit son mouchoir contre sa bouche. Ce pauvre petit Joseph, qu’Armand surnommait « la Fouine », s’en était donc allé. L’enfant qui avait bu sa soupe hier, dans l’entrée de la remise, avait succombé à un mal brutal. Elle se souvint de ces mauvaises fièvres qui semaient la mort dans les campagnes. Était-ce le retour du grand malheur ?

« Merci de m’avoir prévenue. Quel pauvre enfant. Mais où est donc mon fils aîné ?

— Il est parti du côté de la fontaine à Guillaume, avec le recteur et un autre garçon qui était en pleurs, répondit Mathurin Carré. Ils ont dû descendre dans les bois, près de la rivière. Le petit Joseph habitait là dans une cahute. »

Julien Varin approuvait de la tête en tordant son chapeau dans ses mains.

« C’était un orphelin. Un gamin pas bien solide qu’on voyait parfois dans le bourg.

— Je le sais, c’était un bon garçon », fit la marquise d’une voix tremblante, songeant à ce qu’elle disait souvent à son fils concernant le petit Joseph.

C’est elle qui avait eu raison. Le pauvre enfant avait fini par mourir. Elle respira profondément.

« Armand nous l’a amené hier et nous lui avons offert une bonne soupe. Il semblait déjà bien faible.

— Ce n’est point le mal qui l’a emporté, madame », confia Mathurin Carré.

Il hésita avant de poursuivre :

« Le feu a pris cette nuit dans la cahute. Le petit Joseph est mort brûlé, tout comme la Topette, son cousin. Des voisins les ont trouvés à l'aube, d'après ce que nous a dit monsieur Armand.

— Mon Dieu, c'est horrible... répondit Thérèse de La Bélinaye, la voix étranglée par l'émotion. Que Dieu les bénisse. »

À ses côtés, Jeanne Dubois n'avait rien perdu de la conversation, et des larmes coulèrent sur ses joues quand elle fit un signe de croix.

« Pauvre petit bonhomme, glissa-t-elle, voyant encore le garçon souffreteux qui s'était régalé de sa soupe, la veille au soir. J'irai me recueillir devant ces pauvres gens, et nous prierons pour que le Seigneur les accueille en son paradis. »

Au bas du grand escalier, la maigre assemblée approuva.

« Les corps seront en terre dès cet après-midi, ajouta Julien Varin, monsieur Armand et le recteur nous ont demandé de vous prévenir. »

Les domestiques attelèrent la carriole. Thérèse de La Rouërie fit savoir qu'elle attendrait que sonne le glas pour rejoindre l'église. Elle rentra dans le château et s'assit dans l'un des élégants fauteuils en hêtre pour pleurer. Trop de tourments hantaient ses jours et ses nuits.

Dans le bourg, l'émotion était vive. Le recteur Thomas était parti précipitamment avec Armand, Chasse-Crapaud en larmes, P'tit-Chouin et Ventre-à-Terre livides. Le curé était un petit homme énergique. Il avait rejoint Saint-Ouen-la-Rouërie à Noël, quatre ans plus tôt. Il consacrait beaucoup de son temps aux pauvres, qui ne manquaient pas dans les environs. Souvent, il parlait à Joseph.

« Tu portes un bien joli prénom, je préfère t'appeler Joseph que "la Fouine".

— C'est mon nom de soldat ! » répondait le garçon, qui faisait sourire le curé.

Il était arrivé que le religieux aille jusque chez la Topette avec un peu de nourriture. Il tentait de raisonner ce cousin, souvent trop saoul pour entendre, et repartait le cœur serré.

Un jour, Thérèse de La Bélinaye lui avait confié les inquiétudes que lui causait son fils Armand.

« Vous en ferez un grand général, lui avait-il répondu, et s'il emmène quelques compagnons, c'est qu'il prend soin d'eux. Certains sont miséreux et sont mieux dans sa troupe à courir la campagne qu'à mendier sur les chemins. »

La marquise de La Rouërie comprit alors que le recteur Thomas ne constituerait pas l'oreille la plus attentive où déverser ses déboires familiaux.

La troupe arriva devant ce qu'il restait de la cahute. Quelques voisins, laboureurs et journaliers, étaient là. Le chef, blême, ôta son petit chapeau noir, et les autres l'imitèrent.

Il fallut sortir les corps et les placer sur des brancards de fortune, réalisés avec quelques grosses branches et des fagots solidement noués. Les hommes s'étaient chargés de cette rude tâche. Des femmes avaient apporté de vieilles toiles qui permirent de recouvrir les dépouilles. Le curé joignit ses mains et prononça la prière des défunts :

« *Requiem aeternam dona eis Domine*… »

Les amis d'Armand ne comprenaient pas ce que signifiaient ses prières, mais ils pensèrent que chaque mot que répétait le chef devait avoir son importance pour la Fouine, près de Dieu.

« *Amen*, termina l'homme d'Église.

— *Amen* », reprit la petite assemblée.

Quatre paysans, deux voisines et les quatre enfants assurèrent la procession jusqu'à l'église – le corps de la Topette en tête, suivi de la dépouille de Joseph. On marmonna quelques prières, noyées dans les sanglots. Armand ne versa pas une larme, mais sa pâleur trahissait sa peine. Chasse-Crapaud était inconsolable. Plus jamais il ne remonterait vers le bourg avec la Fouine courant derrière, l'humeur légère.

Armand porta à son tour le corps de son jeune camarade. Il n'avait pas su tenir sa promesse : jamais la Fouine ne verrait la belle abbaye qui le faisait rêver.

« La Fouine, je t'emmènerai dans mon cœur lors de toutes mes batailles », pensa-t-il secrètement.

Une dizaine d'habitants du bourg s'avancèrent. Le glas avait sonné. On entendit les sabots des chevaux du château. Deux grands carrossiers noirs du Cotentin cessèrent leur course à l'entrée de la place. Thérèse de La Bélinaye mit pied à terre et rejoignit l'attroupement. Elle se dirigea vers le recteur Thomas et chuchota quelque chose qu'il fut seul à entendre. La petite assistance comprit qu'une aumône serait versée.

On récita à nouveau la prière des morts. Chasse-Crapaud sanglotait. Armand, près du corps de Joseph, souleva le tissu gris qui couvrait son bras. Tout le monde put voir le petit couteau fiché dans la main de la Fouine et dont le fourreau avait à peine brûlé. P'tit-Chouin porta les deux paumes contre sa bouche. Il ferma les yeux. Armand posa sa main sur celle de Joseph et prononça un court éloge que ses trois compagnons n'oublièrent jamais :

« La Fouine, mon brave, mon fidèle ami, conserve cette lame pour l'éternité. Tu as été un vaillant soldat. Tu seras notre soutien dans les batailles à venir. Que Dieu te protège, Joseph. Tu n'as point vu l'abbaye de Saint-Michel… »

Il ne put prononcer un autre mot. Devant la petite assistance, devant sa mère, devant le recteur Thomas, il s'arrêta de parler, juste avant que ne coule une larme. Il ferma les yeux lui aussi.

Thérèse de La Bélinaye fixait son fils d'un regard bien sombre. Elle était sincèrement touchée par l'émotion d'Armand. Mais son aîné ne se calmerait-il donc jamais, parlant encore de batailles alors qu'on portait en terre deux miséreux ?

P'tit-Chouin, pâle comme la mort, écouta les mots du prêtre et s'éloigna lentement en tordant son bonnet fané. Il se coula derrière le vieux chêne. On entendit un long hululement quand les corps furent inhumés.

Le froid vif s'abattit au début de décembre. Armand s'enfermait dans un profond désespoir. Il ne parvenait pas à chasser de ses pensées sa promesse non tenue. Pourquoi n'avait-il pas emmené Joseph jusqu'au sommet de l'abbaye de Saint-Michel ?

Thérèse de La Bélinaye ne songeait plus qu'à rejoindre Fougères et à retrouver les siens, son père, sa mère, ses trois sœurs et ses deux frères, les cousins de passage et les nobles d'alentour. Le départ fut programmé deux semaines plus tard. La marquise comptait les jours et fut presque rassurée quand son fils lui annonça un soir qu'il partirait tôt le lendemain avec les autres garçons prier au Mont-Saint-Michel, en souvenir de la Fouine.

« Il va oublier ses tourments et retrouver de l'entrain, lui dit Jeanne, la domestique, ne vous faites pas de mauvais sang.

— Oh oui, c'est mieux ainsi ! Nous n'avons pas grand-chose à nous dire ces temps-ci. Mon aîné me fera devenir folle ! »

Si son âme sombrait souvent dans la mélancolie, c'est que Thérèse de La Bélinaye de La Rouërie pressentait que jamais de sa vie son aîné ne lui laisserait de répit.

7

Le nouveau prieur du Mont-Saint-Michel caressait du bout des doigts les parements de chêne et les carreaux de verre derrière lesquels étaient rangés des livres anciens. Les boiseries d'un vert profond, refaites à neuf, enserraient la pièce. Il imaginait une épaisse frondaison. Peut-être celle de la forêt de Scissy, disparue il y a fort longtemps et qui, selon la légende, s'étendait dans la grande baie autour des rochers où s'élevait désormais l'abbaye.

Dom François Louasson était un petit homme aux yeux foncés et au visage décharné. De la fenêtre de son logis, il ne voyait que les grèves jusqu'à l'horizon et le Couesnon y frayant son chemin. Souvent, les limites de la mer, de la terre et du ciel ne se distinguaient pas.

« La porte vers l'au-delà… » se disait-il alors.

Au moment de lui laisser les clefs de l'abbaye, en l'absence du vieil abbé de Broglie éloigné à Paris, dom Aimé Joseph Surineau, son austère prédécesseur, l'avait prévenu :

« Vous n'aurez pas assez de vos nuits et de vos jours pour tout apprendre du Mont. Et vous n'aurez pas que cela à faire ! »

Ses tâches étaient, en effet, nombreuses et auraient pu occuper plusieurs prieurs : il lui fallait gérer les prières, la vie de la communauté, l'accueil des pèlerins, les repas et les pensionnaires de la prison royale. Son abbaye, d'une hauteur à couper le souffle, lui évoquait l'œuvre divine transcendant la petitesse de l'homme en ce lieu où si souvent les forces de la nature se déchaînent.

« Suivons à la lettre et plus fidèlement encore la règle du très saint Benoît », lança-t-il à ses moines, renvoyant chacun à ses vœux d'obéissance, d'humilité et de charité.

En ce premier jour de décembre, un fort vent froid et humide soufflait sur la baie. En rejoignant son logis juste après la prière de sexte, dom Louasson fut intrigué par un petit groupe de pèlerins devant la salle des gardes, en grande conversation avec frère Anselme, qui à cette heure œuvrait normalement aux cuisines. Les garçons étaient au nombre de cinq. L'un d'eux semblait plus assuré que les autres et discutait avec frère Anselme. Ce dernier ne savait visiblement pas comment s'en défaire. Il se tourna vers son prieur.

« Père abbé, j'essaie d'expliquer à ces Bretons qu'ils ne peuvent accéder comme bon leur semble à tous les bâtiments. »

Les miquelots – ainsi appelait-on ceux qui venaient en pèlerinage jusqu'au Mont-Saint-Michel – étaient beaucoup moins nombreux à cette époque de l'année. Et les Bretons, pourtant voisins, se faisaient bien rares. Dom Louasson fit signe à frère Anselme de s'éloigner, fixant les garçons d'un air curieux.

« Cette abbaye n'est pas un lieu de promenade mais de prière.

— Nous ne sommes pas en promenade. Nous venons en pèlerinage. »

Celui des jeunes qui semblait le plus hardi avait parlé pour les autres.

« Eh bien, Dieu vous a mis sur le bon chemin. D'où venez-vous ?

— Des environs d'Antrain, à cinq lieues d'ici. »

Le garçon, bravache, tendit le bras et pointa l'horizon de son index. Il se tourna vers le prieur, le fixant à son tour d'un regard noir, et marqua un temps de silence.

« Aujourd'hui, nous devions être six. Dieu a hélas rappelé à lui le sixième, il s'appelait Joseph, et nous venons prier pour lui.

— Saint Michel veillera sur Joseph. De quoi ce pauvre garçon est-il mort ?

— Il a péri dans le feu de sa demeure. C'était un miséreux. Il était notre frère d'armes. »

Le prélat fronça les sourcils. Son interlocuteur semblait bien culotté, alors que les quatre autres affichaient une mine penaude. Ce que dom Louasson mit sur le compte de la tristesse. Il en fut touché et poursuivit :

« Un frère d'armes ? Vous n'êtes pas des soldats.

— Nous le sommes ! Au service de notre roi et de notre Bretagne. Chacun de nous a prêté serment. La Fouine… »

Il s'arrêta de parler un instant et fit signe à dom Louasson qu'il voulait s'entretenir avec lui, seul à seul. Le garçon et l'abbé s'éloignèrent de quelques mètres.

« Ils se parlent entre chefs », dit seulement Chasse-Crapaud.

Ventre-à-Terre mourait d'envie d'aller fureter, car il n'avait jamais vu de bâtiments aussi immenses. Sautillant sur le garde-corps, un bécasseau occupait l'attention de P'tit-Chouin, qui le suivait d'un œil amusé. Châtaigne, fils d'un ouvrier maçon d'Antrain, avait gravi le grand degré, l'immense escalier de pierre qui prolonge l'artère principale du Mont, en comptant les marches. Lui qui rêvait de construire un jour un château essayait d'imaginer le régiment de maçons et de tailleurs de pierre qu'il avait fallu mobiliser pour bâtir une abbaye aussi gigantesque.

La discussion dura jusqu'à ce que dom Louasson se tourne pour appeler les quatre miquelots qui commençaient à prendre froid.

« Une messe sera dite par les moines pour le petit Joseph. Venez donc vous restaurer, et vous visiterez ensuite l'abbaye.

— Merci, l'abbé, lâcha Armand, Joseph peut maintenant reposer en paix… »

Dom Louasson les conduisit à l'aumônerie, constituée de deux nefs parallèles surmontées de voûtes. Chasse-Crapaud compta les colonnes trapues qui séparaient les deux nefs. Les six piliers de pierre s'ornaient d'un chapiteau.

« Si la Fouine était là, nous aurions chacun le nôtre », se dit-il.

Le regard d'Armand devint plus noir à la porte de l'abbaye.

« Il aurait craché, toussé, peut-être même juré, mais la Fouine serait venue jusque là-haut », pensa-t-il.

Une bonne odeur de soupe emplissait la salle de l'aumônerie qui servait à l'accueil des miquelots. Armand et sa troupe s'abreuvèrent par deux fois d'un bouillon de légumes brûlant. Dom Louasson les retrouva aux côtés d'un moine petit et rond.

« Frère Roger est préposé à la présentation du trésor, expliqua le prieur, il aura réponse à toutes vos questions.

— Nous allons visiter l'abbaye, qui est un lieu de prière et de silence, nous veillerons donc à ne pas élever la voix », prévint frère Roger.

Armand fut saisi d'émotion en embrassant du regard les sept travées qui dessinaient l'immense nef. Elles s'ouvraient en arcade sur les vaisseaux latéraux. En leur sommet, de vastes fenêtres étaient couronnées d'un arc. Un énorme jubé de bois séparait la nef du chœur.

« Quand on déverrouille la petite grille que vous voyez en son milieu, on permet aux pèlerins d'apercevoir les moines en prière », expliqua le religieux.

Le chœur se dressait dans une verticalité écrasante qui invitait chacun à l'humilité. Dans le transept sud, ils remarquèrent d'abord un mur de cierges soigneusement rangés par tailles dans un retable de bois. Le trésor était en face, présenté dans une chapelle protégée par une lourde grille de fer. La vue du grand saint Michel, tout en or, fascina la troupe. Il trônait en haut de l'autel où l'on avait accumulé des reliques, un vieux bouclier et des objets religieux d'or et d'argent presque insignifiants à côté de l'impressionnante sculpture.

« Cet or est en notre abbaye grâce au petit-fils de Saint Louis, Philippe, le roi Philippe le Bel, venu prier au Mont-Saint-Michel en 1307 et 1310.

— "Le roi de Fer..." ajouta Armand, songeur.

— Oui, acquiesça le religieux, il était appelé ainsi, "le roi de Fer" ! Il était fort et généreux. Il a donné en effet beaucoup d'argent pour que cette statue en or soit exposée ici. »

Frère Roger détailla ainsi chacun des éléments du trésor.

« Voici la mitre de saint Aubert, qui a créé le sanctuaire en l'an 708. »

Plus distrait, P'tit-Chouin guettait si des oiseaux n'avaient pas niché au plus haut de l'église abbatiale. En balayant l'édifice du regard, il remarqua un homme charismatique, à la longue chevelure blanche, appuyé sur un bâton noueux.

Cet individu était entré dans l'abbaye peu après les garçons. Il s'était signé, avait ôté son chapeau à large bord et l'avait bouclé à son ceinturon. Il avait remonté la nef en boitillant et, devant chacune des six demi-colonnes qui séparaient les travées, il s'était arrêté, grattant la pierre d'un signe de croix.

Ce rituel l'avait amené jusqu'au retable qui enserrait le chœur. Restant à l'écart, il tendait désormais l'oreille.

« Il est à qui, ce bouclier ? interrogea Chasse-Crapaud.

— C'est le bouclier de saint Michel, celui de la vérité, expliqua frère Roger. La vérité dont nous ne devons jamais nous éloigner !

— C'est le *vrai* bouclier de saint Michel ?! »

Châtaigne s'était tourné vers frère Roger en ouvrant de grands yeux.

« Il aurait été trouvé en Irlande, avec l'épée que vous voyez à côté, il y a fort longtemps, près du corps d'un dragon terrassé par saint Michel… »

Armand aurait donné cher pour se saisir de ces armes, mais la grille était infranchissable.

L'homme au bâton noueux traversa discrètement le transept et se faufila jusqu'à la chapelle dédiée à saint Martin. D'un regard furtif, Ventre-à-Terre le repéra. Et le reconnut tout de suite.

« Chef…

— Silence ! »

Rabroué, Ventre-à-Terre décida de ne plus rien dire. Face au trésor, Armand, les yeux clos, ne pensait qu'à Joseph. Ils rejoignirent le cloître, ouvert sur le ciel et entouré d'arcs croisés. Frère Roger s'arrêta devant l'arbre aux oiseaux, finement sculpté dans la pierre.

« Ce petit moineau picore des grains de raisin, avez-vous jamais vu un oiseau de pierre aussi beau ? »

Tous se retournèrent vers P'tit-Chouin, qui n'eut rien à répondre. Il rougit et rajusta son calot. Au bout de l'allée, les sculpteurs d'autrefois avaient ciselé un feuillage tournoyant. Plus loin, dans la galerie est, un vigneron caressait des grappes du creux de sa main.

Le chef s'arrêta à l'angle de la galerie nord, là où les colonnettes croisées le dissimulaient au regard des autres. Il ne vit pas l'homme aux longs cheveux blancs qui le fixait. Plus loin, frère Roger, le doigt pointé vers les grèves, contait l'histoire de la forêt de Scissy.

Entre deux arcs, Armand reconnut gravé dans la pierre l'agneau du Jugement tenant dans sa gueule un étendard. Juste au-dessus, des bâtiments représentaient une cité.

« La cité de Dieu », pensa-t-il, profondément troublé.

De l'allée ouest qui fermait le carré, Ventre-à-Terre l'aperçut. Seul, les yeux clos, Armand de La Rouërie pleurait à chaudes larmes.

8

Par quel mystère Sans-Chagrin, le mendiant croisé quelques jours plus tôt sur un chemin de Saint-Brice, était-il planté là, au moment même où Armand se croyait seul face à Dieu ?

Le jeune La Rouërie fut d'abord gêné, se sentant ridicule d'être ainsi surpris à pleurer devant un mur. Mais il oublia vite cette réaction d'orgueil, parce que Sans-Chagrin paraissait lui aussi très ému. Son visage était aussi blême que celui d'un mort.

« C'est peut-être la fatigue, se dit Armand, le vieux fou a dû marcher longtemps pour arriver jusqu'ici. »

Il l'apostropha.

« Toi ici ? Je t'ai laissé, tu cheminais vers Fougères.

— Et j'ai rejoint Fougères, puis le Maine, et je suis revenu en Normandie. Je vais, je viens. Et me voilà ! »

Il avait dit cela d'une voix triste et monocorde, sans reprendre son souffle.

« Mais que fais-tu là, vieil homme ?

— Je suis là pour la même raison que toi. »

Armand le défia du regard.

« Pour la même raison que moi ? Devines-tu qui je pleure ?

— Oui. Ton jeune compagnon que j'ai croisé l'autre jour. Le pauvre enfant est mort bien tristement.

— Tu as eu vent de cette histoire ?

— Les mendiants connaissent beaucoup de choses. Je te l'ai déjà dit et tu ne dois jamais l'oublier. Que Dieu te bénisse, jeune marquis de La Rouërie.

— Suffit ! Je ne suis pas un marquis poudré ! »

Armand avait été piqué au vif. Mais, devant le regard incrédule de Sans-Chagrin, il se rendit compte que sa réaction de colère était bien excessive et s'en voulut.

« Je pleure Joseph, confia-t-il. La Fouine était notre frère d'armes. »

Il comprit que le vieil homme cherchait simplement à lui être agréable.

« Armand est mon nom, reprit-il, apaisé.

— Armand… Eh bien, Armand, comme toi je pleure un ami.

— Mais tu ne le connaissais pas.

— Je ne connaissais pas celui que tu appelles "la Fouine", mais je pleure un ami mort ici il y a bientôt un an. Un ami qui toute sa vie a rêvé de la liberté sans jamais quitter le Mont-Saint-Michel. »

Armand fronça les sourcils, intrigué par ces paroles.

« Mais qui était-il ?

— Il était enseigne sur les vaisseaux du roi au département de Brest… »

Sans-Chagrin avait prononcé ces mots de manière solennelle et, face à la mine étonnée de son interlocuteur, il ne put refréner un petit rire nerveux.

« Enseigne sur les vaisseaux du roi ? Mais que faisait-il ici, en haut de ce rocher ?

— Il avait le tempérament querelleur, ce qui l'a amené à commettre un acte regrettable. Il aimait se battre… »

Il s'arrêta, regardant Armand d'un œil réprobateur.

« Comme toi, Armand !

— Dis-m'en plus, qu'a-t-il fait ?

— Il s'est battu en duel et a causé de graves blessures à son adversaire, qui en est mort. Le roi aurait pu le faire pendre, mais il a décidé de le maintenir prisonnier au Mont-Saint-Michel !

— On ne va pas en prison quand on défend son honneur !

— Je ne sais pas s'il défendait son honneur ou s'il était trop saoul. Son père a plaidé sa cause auprès du roi Louis. Mon ami a eu la vie sauve et est entré ici à vingt-neuf ans. Il est arrivé accompagné d'un brigadier de la maréchaussée porteur d'un ordre du roi. Le prieur de l'époque l'a fait placer dans une des cellules du Petit-Exil, la prison qui se situe quelque part sous nos pieds. »

Armand eut le réflexe de baisser les yeux. Combien de prisonniers étaient-ils encore enfermés là, pendant qu'il parlait avec Sans-Chagrin ? Il pensa aux récits de son grand-père au sujet d'une cage de fer cachée au Mont-Saint-Michel et dans laquelle étaient enfermés les plus récalcitrants. Où était-elle ?

« Toutes ces années sans rejoindre les siens... se désola Armand.

— Il est mort l'an passé. Je viens sur le rocher prier pour le repos de son âme.

— Comment s'appelait-il ?

— C'était un gentilhomme, Charles de Kerléan de Keruhon, du diocèse de Quimper.

— A-t-il été enfermé dans la cage de fer ? »

Armand, l'œil sombre, imaginait le jeune officier breton rêvant de conquêtes au fond de sa cage.

« Non, il y a échappé. Il ne la méritait pas. Charles de Kerléan a expié sa faute en prisonnier modèle et il a eu droit à plus de faveurs que d'autres.

— Ce Charles de Kerléan de Keruhon n'a jamais pu se battre pour le roi... Quel destin cruel ! »

Ventre-à-Terre, Chasse-Crapaud, Châtaigne et P'tit-Chouin, accompagnés de frère Roger, avaient rejoint la grande terrasse de l'ouest qui dominait la baie. Armand et Sans-Chagrin marchaient au pas lent du mendiant.

« J'ai rencontré Charles de Kerléan de Keruhon alors que je cheminais sur les grèves, un jour de l'été 1742, raconta Sans-Chagrin. Quand j'ai engagé la conversation avec lui, il était à pied, à côté de son cheval qui boitait. Il était monté jusqu'au corps de garde de Roz et s'en revenait au Mont-Saint-Michel. J'ai vu que son cheval était blessé, et j'ai su apaiser sa douleur, car je suis rebouteux. Nous avons devisé tout au long du chemin et, en atteignant le pied du Mont, il m'a précisé qu'il ne pouvait m'offrir à boire, n'ayant pas de logis. J'ai compris qu'il était l'un des prisonniers du Mont.

— Et vous vous êtes revus souvent ?

— Oui, sur les chemins des miquelots. Le prieur avait décidé de laisser Charles de Kerléan se promener dans les grèves ou même chasser. L'année suivante, il m'a invité à sa table.

— Dans la prison ?

— Non, car c'était un prisonnier modèle, et le prieur dom de Briancourt a consenti à ce qu'il loue dans la grande rue la maisonnette de Louis Pichot, un serrurier.

— Il n'était plus retenu là contre son gré ?

— Bien sûr que si ! Six ans plus tôt, le secrétaire d'État à la Marine avait averti sa famille qu'il n'y aurait aucune grâce à attendre du roi. Les Kerléan savaient que Charles resterait au Mont-Saint-Michel jusqu'à la fin de ses jours. Et c'est ce qu'il s'est passé.

— Il a eu la vie plus douce, mais n'a jamais revu le port de Brest, se désola Armand, il n'a jamais pris la mer, il n'a jamais pu se battre… Quelle injustice !

— Nous en avons parlé. De cela et de beaucoup d'autres choses, car nos destins étaient liés.

— Comment cela ? »

Sans-Chagrin fut repris de son petit rire nerveux.

« Eh bien, je suis pauvre parmi les pauvres, mais je suis libre ! Charles de Kerléan était riche, mais il n'était point libre. Chacun de nous deux pensait à ce qu'il n'avait pas. Lui rêvait de ma liberté, et moi j'appréciais le gîte et le couvert qu'il m'offrait dans un si bel endroit. Il avait avec lui deux domestiques, Louis Larcher, qui lui apportait du bois, et sa femme Jeanne Chatel, qui assurait la cuisine. Tous les deux participaient à nos conversations. Nous jouions au biribi devant la cheminée. »

Sans-Chagrin s'arrêta un instant, perdu dans ses pensées, comme s'il revivait ces moments.

« Des deux, c'était sûrement toi le plus heureux », lâcha La Rouërie.

Combien de fois l'officier brestois prisonnier sur le rocher avait-il regardé le mendiant s'en aller vers la Bretagne par les chemins du fond de la baie ? Armand s'imagina à la place du gentilhomme breton. Qu'aurait-il fait ? Se serait-il enfui pour mener une vie de vagabond ?

« Je veux voir la cage de fer !

— Elle est juste sous tes pieds ! »

Armand baissa les yeux. Elle était donc là, sous les dalles de la terrasse.

« Frère Froger ne te laissera pas y descendre. »

Le vieil homme mentait mal. Un sourire malin illumina son visage. Armand comprit qu'il allait arranger cette visite.

« Dom Louasson ne dira rien si tu y descends à mes côtés, mais seulement toi. »

Frère Roger fronça d'abord les sourcils, mais n'opposa pas de résistance. Sans-Chagrin avait dû rendre quelques services.

« Le jeune commis Touffer vous ouvrira les portes. »

Armand rejoignit ses compagnons alors que frère Roger les guidait en direction de l'église pour gagner la plateforme du Saut-Gaultier, qui dominait les hautes marches.

« Allez-y ! J'ai à faire avec Sans-Chagrin. Et prévenez Lance-Patates d'être des nôtres après-demain à l'angélus. Je vous promets une belle bataille avant mon départ pour Fougères. »

Les garçons se demandèrent ce qu'il avait en tête. Ils dévalèrent les marches jusqu'à la grande rue et sortirent par la petite porte ronde près du corps de garde.

Armand, Sans-Chagrin et le commis s'enfoncèrent dans un dédale de couloirs et d'escaliers de pierre jusqu'à l'ancien logis de Robert de Torigny, seizième abbé, mort six siècles auparavant.

Le mendiant semblait comme chez lui. Armand s'en amusa.

« Tu connais mieux l'abbaye que son nouveau prieur !

— Je connais les lieux aussi bien que les prisonniers. Si on m'y enferme un jour, je saurai m'y retrouver ! »

Le commis Touffer qui ouvrait la marche avait rejoint la congrégation dans l'année. C'était un garçon d'un peu plus de vingt ans, immense, à la mâchoire lourde et aux yeux globuleux. Des cheveux gras tombaient sur sa nuque. Armand le toisa et remarqua les poignes épaisses qui tenaient le précieux trousseau de clefs.

« C'est toi, le gardien de ce lieu ? »

Le commis ne répondit pas. Ignorant celui qui l'interrogeait, il cogna son trousseau contre un judas, sans doute pour avertir ceux qui devaient se trouver de l'autre côté. Les gonds grincèrent, et ils entrèrent dans une petite salle voûtée et humide. La Rouërie sentit les battements de son cœur s'accélérer. Elle était là, face à lui, massive, vide. Surtout, il remarqua immédiatement que la cage n'était pas en fer : elle était en bois.

« Voilà de quoi remettre dans le droit chemin celui qui voudrait s'en écarter », lâcha Sans-Chagrin dans un ricanement nerveux.

Le jeune homme resta muet, observant chaque rivet de l'énorme cage qui faisait bien dix pieds de haut et autant de large. Au-dessus, sept planches retenaient les gouttes tombant de la voûte. Les épais barreaux de bois étaient fixés par de solides ferrures.

« Il n'est point possible de s'en échapper », songea Armand. Et en glissant ses doigts entre les barreaux, il pensa à la Fouine : « Mon bon Joseph, garde-moi de jamais goûter à cette maudite cage. Elle est froide et laide. »

Il se tourna vers Touffer, qui secouait son trousseau de clefs et semblait s'impatienter.

« N'est-elle jamais utilisée ? »

Le commis, le regard inexpressif, ne lui répondit pas. Il se tenait dans le pas de la porte et sortit de la pièce. Vexé, La Rouërie dévisagea Sans-Chagrin.

« Ce Touffer est un maudit animal. Ils lui ont coupé la langue ? Qu'il m'enferme pour voir, je lui sortirai les mots de la gueule !

— Reste calme. Ils l'ont mis là pour prêter main-forte au procureur et aux moines. C'est un dur à cuire, et sans doute un méchant homme. Si un prisonnier y était enfermé, nous n'aurions pas pu voir la cage. Elle sert parfois, quand l'un d'eux devient fou. »

Armand imaginait les pauvres bougres qui avaient dû endurer de sales moments sous les voûtes de l'ancien logis de Robert de Torigny. Touffer planta sa grande carcasse devant la porte.

« Dehors ! »

La mâchoire du chef se crispa. Sans-Chagrin, le visage soudain grave, lui tint le bras pour calmer son ardeur.

« N'oublie jamais l'histoire du chevalier de Kerléan de Keruhon, trahi par son âme folle. Dieu m'a mis sur ton chemin, et c'est un signe. Prends garde à toi ! Que jamais ton âme folle ne te vaille d'être trahi ! »

9

Lance-Patates visait juste. Le chef avait fait admettre à tous une évidence :

« Ce n'est pas la lame bien aiguisée qu'il faut craindre, c'est le soldat qui sait la manier. La meilleure fronde, c'est Lance-Patates ! »

Agenouillé, ses longs cheveux tombant sur ses épaules, il scrutait le sol à la recherche de munitions qu'il glissait dans une sacoche usée portée en bandoulière. Il gardait dans ce fourre-tout quelques cailloux ronds, des châtaignes et des marrons. Il avait aussi plusieurs frondes, tressées avec du chanvre, de l'écorce et du jonc.

Depuis quatre dimanches, le pays bruissait de rumeurs. Elles rapportaient qu'un groupe de vagabonds dormait dans les cabanes de sabotiers de la forêt de Bazouges. D'après des colporteurs, quatre ou cinq individus arrivés de Saint-Malo campaient près du ruisseau de l'Hermitage. Ils s'en étaient pris à une femme dont les gamins jouaient dans l'eau. Un mendiant qui passait dans la lande avait eu le bras tordu et avait dû leur donner les sous qu'il lui restait en poche. Le nouveau propriétaire du château de Bonnefontaine s'était plaint du vol de bois et de gibier. On disait même que des fagotiers qui priaient à l'oratoire de Saint-Mathurin avaient dû rebrousser chemin alors que les malfaiteurs, ivres et lourdement armés, les menaçaient. Chacun de ceux qui entendaient parler de ces brigands ajoutait un peu de sel à l'histoire. Si bien que les domestiques du château de

La Rouërie affirmèrent un jour que de dangereux Anglais étaient postés dans la forêt de Bazouges, prêts à s'attaquer aux pauvres gens du pays. Dournel, le maître d'armes, avait confié à Armand que l'on croisait parfois à Saint-Malo des brigands originaires de Londres ou de Jersey et qui désiraient se battre du côté du port. C'étaient de rudes bagarreurs, mais souvent trop ivres pour gagner des batailles.

« Ces chiens d'Anglais nous ont battus en Amérique, ils en paieront le prix en forêt de Bazouges ! » Armand de La Rouërie n'oubliait pas la guerre de Sept Ans et les défaites françaises en Nouvelle-France et aux Antilles que lui racontait son oncle Charles.

Les compagnons qui se demandaient bien ce qu'était l'Amérique retrouvèrent leur chef à la fontaine à Guillaume alors que l'angélus sonnait au clocher de Saint-Ouen.

« Hardis soldats ! Nous allons nettoyer le pays de ces maudits rôdeurs. Ils repartiront à Saint-Malo en guenilles, et, de là-haut, la Fouine nous guidera !

— Sus à l'Anglais ! »

Chasse-Crapaud avait levé son bras épais, le poing haut, et tous reprirent son cri de guerre qu'on dut entendre jusqu'au bourg.

Ils filèrent vers Antrain. Aux abords du domaine de Bonnefontaine, ils récupérèrent Châtaigne, maillet et riflard à la ceinture. La toiture du château apparut noyée dans la brume hivernale. Il ne pleuvait plus. Les garçons remontèrent le chemin pour atteindre le vieux pont d'Antrain et traversèrent le Couesnon. Châtaigne les mena ensuite à travers la lande vers un sentier forestier. Plus loin, deux bûcherons devisaient près d'un imposant tas de bois. Armand les approcha.

« Bien le bonjour, on dit qu'il y a des coins à éviter par ici, il y aurait de dangereux rôdeurs. »

La réponse fut laconique :

« C'est ce qu'on dit… »

Le jeune La Rouërie dévisagea celui des deux qui avait parlé. Il était grand et tenait dans ses mains une hache au manche courbe.

L'individu tourna les yeux vers son compagnon, petit et rond, aux bras musculeux. « Ils nous prennent pour les rôdeurs », se dit le chef, toisant avec assurance le bûcheron de ses yeux noirs.

« C'est ce qu'on dit chez nous aussi, reprit Armand. Nous venons de Saint-Ouen, et nous voulons rejoindre l'oratoire de Saint-Mathurin et le grand étang. Paraît-il que de drôles de gens sont arrivés là depuis peu.

— Oui, c'est ce qu'on dit... »

Armand sembla perdre patience. Il tapota le manche de sa dague, à la ceinture.

« Les sabotiers n'ont rien à craindre de notre présence. Et nous sommes prêts à de mauvaises rencontres ! Ma lame est affûtée !

— C'est peut-être vous qui avez à craindre, lâcha le petit homme décontenancé par le culot du garçon. Mon gars, tu serais bien avisé d'être un peu plus prudent.

— Ah oui ? Et pourquoi donc ?

— Parce que tu pourrais bien rentrer à Saint-Ouen en guenilles ! »

Le visage du bûcheron se figea dans un sourire presque moqueur. « Ce foutu coupeur de bois se fiche bien de nous », pensa le chef.

« Continue ton œuvre, nous partons en chasse, et tu verras à notre retour si tu ris encore ! »

Le second posa son bras sur celui d'Armand, comme pour le retenir.

« Le danger est grand. Il n'y a pas que des sabotiers et des fagotiers autour de Saint-Mathurin. Des bandits sont arrivés depuis l'été, du côté du ruisseau de l'Hermitage.

— Par où est ce ruisseau ? Nous pourrions bien y aller pêcher. »

Le bûcheron tendit le bras en direction d'une sente qui s'enfonçait dans la forêt.

« Gardez-vous de le suivre trop loin. À une demi-lieue, vous tomberez sur la roche du Pont-aux-Voleurs. Dans un grand carrefour, vous aurez le choix entre six vieux chemins. Prenez le premier sur la droite. »

La Rouërie fixa les siens et, d'un coup de menton, indiqua la voie.

« Soldats, en avant ! Sus à l'Anglais ! Ces chiens vont goûter ma lame ! »

Leurs deux interlocuteurs en restèrent bouche bée. Armand partit dans un grand éclat de rire et les salua d'un geste martial.

« Mes amis, la Fouine est là, avec nous… Écoutez-le, il jure, il crache, toujours il avance, toujours… Il ne lâche rien ! »

Un peu à l'écart, P'tit-Chouin, enfermé dans son silence, regardait les cimes. Le chef le fixa du regard, et il fit alors chanter le merle noir. Le cri de ralliement !

Au bout d'une heure de marche dans les taillis, ils arrivèrent au carrefour du Pont-aux-Voleurs. Un fût de pierre y avait été planté autrefois et servait de repère aux passants. Ils filèrent dans le premier sillon. La percée forestière s'étirait entre deux futaies d'où l'on avait sorti de lourds troncs de chênes, allongés comme des cadavres après la bataille. P'tit-Chouin placé vingt toises au-devant avançait en éclaireur, sans bruit. Il perçut soudain des éclats de voix. Une odeur de fumée humide flottait dans la brume. À l'arrêt, l'œil aux aguets, il fit siffler le merle noir. Trois fois. C'était le signal !

Loin derrière, Chasse-Crapaud leva une main et s'accroupit brusquement, suivi des quatre autres. Puis Armand entreprit de remonter lentement le sentier creusé dans les ronces jusqu'à se porter aux côtés de P'tit-Chouin. Cachés derrière une touffe de jonc, ils observèrent. À un peu plus d'une quinzaine de toises devant eux, près d'une hutte rudimentaire couverte de genêts, trois hommes parlaient fort.

« Ce n'est pas une *fouée* de chagourins, nota le chef. C'est un feu de pillards. Ces coquins n'ont rien d'honnête. »

Ceux qu'on appelait les « chagourins » étaient les charbonniers des forêts bretonnes. Ils allaient et venaient là où ils trouvaient de l'ouvrage, brûlant des fourneaux de bouleau et de chêne pour en faire du charbon.

« Et ils sentent un peu trop l'Anglais ! »

Armand apprenait cette langue et reconnut le fort accent de celui qui baragouinait, un pichet à la main. Les deux autres se mirent à rire comme des bossus, et l'on entendit hurler au fond de la hutte. Un individu en sortit précipitamment et se jeta sur l'Anglais bavard.

« P'tit-Chouin, donne le signal ! »

Un merle siffla, trois, quatre, cinq fois. Les six compagnons se cachèrent derrière les joncs.

« Ils se battent entre eux, s'étonna Chasse-Crapaud.

— Un tas d'ivrognes », ajouta Châtaigne.

Armand imposa le silence d'un geste de la main. Une flambée abondamment nourrie léchait la hutte. Les éclats de voix gagnèrent en intensité. La Rouërie compta les ennemis qui ne semblaient que quatre, mais rudement baraqués. Quatre contre six, c'était encore jouable ! L'un d'entre eux se retourna. Ils l'entendirent hurler :

« *Christopher! Come on!* »

Plus loin, un cinquième individu cria une réponse incompréhensible. Le sang d'Armand ne fit qu'un tour.

« En voilà un cinquième. Maudits chiens d'Anglais ! »

Les garçons regardèrent leur chef, le visage mauvais, presque tremblant.

« Ils sont cinq, nous six. Mes amis, nous allons leur passer l'envie de s'en prendre aux pauvres gens de la forêt. »

Visiblement ivres, les cinq individus ne virent qu'au dernier moment un garçon en redingote arriver face à eux, cheveux noirs au vent, et qui semblait chercher son chemin.

Armand les salua à la façon d'un gentilhomme.

« Messeigneurs, je ne veux pas vous importuner, mais pourriez-vous m'indiquer le village des sabotiers ? On m'a dit qu'il fallait remonter vers le nord. »

En guise de réponse, le marcheur essuya une salve de rires, et les Anglais l'entourèrent. L'un d'eux s'approcha de lui, l'air menaçant.

« Gamin, tu vas payer ta gabelle avant d'aller plus loin. Tu caches quoi, sous ta vieille peau ? »

L'homme n'eut pas à s'interroger plus longtemps : un projectile lancé à pleine volée l'atteignit au visage. Hurlant de douleur, il tourna sur lui-même pour se protéger, en jurant comme un pochard.

Armand se projeta vivement hors du groupe. À l'opposé, la fronde de Lance-Patates était déjà réarmée, et un deuxième projectile frappa l'un des ivrognes en pleine face.

La bataille se déroula sur deux fronts. Trois des hommes bondirent vers les taillis où se cachaient les assaillants, quand les deux autres tentaient de maîtriser Armand. Ils se jetèrent sur lui. Le chef eut juste le temps de hurler avant qu'un violent coup de poing ne l'envoie rouler à terre :

« La garde, à moi ! »

Sonné, il se releva en titubant et, d'un geste ample, dégaina une dague dissimulée sous sa redingote.

« Venez que je vous saigne, maudits Anglais, approchez, venez goûter ma lame, hurlait le chef, à deux doigts de toucher de sa pointe son adversaire le plus proche.

— *Goddam!* »

Si le premier jura en anglais, le second fut plus explicite :

« Sale petite vermine, tu vas maudire ta mère de t'avoir fait. »

La Rouërie se laissa alors porter par un mouvement de colère furieuse et incontrôlable.

« Approche, mauvais porc, et ma lame te donnera des nouvelles de ma mère. »

En un éclair, la dague déchira la pelure. L'un des deux l'injuria d'un mot incompréhensible et recula de deux pas face au jeune chef, ivre de rage.

« Souviens-toi d'Armand et de ses soldats de Saint-Ouen, espèce de chien ! »

Quatre des six garçons s'élancèrent comme des furieux, chacun dans une direction. Seul P'tit-Chouin demeura accroupi. Les trois hommes durent se séparer pour tenter de mettre la main sur au moins l'un des gamins. Deux cherchèrent à rattraper Ventre-à-Terre parti à vive allure. Ils coururent loin, et le fidèle compagnon de l'aîné des La Rouërie les éloigna du lieu de la bataille. Il ne resta plus qu'un Anglais, pour son plus grand malheur, face à Chasse-Crapaud, Lance-Patates et Châtaigne. Il fut rapidement maîtrisé par Chasse-Crapaud d'un côté et Lance-Patates de l'autre. Malgré sa stature imposante, les deux garçons réussirent à le maintenir face à Châtaigne. Debout, le jeune maçon d'Antrain le frappa vigoureusement à sept reprises.

« Un pour chacun d'entre nous, et un pour la Fouine ! »

L'homme tomba à terre, la figure en sang, hurlant son charabia. Les trois garçons filèrent prêter main-forte à leur chef. Celui-ci, le visage tuméfié, un œil quasiment fermé, déployait une belle énergie. Sa dague fendait l'air.

« Vous ne dormirez jamais tranquilles au pays du Couesnon ! »

P'tit-Chouin s'était relevé. Au pas lent du marcheur, il s'avança jusqu'au feu de bois qui prenait de la vigueur. Il se saisit d'une grosse branche dont l'extrémité était enflammée et s'approcha de la hutte. Il en fit lentement le tour, tout en effleurant de sa flamme le bas des branchages. Il jeta ensuite sa torche à l'intérieur de l'abri. Sa mission remplie, il observa le brasier comme pour voir brûler jusqu'au dernier les ennemis invisibles qui, depuis des années, hantaient ses nuits. On entendit dans la bataille la longue complainte d'un chat-huant.

Armand avait tout imaginé. Les cinq bandits allaient réagir. Avaient-ils des fusils ? Le risque était grand que l'affaire ne tourne mal.

« À mon signal, nous nous replierons deux par deux, dans des directions opposées, avait-il ordonné. Ventre-à-Terre, tu emmèneras P'tit-Chouin vers le nord. Lance-Patates, nous chasserons vers le sud, Châtaigne et Chasse-Crapaud vous gagnerez La Fontenelle. Rendez-vous au vieux pont du Couesnon ! »

La hutte n'était plus qu'un tas de brindilles. En voyant Ventre-à-Terre revenir vers le brasier, avec au loin ses poursuivants, Armand lança l'ordre du repli :

« À la Fouine !

— À la Fouine ! » reprit en chœur la troupe.

Chasse-Crapaud et Châtaigne progressèrent vers la forêt. Armand et Lance-Patates se sauvèrent vers le sud, bondissant par-dessus les joncs. Ventre-à-Terre accourut près de P'tit-Chouin, titubant, alors qu'un bois brûlant venait s'écraser sur son calot. Il l'entraîna à vive allure vers la lisière.

Ils coururent dans les landes, les taillis et les sous-bois, et se retrouvèrent au vieux pont. Le visage du chef virait du rouge au noir, un gonflement fermait sa paupière. P'tit-Chouin tout essoufflé voulut s'asseoir sur le parapet du pont. Il s'y reprit à trois fois et se mit à trembler avant de tomber lourdement sur le sol. Ventre-à-Terre eut le réflexe d'accompagner sa chute pour éviter que sa tête ne heurte la roche. P'tit-Chouin semblait comme mort, mais très vite ouvrit les yeux. Il avait laissé beaucoup de forces dans la bataille, et la faim le tenaillait.

Châtaigne connaissait son monde sur les bords de la rivière, et la première porte s'ouvrit sans difficulté. Des familles travaillant au moulin tout proche habitaient là. L'un des meuniers, Jean Hulin, venait parfois tailler la pierre avec Châtaigne et ses frères. Celui-ci raconta l'aventure, et P'tit-Chouin eut droit à une bonne dose d'eau-de-vie pour se remettre. Ils burent puis grignotèrent des biscuits de blé noir. Les voisins approchèrent pour entendre le récit.

« Combien étaient-ils ? demanda Hulin.

— Deux chiens d'Anglais et trois bandits d'on ne sait où », lâcha Lance-Patates en engloutissant deux biscuits d'un coup.

P'tit-Chouin retrouvait des couleurs. Il accepta volontiers un deuxième verre d'alcool. La troupe fut servie largement, et à chaque rasade on apprenait des détails de la bagarre. Tous parlaient en même temps, sauf un, Armand, aussi muet que P'tit-Chouin, et que les voisins regardaient avec distance.

« Monsieur de La Rouërie ? » avait tenté l'un des meuniers.

Armand le dévisagea, l'œil gauche quasi fermé. Il lâcha un seul mot en cognant sa bolée contre celle de son interlocuteur :

« Armand ! »

Tous les regards étaient tournés vers le jeune châtelain, crotté comme les autres.

« Vous devriez soigner votre œil », lui dit Thérèse, la femme d'Hulin, en lui tendant un linge humide.

Le chef essaya un sourire qui ressembla davantage à une grimace.

« Vous êtes si bonne, c'est parce que vous portez le même prénom que ma mère. »

La remarque suscita des rires. Mais La Rouërie garda le regard sombre, pensant à ce qui l'attendait au château. Il se laissa servir largement pour s'embrumer l'esprit.

Il pressentait l'orage, ce fut une tempête. La lourde porte de bois claqua au nez d'Armand resté sur le perron. Thérèse de La Bélinaye monta le grand escalier de pierre en pleurant et ne trouva pas le sommeil. Avant leur départ pour Fougères, son aîné passa sa dernière nuit dans la paille. Au fond des écuries.

10

Plus Charles de La Bélinaye avait le rire féroce, plus son public lui résistait – public qui n'était autre que celui de ses sœurs, solide quarteron mené par Renée. Celles-ci formaient un bloc d'une solidarité sans faille. Elles étaient nées en quatre ans. D'abord Renée, suivie de Thérèse, puis de Perrine, puis d'Anne. Charles était arrivé ensuite, suivi de Maurice, le dernier des La Bélinaye.

Dès l'enfance, Charles avait affronté le feu continuel de sa mère et de ses sœurs. Mais plus elles le couvraient de honte, plus il poussait les limites de l'humour cruel. Renée, l'aînée, était la plus sévère. Charles se demandait souvent si elle avait jamais souri. Combien de fois avait-il enduré les reproches outragés de sa mère, l'austère comtesse Marie-Thérèse Frain de La Villegontier ?

« Charles ! Regardez vos sœurs et inspirez-vous d'elles.

— Mes sœurs, mes sœurs, mes saintes sœurs ! » lâchait-il, au comble de l'agacement.

Il avait reçu très tôt le soutien de son père, le vicomte Armand Magdeleine de La Bélinaye du Bois-le-Houx, qui rêvait pour son premier fils d'une carrière militaire.

« Que ferons-nous de lui ? se désolait la vicomtesse.

— Madame, c'est entendu, nous n'en ferons pas une nonne ! »

Maurice, né quatre ans après Charles, était son contraire. Garçon doux et rêveur, il devait selon sa mère être préservé des frasques de l'aîné, qu'on avait finalement envoyé dès ses neuf ans à Paris, comme gentilhomme à drapeaux aux gardes-françaises, le régiment d'infanterie de la maison du roi.

Officier au grade de premier enseigne à ses dix-huit ans, Charles de La Bélinaye était devenu sous-lieutenant quatre ans plus tard et avait oublié ses sœurs au cœur des folles soirées parisiennes. Courant les tavernes et les cabarets de la capitale, il s'était taillé une réputation de séducteur qui avait fini par être colportée jusqu'à Fougères – et donc aux oreilles de Renée et de ses sœurs. Elles en avaient informé leur mère, qui en avait informé son époux. N'y voyant rien à redire, le vicomte avait invité les femmes de sa maison à ne pas en faire une histoire.

Le jour où avait été conclu le mariage de Charles avec la jeune Anne de Miniac, fille d'un capitaine d'infanterie, on s'était félicité qu'enfin l'intenable garçon soit rentré dans le rang. C'était bien mal le connaître.

Thérèse, la deuxième fille des La Bélinaye, était la mère d'Armand de La Rouërie. Veuve, pieuse et fière, elle se souciait de moins en moins des turpitudes de son frère et de plus en plus de celles de son aîné.

Charles pardonnait tout à son neveu, dont il se sentait très proche, au grand dam de Thérèse.

« Il n'a nul besoin que son oncle l'encourage à faire les quatre cents coups !

— Ma tendre Thérèse, répondait Charles, ce qui avait le don d'énerver fortement sa sœur, laissez vivre votre fils. Vous n'en ferez pas un abbé, mais un soldat. Et plutôt que de chercher à calmer ses élans, vous devriez me l'amener aux gardes-françaises. Il y sera tenu !

— Par vous ? J'ai les plus grandes craintes pour mon fils !

— Suffit ! »

Le vicomte de La Bélinaye mettait fin péremptoirement aux débats. Taiseux comme un vieux chêne, il avait la voix ferme et rocailleuse. Il s'étonnait de l'insouciance de Charles autant que du caractère exalté de son petit-fils. Sans doute pour tempérer la fougue du jeune Armand, il lui avait inculqué la passion des fleurs et des jardins. Mais chacun des événements récents lui rappelait l'urgence d'en faire un soldat, et il décida de payer à son petit-fils un brevet d'officier premier enseigne au régiment des gardes-françaises. Pour Thérèse, c'était un crève-cœur.

« À Paris avec Charles, vous n'y pensez pas ? Mon frère suit des chemins qui ne sont pas ceux d'un fils de bonne famille.

— Gardons-le à Fougères, renchérissait l'intransigeante Renée, il étudiera et nous l'aurons à l'œil. »

L'idée faisait bondir Charles de La Bélinaye, dont l'avis était souvent contraire à celui de Renée.

À nouveau, le vicomte Armand de La Bélinaye devait taper du poing sur la grande table familiale.

Sa troisième fille, Perrine, était de santé fragile et mère de quatre enfants. Elle était mariée à Sébastien de Moëlien, conseiller au parlement de Bretagne. Renée prenait grand soin de Perrine, qui ne contredisait jamais sa sœur aînée. Elle revenait souvent à Fougères quand son époux regagnait son lointain château de Penanrue, près de Landerneau.

La quatrième, Anne, était toujours célibataire. C'était un cœur généreux et léger. Elle adorait Maurice et riait parfois des reparties de Charles. Mais cette complicité n'avait pas duré : leur mère y avait mis un terme.

« Mes filles, vous vous devez le soutien dans l'exigence d'une vie droite, et si l'un de mes fils se rend coupable d'écarts condamnables, vous devrez faire front. »

La sévère vicomtesse avait eu moins de soucis avec Maurice, son benjamin. Cavalier hors pair, il avait intégré à seize ans les pages de la petite écurie du roi Louis XV, à Versailles. Il portait maintenant l'habit vert du régiment de cavalerie des dragons de la Reine.

Dès les premiers jours de novembre 1763, le vicomte et la vicomtesse de La Bélinaye rejoignirent la demeure familiale sur les hauteurs de Fougères. Ils avaient laissé à la garde des domestiques leur domaine du Bois-le-Houx, qui s'étendait sur les bords du Couesnon près de Luitré, à deux lieues de là. Perrine arriva début décembre avec ses deux aînées, Marie de Moëlien, qui avait cinq ans, et sa sœur de quatre ans, Thérèse. Leur père était resté à Penanrue.

La guerre de Sept Ans avait pris fin. Le traité de Paris signé en février actait les pertes françaises en Amérique du Nord et la victoire des Anglais. L'année précédente, Charles s'était battu victorieusement à Johannisberg, au sein des troupes du prince de Condé. Son régiment s'était depuis regroupé à Paris. Noël s'annonçait. Accompagné de son frère Maurice, il retrouva sa jeune épouse à Miniac, avant de rejoindre Fougères.

« Je me sens de belle humeur pour affronter mes sœurs !

— Charles, je ne veux plus entendre ces histoires. »

Anne de Miniac avait horreur de ces dîners où l'on décochait les flèches dès le milieu du repas. Elle reçut ce jour-là le soutien de Maurice.

« Charles, tu imagines ce qu'Anne doit endurer dans notre famille ? Tu devrais convoquer Renée en duel une fois pour toutes – et méfie-toi, elle est capable de t'écharper !

— Soyez tranquilles, je me tiendrai. Tout de même, pouvons-nous décemment laisser le jeune Armand de La Rouërie passer Noël seul avec ses tantes ? Elles voudront lui faire expier ses fautes. S'il a déjà troussé quelques petites marquises, qu'il n'oublie pas de le confesser à nos saintes sœurs ! »

Anne consentit à lâcher un sourire aux deux frères, hilares. Ils abandonnèrent Miniac alors que le jour se levait.

Ce matin-là, Thérèse de La Bélinaye rejoignit Fougères. Ses deux plus jeunes fils, Gervais et Charles-Louis, avaient pris place à ses côtés. Louis Collin tenait les rênes. Deux autres domestiques à cheval précédaient l'attelage. Armand suivait, monté sur un grand cheval bai. Sa mère ne lui parla pas du matin. Elle devinait déjà l'accueil à l'hôtel de La Bélinaye, en compagnie de son fils aîné au visage charbonneux et gonflé comme celui d'un pochetron ayant passé la nuit à se battre devant une auberge. Elle aurait à affronter la mine navrée de ses trois sœurs et, surtout, ce qui la rendait encore plus furieuse, le sourire narquois de son frère Charles. Thérèse se figurait les regards affligés du vicomte et de la vicomtesse, et les silences gênés des nobles des environs reçus dans la fière demeure fougeraise avant Noël. Elle se sentait bien seule.

La pluie froide tombait dru sur Fougères quand l'attelage et les cavaliers franchirent la porte Notre-Dame. Ils arrivèrent dans la cour du domaine sous un ciel tellement chargé qu'on se serait cru au crépuscule. L'angélus de midi sonnait à l'église Saint-Léonard. Mille bougies scintillaient derrière les fenêtres.

« La pluie ne nous a pas quittés depuis Saint-Ouen, et nous voilà enfin. Dois-je vous présenter mon aîné que vous n'allez pas reconnaître ?

— Mon Dieu… »

La vicomtesse soupira en regardant sa fille Thérèse, blême, suivie de ses deux jeunes fils et, encore sur le pas de la porte, d'Armand, la figure cabossée.

Ce dernier soigna son entrée : il se planta tout sourire et dégoulinant devant ses grands-parents. Le vicomte de La Bélinaye fronça les sourcils en voyant son œil poché au beurre noir. Les lueurs dansantes des bougies donnaient à son visage des airs de comédie.

« Entre, Armand, ne prends pas froid. Et montre-toi ! »

Le jeune homme s'approcha de son grand-père, qui l'entraîna près de la grande cheminée pour mieux le voir, posant les mains sur ses épaules. Longuement, il scruta son petit-fils, en silence.

« Ta pauvre mère n'a rien à m'apprendre. Je comprends déjà ce qu'il t'est arrivé.

— Grand-père, sachez que je n'ai fait que nous défendre, mes compagnons et moi-même.

— Comme toujours… » répondit celui-ci, fataliste.

Le vicomte de La Bélinaye ne put réprimer un sourire, car la scène ne manquait pas de comique. Sauf pour Thérèse, qui s'excusa, la voix étranglée :

« Vous pensiez accueillir un gentilhomme, voilà mon bohémien de fils…

— Allons, il se tient debout, et droit ! Armand, tu me raconteras tout. »

Le patriarche avait parlé avec une fausse sévérité, heureux au fond de lui d'avoir les siens dans sa demeure à Noël. Éplorées, les trois sœurs de Thérèse avaient observé la scène du haut de l'escalier. L'aîné des La Rouërie, toujours aussi fier, n'avait pas prévu de baisser les yeux ce jour-là.

« Je suis heureux de vous saluer, mes tantes ! »

Charles, Anne et Maurice franchirent la grille dans le milieu de l'après-midi. Thérèse en voulait par avance à son frère et à ses moqueries. Pourtant, il s'approcha d'elle avec bienveillance.

« Ma Thérèse, enfin je vous retrouve ! »

Cette dernière capitula et choisit de se détendre. Face à son neveu, Charles éclata de rire.

« Monsieur le marquis de La Rouërie s'est maquillé pour l'occasion ! »

Armand n'apprécia guère d'être tourné en ridicule, mais son oncle aimait rire. Et lui au moins ne lui ferait jamais de reproche. Le souper fut celui de retrouvailles joyeuses, et l'on évita de mettre Thérèse au supplice en questionnant Armand. Plus que les remarques de ses tantes dont il se moquait bien, le jeune La Rouërie guettait la réaction de son grand-père. À plusieurs reprises, celui-ci le fixa longuement, songeur, pendant que les conversations allaient bon train. Armand savait qu'il aurait à s'expliquer tôt ou tard.

Le vicomte de La Bélinaye aimait avoir sa descendance autour de lui. La grande tablée dans sa belle maison de ville lui renvoyait l'image de sa fortune de cœur – et de son rang. Il attendit la fin des festivités pour entraîner Armand un peu à l'écart. Thérèse les suivit des yeux quand ils entrèrent dans la bibliothèque. L'heure de l'explication était venue. Perfide, Charles pensa qu'au moins cette fois il ne serait pas au centre des indignations des dames de La Bélinaye. C'était au tour de son neveu. Il porta un toast :

« Qu'il traverse l'orage sans peur ! »

À nouveau, il éclata de rire. À nouveau, Thérèse le fusilla du regard. Il lança un clin d'œil à son frère Maurice, hilare, et but d'une traite alors qu'Anne de Miniac, sa jeune épouse, tentait de relancer la conversation.

Dans la bibliothèque, il y eut d'abord un long silence. Le vicomte se tenait debout, les bras croisés, face à son petit-fils, sans rien dire. Armand se sentait un peu gauche. Le mutisme de son grand-père pesait plus que des mots sévères. Le patriarche ne détachait pas son regard du visage de son petit-fils. L'aîné des La Rouërie ne baissa pas pour autant les yeux, ce qui plut à son grand-père.

« Tu aimes te battre ? Tu sais que ta grand-mère et tes tantes sont inquiètes. Et ta pauvre mère aussi. »

Il avait prononcé ces paroles lentement, maîtrisant sa voix rauque pour qu'elle ne franchisse pas la porte. Armand avala sa salive et réfléchit à son tour.

« Oui, j'aime me battre ! Mais jamais sans raison, vous le savez. J'ai mes soldats, je suis leur chef, je dois donc être le premier à défendre l'honneur de ma troupe. »

Le vicomte eut un sursaut. Et sa moue souriante trahit une pointe de fierté : son petit-fils de douze ans lui parlait comme un général !

« Mais contre qui avez-vous guerroyé, toi et ceux que tu appelles tes "soldats" ?

— Des Anglais, dans la forêt de Bazouges. Ils ont cru nous arrêter alors que nous cheminions sans leur chercher querelle. Ils m'ont frappé. Nous les avons vaincus. Leur hutte a brûlé. Croyez-vous que ma mère et mes tantes peuvent comprendre cela ?

— Ah, certes non !

— Devais-je laisser les miens se faire frapper à leur tour ?

— Tes oncles te comprendront. Tu leur expliqueras. En attendant, que vais-je dire à ta mère ? »

Le petit-fils sentit un peu de complicité dans l'interrogation de son grand-père.

« Que je veux être soldat du roi. Et que je le serai ! »

Les yeux du jeune homme brillaient. Le vicomte avait toujours su que son petit-fils culotté ne faiblirait pas avec l'âge. Mais ce soir-là, il en eut la certitude. Il songea alors à son gendre, mort d'une mauvaise chute de cheval neuf ans plus tôt : Anne Jacques Tuffin, marquis de La Rouërie. Celui qui, en cet hôtel de La Bélinaye, avait prédit que son premier fils deviendrait général.

« Tu iras à Paris. À tes quinze ans, nous t'engagerons aux gardes-françaises, et tu serviras le roi. Mais n'oublie pas : si tu es trop querelleur, tu ne seras jamais général.

— Je n'oublierai pas, grand-père. Je n'ai nulle envie d'aller croupir dans la cage de fer ! »

Il raconta à son grand-père les événements de Saint-Ouen, la visite du Mont-Saint-Michel, et combien la mort de la Fouine l'avait touché. Ils devisèrent longtemps dans la bibliothèque. Les femmes de la famille cherchèrent la gêne et la contrition dans le regard du garçon quand il rejoignit le salon. Elles déchantèrent très vite : il affichait son plus fier visage. Son grand-père lui tapota l'épaule et entreprit l'assemblée familiale sur la cuisson du nouveau pain au froment du boulanger de la haute ville.

Armand s'approcha de l'âtre et resta plusieurs minutes, debout, les yeux rivés sur les flammes. Il mit du temps à se rendre compte que sa jeune cousine de quatre ans s'était approchée de lui. La petite Thérèse de Moëlien le regardait, intriguée par ce visage abîmé. Elle croisait timidement ses doigts, gênée de le déranger. Son grand cousin lui prit doucement la main pour la rassurer et caressa ses cheveux.

« Vous aussi, Thérèse, vous me comprenez. Je serai toujours là pour vous, ma cousine. »

11

Il y avait entre Fougères et Ernée une paroisse du nom de La Pellerine, traversée par le vieux chemin de Cocaigne. C'était le premier village du Maine après la Bretagne, et donc un endroit de passage bien connu des faux-sauniers et des gabelous.

Marie marchait d'un bon pas vers le carrefour de Larchamp. La jeune mendiante avait attaché ses cheveux roux sous un foulard noué. Elle arrivait de Fougères. Son gros baluchon lui courbait le dos, mais elle le tenait d'une main ferme, regardant le sol sans se préoccuper des ivrognes qui chantaient à l'extérieur de la vieille auberge de La Pellerine. Elle ne les connaissait que trop : les cousins Goudal étaient deux rustres qu'elle avait plus d'une fois rabroués. Elle reconnut aussi Pied-de-Bouc, un vagabond qui traînait souvent au marché aux bestiaux de Fougères.

En s'approchant d'eux, le pas alerte, elle vit les Goudal s'avancer vers elle, l'air menaçant. Marie serra fort son bâton, prête à s'en servir. Mais les cousins gueulaient de loin depuis que l'un et l'autre avaient reçu en pleine figure le bois de la mendiante. Ils s'écartèrent avant son passage.

« Maudite bourrique !

— Foutus chiens galeux ! »

Ses vieilles galoches de cuir usé martelaient le sentier poussiéreux. Marie avançait vite.

Entre La Pellerine et Ernée, les douaniers qu'on appelait les « gabelous » avaient l'habitude de se nicher du côté de Larchamp. D'une province à l'autre, la contrebande de sel était très lucrative.

L'impôt ancien sur le sel, la gabelle, n'était pas supporté de la même manière selon les provinces du royaume de France. La Bretagne en était exemptée, au contraire du Maine, pays de grande gabelle, où le sel était fortement taxé. Le sel breton était donc beaucoup moins cher, et le trafic organisé par les faux-sauniers était vivace. Quand il entrait clandestinement dans le Maine, le sel se transformait en or ! Détestés par la populace, les gabelous menaient la chasse aux contrebandiers.

En trafiquant de petites quantités de sel, Marie s'assurait un faible revenu. Et quand elle rencontrait les gabelous, elle allait à leurs devants en tendant sa sébile. S'ils ne lui accordaient jamais le moindre sou, ils lui criaient de déguerpir, ce qu'elle faisait bien volontiers.

Ce jour-là, Marie avait du cœur à l'ouvrage : elle avait trouvé une plus grande quantité de sel, qu'elle devait livrer au Mentoux, un faux-saunier du Bas-Maine. Elle savait qu'il l'attendrait jusqu'à l'angélus, pas après. Le Mentoux se méfiait des gabelous comme de la peste et ne restait jamais longtemps au même endroit. Elle serait alors obligée d'aller vendre son sel à un autre, un peu plus loin. S'enfoncer dans le Maine balluchon plein, c'était tenter le diable, car les gabelous rôdaient jusqu'à Mayenne.

Elle marcha au pas des fantassins. Un peu avant le village d'Ernée, une sente dévalait un bois pentu, jusqu'à la rivière. La mendiante approchait du but. Elle courut presque en direction du moulin à tan. Une bonne odeur de bois emplissait les environs. Elle aperçut une petite croix de granit nichée sous un chêne. À cet endroit coulait une fontaine généreuse. L'angélus de midi sonna au loin. Elle but tout son saoul et perçut du mouvement derrière un taillis. Deux grands chiens haletants, pleins de bave, coururent vers elle sans aboyer : des animaux de contrebandiers qui, bien harnachés, traversaient la campagne avec de gros sacs de sel sur les flancs.

Elle perçut un sifflement et vit venir un homme à la barbe rousse et aux longs cheveux tenus par un bandeau. C'était le Mentoux. Ses bêtes n'impressionnaient pas Marie, qui n'avait peur de rien et surtout pas de se faire mordre. Elle les caressait sans retenue.

« As-tu mes sous, maudit galeux ?

— Sûr que j'ai tes sous, la Bourrique, mais toi, as-tu mon beurre ?

— T'auras mon beurre si j'ai tes sous.

— Demande donc à mes chiens s'ils veulent bien te les donner.

— Mauvais crapaud, tu n'auras pas mon beurre si je ne vois pas tes sous.

— Tu pourrais bien ramener ton baluchon plein jusqu'à Fougères !

— J'irai jusqu'à Laval si tu n'en veux point, et je gagnerai de quoi aller à l'auberge tous les jours jusqu'aux moissons !

— Montre donc, la Bourrique ! »

Elle s'agenouilla et délaça délicatement son grand sac de toile. Elle se saisit avec précaution des pots enveloppés de vieux linge. Le Mentoux en prit un à pleines mains, ainsi qu'un couteau à bout rond. Il gratta le beurre salé qui scellait le pot et sembla satisfait. Sous le beurre était dissimulé du sel. Au moins quarante livres dans cinq pots – la Bourrique n'avait pas fait tout ce chemin pour rien !

Marie avait déjà tout calculé. Elle avait payé sa marchandise quinze sols et comptait bien la revendre pour près de quatre-vingts. « Le Mentoux est dur à traire, se dit-elle, mais sur la tête de saint Hamon, je ne descendrai pas en dessous de soixante-dix. »

« C'est quatre-vingt-dix sols, pas un de moins, ou je reprends mon baluchon.

— C'est soixante, et rien que soixante, maudite bourrique, ton mauvais sel ne vaut pas plus.

— Eh bien, va donc en chercher ailleurs. Je vais trouver preneur avant d'avoir marché une lieue. Tu ne vaux pas mieux que tes mauvaises bêtes. »

Leur petit jeu dura un peu. Les deux savaient que le marché allait se conclure. Il fallait d'abord négocier. Pour le Mentoux, un sel non négocié portait malheur.

Le gars du Maine siffla ses bêtes pour repartir, mais resta figé devant elle. La mendiante planta ses grands yeux bleus dans les siens, et il lâcha son dernier prix :

« Soixante-dix !

— Soixante-dix ! »

La vagabonde compta ses sous, et le Mentoux repartit ainsi qu'il était venu, suivant ses chiens dans les taillis. Elle retrouva le chemin vers Fougères, et son baluchon lui parut bien léger. Elle pouvait maintenant croiser les gabelous sans craindre de finir en prison.

Arrivée à La Pellerine, elle s'arrêta à l'auberge. Les cousins Goudal étaient partis et devaient à cette heure ronfler au pied d'un fagot. Elle se rassasia d'un bouillon et de viande. Elle commanda une pinte, puis une seconde, avant de poursuivre sa route vers Fougères. À une demi-lieue de La Pellerine, elle bifurqua vers un rang de têtards sur un talus. Elle passa de l'autre côté et se coula dans de hautes herbes pour se soulager. Puis elle s'endormit, cachée au pied d'un vieux chêne.

Elle ne saisit pas tout de suite ce qui lui arrivait. Elle se réveilla brutalement en croyant étouffer. Une paume s'était plaquée sur sa bouche. Elle eut la sensation que son corps était pris dans un étau. Lorsque des mains la farfouillèrent, elle retrouva ses esprits. Elle eut le temps d'apercevoir une lame qui tranchait la lanière de sa sacoche et cria de douleur quand l'arme lui griffa le bras. Elle se mit à saigner abondamment. Trois hommes la maintenaient immobile. L'un d'eux arracha sa longue culotte, tant retaillée et ravaudée qu'elle se déchira. Elle sentit sur elle le souffle de celui qui allait la forcer, pendant que les deux autres lui bloquaient les jambes. Elle hurla plus fort encore. C'est sans doute le sang qui la sauva. L'un des agresseurs cria quelque chose au sujet des gabelous. Ils s'enfuirent alors mais, de rage, l'un d'eux lui porta un violent coup au ventre et elle perdit connaissance. Quand elle s'éveilla, elle chercha ses sous. Elle les avait enveloppés dans un tissu et dissimulés dans son dos. Ils s'étaient répandus dans l'herbe. Elle fouina de longues minutes pour en retrouver. Reprenant un peu ses esprits, elle se leva et vomit. Son bras était couvert de sang. Elle l'entoura d'un linge, jeta autour d'elle un regard méfiant et reprit sa marche vers Fougères.

12

Protégés par des chapeaux au large bord, les trois cavaliers se frayaient un chemin entre les étals du marché de la rue Grande. Une forte pluie nocturne avait balayé la ville, séchée au petit matin par un soleil d'hiver rare et bienvenu. Le marché de Fougères avait lieu trois fois la semaine. Les marchands de bétail entraient dans la cité par la porte Roger, juste devant l'hôtel de La Bélinaye. Ils poussaient leurs animaux dans la rue de l'Aumaillerie, qu'on appelait aussi la rue Derrière. Il était impossible de la remonter en sens inverse tant le monde affluait. Les acheteurs, les vendeurs et les animaux partaient ensuite par la porte Saint-Léonard.

Charles allait en tête. Son dolman des armées royales attirait l'attention. Maurice suivait, maîtrisant le pas lent de son destrier blanc qui semblait seulement effleurer le pavé. Armand fermait la marche sur son destrier bai, renfrogné, le menton enfoncé dans le col de sa redingote. Ils restèrent sans réaction face aux jurons d'un marchand qui n'aimait pas voir des chevaux si près de son étal.

Approchant l'église Saint-Léonard, il leva les yeux. Une poignée d'hommes s'affairaient autour d'une pompe à eau qu'ils bichonnaient comme une pièce d'artillerie. C'étaient les apprentis gardes-pompe qui préparaient l'installation prochaine d'un corps de sapeurs à Fougères. La décision avait été prise après le grand incendie qui avait détruit, l'année précédente, les maisons de la rue des Trois-Rois et une bonne partie de celles de la rue du Temple et de la rue de l'Aumaillerie. Charles et Maurice saluèrent les futurs sapeurs. Armand avait la tête ailleurs. Tout près de là, une femme demandait l'aumône, debout, au pied des larges marches en granit. Il l'avait repérée de loin, encapuchonnée, la sébile offerte aux passants qui n'y jetaient même pas un regard. Il essaya de deviner son visage caché par de longs cheveux couleur de feu.

Charles et Maurice passèrent devant elle sans même la voir. Leur neveu se sentit gêné de la frôler ainsi. Il avait bien deux ou trois sous au fond d'une poche et aurait pu arrêter son cheval, mais il se laissa porter, comme incapable de faire un geste, serré dans sa redingote. Il se redressa et tourna la tête en arrière pour la regarder de nouveau. Elle avait levé les yeux, et il découvrit son visage. La femme, qui paraissait jeune, le fixa de ses prunelles claires. Il eut honte.

« N'ai-je donc aucun cœur ? » se dit-il.

Il pensa tout de suite à Sans-Chagrin. Peut-être le vieux mendiant, dont Armand s'était fait l'ami, la connaissait-il ?

Les trois cavaliers contournèrent l'église. Armand aurait bien fait demi-tour, mais il fut saisi par le paysage qui s'offrait à lui. Des hauteurs de Saint-Léonard, accrochée au contrefort rocheux, l'immense carcasse de l'ancien château de Raoul II avait l'air d'un géant endormi après la bataille.

« Il ne lui manque que mes écuries royales, lâcha Maurice.

— Ce tas de pierres est un vieux guerrier qui mérite le respect », répondit Charles, songeur.

Conquis par Pierre de Dreux, repris par Louis IX, confisqué par le duc Jean de Monfort, vaincu par du Guesclin, pillé par François de Surienne, délivré par le duc de Bretagne, François Ier, défait par La Trémoille, investi par le duc de Mercœur, le château de Fougères avait enfin trouvé le repos.

Un chemin pentu descendait jusqu'aux douves et à Saint-Sulpice, où l'on priait Notre-Dame des Marais. D'importants travaux avaient été menés pour achever la nef de l'église du bourg-vieil, trois ans plus tôt. Maurice s'amusa à deviner les sept péchés capitaux, taillés dans la pierre des contreforts extérieurs. Et Charles offrit à la fée Mélusine un sourire charnel. Sculptée au droit de la porte sud, elle était l'emblème des Lusignan, anciens seigneurs de Fougères.

Armand, qui pensait toujours à la mendiante, finit par faire demi-tour.

« Prends garde à toi, tu vas effrayer les jolies filles avec ton visage cabossé ! » lui lança Charles dans un grand rire auquel son neveu s'empressa de répondre :

« Un jour, je vous rendrai jaloux ! »

Le jeune homme remonta au trot jusqu'à Saint-Léonard. Il la chercha des yeux, en vain. Était-elle entrée dans l'église ? Avait-elle rejoint le marché à la recherche de quelque main généreuse ? Il l'aperçut alors, cheminant seule au milieu de la rue Derrière, qui longeait la rue Grande. Elle portait une longue cape foncée dont on ne pouvait trop dire la couleur. Une mèche de ses cheveux flamboyants volait au vent. Il descendit de son cheval, tenant l'encolure d'une main et fouillant ses poches de l'autre pour y dénicher des pièces. Il eut vite fait de la rattraper.

« Vous demandiez l'aumône, mon amie ?

— Mon amie ? Mon amie ? Ma bonne amie ? »

Elle se mit à rire, laissant apparaître trois dents cassées mais surtout de jolis yeux turquoise qu'Armand trouva charmants. Elle n'eut qu'un sourire à faire, et elle le fit, pour qu'il vacille, incapable de répondre quoi que ce soit d'autre que « Oui, mon amie ». Il en oublia les pièces à lui offrir. Il pensa alors à son visage cabossé qu'elle avait forcément remarqué, s'imagina d'une infinie laideur et devint fébrile.

« Ohé, mon bon monsieur, pour sûr que je demande l'aumône, auriez-vous quelques sous ? Mon bon monsieur ? » répéta-t-elle pour qu'il se décide.

Armand se sentit ridicule. Il fouilla ses poches, attrapa ses trois sous et l'un tomba à terre. D'un geste vif et maladroit, il se pencha pour le récupérer. Sa tête heurta celle de la mendiante, tant et si bien qu'il fut déséquilibré et tomba aux pieds de son cheval. Elle rit de bon cœur et faillit ne jamais s'arrêter. Penaud, il s'imagina les moqueries de son oncle Charles s'il avait assisté à la scène.

Était-ce la figure abîmée du garçon à terre ou son air ridicule qui la rendait si joyeuse ? Dans d'autres circonstances, la fierté d'Armand se serait transformée en une furieuse colère. Pourtant, quelque chose le retint, et il se mit à rire lui aussi.

« Vous en faites une drôle de tête ! lança-t-elle.

— Ma tête ? Ah oui, ma tête…

— Je vous fais peur ? Ou peut-être pitié ? Ou peut-être les deux… Je ne veux pas de votre pitié, mon beau monsieur, juste de vos sous pour manger un peu. »

Il caressa l'encolure de son cheval pour paraître détaché et regarda la jeune femme, les yeux dans les yeux. Elle ne devait pas avoir plus de vingt ans.

« Eh bien, voici d'autres pièces. Ce n'est pas de la pitié, juste de l'attention à votre égard. »

Elle les fourra dans son caban, tout en dévisageant Armand.

« Vous vous êtes battu ?

— Cela vous importe ?

— Holà, mon beau monsieur ! Ce n'est pas une affreuse mendiante qui aura raison de vos secrets. Eh bien, gardez-les ! Quant à moi, je garde votre argent. »

Elle rit de nouveau, de bon cœur. Armand se sentit encore plus ridicule : sa fierté avait parlé trop vite. Elle semblait bien maligne, et le cavalier, captivé par son sourire, apprécia son agréable compagnie. Il marcha à ses côtés vers le bas de la rue, sa main gauche tenant fermement l'encolure, et osa quelques confidences.

« Oui, j'ai combattu… Dans la forêt de Bazouges. Je me suis battu pour défendre ma troupe attaquée par des rôdeurs. De mauvais bougres anglais qui regretteront de nous avoir barré la route.

— Ils en voulaient à votre argent ?

— Non, notre seule présence les incommodait. Vous auriez vu la hutte de ces bandits flamber comme un fagot ! »

Le souvenir de la bataille l'avait remis d'aplomb. Il rit rien que d'y penser, mais le regard de désapprobation de la mendiante l'arrêta.

« Vous auriez pu passer votre route…

— Jamais ! Pour qui me prenez-vous ? Pour un pleutre, un garçon sans courage ? Vous auriez fait cela, vous ? Si je vous avais barré la route, vous auriez fait demi-tour sans rien dire ?

— Ah cela, non ! »

Elle leva son bâton en riant, puis reprit, l'air grave :

« Vous êtes de ces gens qui n'aiment que se battre, de la haute qui ne rêve que de la guerre…

— Je suis qui je suis ! »

Il la dévisagea. Qui donc était-elle pour le juger ainsi ? Pourquoi soufflait-elle le chaud et le froid ? Était-ce un jeu ? Il tint à se justifier :

« La guerre est l'affaire des hommes !

— Nous y voilà ! Eh bien, sachez que les femmes aussi font la guerre. Moi, je la fais tous les jours. Oui, monsieur ! Je la fais pour manger, je la fais pour dormir, je la fais pour me protéger des moqueries, je la fais pour guetter les loups… Quand on m'attaque, et c'est souvent. Même vos Anglais ne m'effraient pas ! »

Elle prononça ces paroles d'une traite, sans même respirer. Armand crut percevoir une pointe d'émotion et il en fut touché.

« Vous êtes une femme courageuse. Mais… je ne connais même pas votre nom.

— Je suis la Bourrique.

— La Bourrique ! Pourquoi la Bourrique ?

— Parce que… je ne me laisse pas faire. Je me bats, moi aussi ! »

Ils avaient emprunté un chemin large et en pente qui s'éloignait de la ville haute. Le cavalier arrêta son cheval, dont il caressa l'encolure. Ils étaient l'un face à l'autre, deux visages abîmés aux yeux devenus graves.

« Je refuse de vous appeler "la Bourrique" ! Vous avez bien un autre nom ? Votre marraine ne vous a pas donné le sien ?

— Ma marraine ? »

La mendiante se mit à rire.

« Je ne sais pas qui était ma marraine. Je ne sais même pas qui était ma mère. Et encore moins qui était mon père. »

Il l'écoutait, bouleversé par son histoire, et dut le laisser paraître car elle reprit, comme pour le rassurer :

« J'ai toujours où aller. Je ne suis jamais perdue. »

Elle parlait en fixant le sol humide. De temps à autre, ses sabots glissaient sur la glaise, mais elle avait le pied sûr de ceux qui marchent du matin au soir. Elle dévisagea Armand, qui remarqua cette pâle lueur dans ses yeux. Était-ce de la tristesse ou de la fatigue ?

« On m'appelle aussi Marie. »

Il fut heureux de cette confidence et sentit naître une complicité entre eux. Lui qui n'avait jamais manqué de rien s'interrogeait sur la vie des pauvres. « Ils n'ont pas eu moins de mérite que moi », pensait-il souvent. Et cela le troublait, voire le révoltait.

« Eh bien, Marie, mon parrain, qui est mon grand-père, m'a nommé Armand de… »

Il se reprit avant d'aller plus loin. Elle aurait sûrement refusé de converser avec un noble.

« Oui, tel est mon nom. Et tu dois connaître l'un de mes amis. Il est mendiant lui aussi. Il se nomme Sans-Chagrin. »

Sans s'en rendre compte, il s'était mis à tutoyer Marie.

« Sans-Chagrin ? »

Elle fut prise d'un énorme rire.

« Sans-Chagrin, cette vieille fripouille ! Cette vieille bique !

— Tu le connais ?

— Tous les mendiants se connaissent.

— Tu sembles avoir bien des reproches à lui faire.

— Il est aussi têtu que la pluie et ne veut jamais rien entendre ! »

Armand sourit.

« Plus bourrique que toi ?

— Jamais ! »

Elle rit de plus belle. Marie tendit alors son bâton vers le ciel, découvrant sur son bras nu une large plaie putride. Tout autour, la chair était noire comme la suie. L'expression stupéfaite d'Armand mit la Bourrique dans une sombre colère.

« Pourquoi lorgnes-tu ma peau de sorcière ? Tu me parais bien peureux pour un soldat qui a fait la guerre. »

Elle avait pudiquement recouvert son bras, d'un geste sec.

« Ne me parle pas ainsi, et soigne-toi !

— Je ne suis pas ta domestique. Si tu pouvais voir ton visage, il est plus noir que ma peau. Tu ressembles à un… »

Elle sembla chercher ses mots.

« Un vieux cochon noir ! »

Armand sentit une rage sourde monter en lui. Elle le rudoyait sans raison, passant du rire à la colère, alors qu'il prenait soin d'elle. « Foutue bourrique, tu portes bien ton nom », se dit-il. Elle accéléra le pas, sans doute pour mettre un terme à la conversation. Vexé, le jeune homme tenta une dernière approche :

« Si tu vas vers Dol, arrête-toi à La Mancellière. Le comte de Noyan pourra te soigner. On dit qu'il guérit les plus méchantes plaies.

— Je ne fréquente point les comtes et les châteaux, hurla-t-elle en s'éloignant, je préfère prier saint Hamon. »

« Quelle bourrique ! » se dit-il de nouveau. Il s'arrêta et la regarda partir. Alors qu'il ne s'y attendait plus, elle se retourna, leva son bâton en signe d'adieu et reprit sa marche.

« Prends garde à toi, Marie ! » lança Armand.

Elle boitillait, légèrement voûtée, mais son pas était vif et nerveux. Il aurait aimé la retenir, parler encore et encore. Il songea à la Fouine, qui était de cette trempe.

« Adieu, la Bourrique, tu ferais un sacré soldat », marmonna-t-il, la suivant des yeux jusqu'à ce qu'elle contourne une grange derrière laquelle s'étirait une sente boueuse.

La rencontre l'avait troublé, mais il n'en parla pas à ses oncles en arrivant au bas de Saint-Sulpice. Charles aurait ri de lui. Qu'allait devenir la Bourrique, avec cette mauvaise blessure, si elle refusait de se soigner ? Au fil des heures, cela tourna à l'idée fixe : il devait trouver Marie et la convaincre de montrer sa plaie à qui saurait la soigner. Il se faisait fort de solliciter un médecin, ou de l'emmener jusque chez le comte de Noyan dont on lui avait tant parlé. « Jamais elle ne voudra me suivre, se lamentait-il. Têtue comme elle est, elle refusera même de m'écouter. Au moins, j'essaierai. »

Les jours suivants, il partit avec son oncle Maurice sous le prétexte d'un galop en forêt. Ils filèrent dans les sous-bois et entre les talus jusqu'à Louvigné. Maurice n'avait que faire des mendiantes, et Armand insista pour que leur chevauchée atteigne la frontière du Maine.

« Je veux la retrouver, mais n'en parle pas à l'oncle Charles. Il se moquerait de moi.

— Charles n'en saura rien, assura Maurice. Allons la chercher, si elle t'a envoûté à ce point.

— Je ne suis pas envoûté. Mais elle doit savoir beaucoup de choses qu'elle n'a pas eu le temps de me raconter.

— Laisse donc les curés s'occuper des mendiants ! Tu as mieux à faire à ton âge. Et crois-tu qu'une mendiante t'écoutera ? Les gens comme elle se méfient de nous.

— Elle m'écoutera ! »

Maurice se fendit d'un large sourire et lança son cheval au galop.

13

Thérèse se rendit ce matin-là au château de Fleurigné. Son père l'avait chargée de convier un dimanche à l'hôtel de La Bélinaye la marquise de Bois-Février pour un grand déjeuner de fin d'hiver, afin de rendre une invitation.

Pour rejoindre Bois-Février, situé à moins de deux lieues de la ville haute, on quittait Fougères par le grand chemin du Maine. Louis Collin mena la berline tirée par deux chevaux. Thérèse appréciait ce fin cocher, homme fier et sourcilleux qui avait l'œil à tout. Il parla à ses carrossiers noirs tout au long du trajet.

Les chevaux de Louis Collin arrivaient toujours à l'heure dite sans avoir couru plus que nécessaire. Le cocher aux gestes sûrs entraîna son attelage dans un grand tour de cour. La belle façade en arc de cercle rappelait celle de l'hôtel de La Bélinaye.

Dame Bonne Marie Charlotte de Pont-Farcy, marquise de Bois-Février, avait fait dresser la grande table où s'assiéraient également les domestiques. Louis Collin aurait à qui parler, et elle avait à discuter avec Thérèse. Elle lui posa sans plus tarder la question inévitable :

« Et notre Armand ? Un garçon aussi intelligent est promis à de grandes choses ! »

La marquise de La Rouërie essaya bien de faire diversion, complimentant Bonne Marie de son élégant escalier de bois, moins roide que celui de Saint-Ouen, tout en pierre et si froid l'hiver. Mais la maîtresse des lieux ne se laissa pas distraire et revint au sujet essentiel : son filleul.

« Ma pauvre Bonne Marie, si vous saviez ce que j'endure.

— Dites-moi...

— Plus il grandit, plus il cherche à me rendre folle. Il finira par y parvenir.

— Racontez-moi donc ce qui vous torture. »

Bonne Marie prit alors un air éploré. Les deux femmes étaient veuves, et la marquise de Bois-Février était pour Thérèse plus qu'une parente – une confidente.

« Il s'est encore battu et est revenu tout défiguré. Je n'ai pas voulu vous l'amener et il en est puni. Il est aujourd'hui avec son maître d'allemand. Au moins, il n'ira pas se vautrer dans les marais. »

Elle récita la litanie des méfaits d'Armand, ses bagarres dans les bois et les forêts, ses compagnons sortis de nulle part, et sa tête dure comme le granit. Elle qui croyait peu au bonheur et prêtait toujours attention aux souffrances des autres ne détestait pas qu'on reconnaisse aussi les siennes. Pour flatter l'orgueil de son amie, la marquise de Bois-Février n'était jamais avare de compliments.

« Si vous saviez ce que l'on dit d'Armand, combien sa grande intelligence est soulignée par tous, vous seriez sûrement rassurée. Et il danse si gracieusement !

— Vous avez forcément entendu bien d'autres choses. On a dû vous rapporter quelques méchancetés sur mon aîné. Je les entends, les badinages, sans même être là ! Je lis les moqueries et les reproches dans les regards de ceux qui tiennent leur langue. Et dans mon dos...

— Thérèse, je ne le tolérerais pas !

— Oh, je sais combien je peux compter sur vous. Je suis tellement heureuse de vous avoir. Au moins, vous ne me jugez pas. Mais tous les autres ! Ils pensent que mon fils finira mal... Parfois, je ne suis pas loin de le penser aussi.

— Ne dites pas cela. Je parlerai à Armand, je suis sa marraine, après tout !

— Je suis sûre qu'il vous écoutera et vous fera toutes les promesses possibles, comme d'habitude. Mais rien ne changera.

— Je le verrai avant le printemps. Avant que vous rejoigniez Saint-Ouen. Il saura ce que sa marraine attend de lui. Faites-en donc un mousquetaire !

— Quelle idée ! Vous aussi, vous le croyez ? »

Thérèse comprit alors qu'elle était bien la seule à vouloir encore retenir son fils en Bretagne. Les événements qui suivirent achevèrent de la convaincre.

Chaque jour de marché depuis sa rencontre avec Marie la Bourrique, Armand Tuffin de La Rouërie descendait des hauteurs de Saint-Léonard jusqu'au bourg vieil, au pied du château. Il espérait qu'elle choisirait un jour d'affluence pour revenir à Fougères.

Ce matin-là, comme souvent, il traînait devant les étals. Il s'abouchait facilement avec des inconnus à qui il aimait en remontrer. Il avait dévalé la rue de la Pinterie, bordée de porches du haut en bas. On s'y affairait, et les conversations allaient bon train. Un projet de démolition des porches pour lutter contre la propagation des incendies faisait beaucoup causer depuis quelques années. Du haut de l'ancienne rue du Bourg-Vieil jusqu'au château, on annonçait les pires malheurs à ceux qui se risqueraient à la démolition. Armand trouva le moyen de donner son avis sur la question :

« Ça n'empêchera pas vos maisons de prendre feu si les cheminées ne sont pas entretenues.

— Qu'ils y viennent, les messieurs du Conseil, et ils sentiront les flammes sous leur nez ! » avait lâché Vidal, un marchand de la Pinterie.

Armand rejoignit le Marchix, cherchant la Bourrique. Un attroupement s'était formé à l'angle de la place. De jeunes bourgeois à moitié ivres semblaient s'intéresser de trop près à une personne qu'ils entouraient, mais qui ne se laissait pas distinguer. Quelques insultes volèrent bas, et Armand comprit que c'était à une femme que s'adressaient les buveurs. Il s'approcha, se mêlant aux badauds qui assistaient à la scène. Et ce qu'il découvrit le fit brusquement entrer dans une rage folle. L'un des pochetrons secouait violemment la capuche d'une mendiante en hurlant :

« Sac à puces ! »

Marie, la Bourrique, car c'était elle, criait en retour, tandis qu'un mouvement de colère secouait ses longs cheveux de feu.

« Arrière, pauvres chiens ! Je n'ai pas peur de vos têtes d'ivrognes ! »

Elle tendait à bout de bras son bâton, et Armand aperçut le linge ensanglanté qui cachait son bras. Par réflexe, il voulut en appeler à sa troupe pour secourir la mendiante, mais il était seul. Qu'importe, il ferait face.

D'un geste vigoureux, il agrippa l'un des agresseurs qui lui tournait le dos et riait comme un bossu. Il n'eut aucun mal à le déséquilibrer et à le jeter au sol.

« Bande de lâches ! À quatre contre une femme sans défense. Vous en répondrez ! »

Le petit groupe, surpris, se retourna. Un violent coup de poing frappa un visage. Armand avait tapé à l'aveugle, en y mettant toute sa hargne. La riposte ne fut pas celle qu'il attendait :

« Je ne suis pas sans défense ! Venez donc voir un peu si je suis sans défense ! »

Elle lui faisait encore des reproches, en pleine bataille ! Marie ne montrait aucune faiblesse. Cette satanée bourrique lui plaisait de plus en plus. Mais il n'eut pas le temps d'y réfléchir longtemps. Trois garçons se jetèrent sur lui, le rouant de coups. Il prit le dessus, se battant comme un beau diable. Armand ressentait une telle hargne qu'il aurait été capable du pire, mais heureusement il ne portait pas sa dague sur lui.

« Tenez-le bien ! »

Les adversaires hurlaient, enragés, en tentant de le maîtriser.

« Attrapez cela, bande de chiens. Vous méritez la potence ! À moi, la Bourrique ! »

Armand, tout en criant, réussit à frapper du pied l'un d'eux, qui lâcha prise. Un deuxième adversaire reçut un vigoureux coup de tête. Mais le jeune La Rouërie subissait lui aussi une telle violence de la part de ses assaillants qu'il crut un moment défaillir. Un étal se brisa sous le poids des corps. La Bourrique hurla à l'adresse d'un groupe qui sortait d'un tripot voisin :

« Aidons-le, ces canailles vont le tuer ! »

Quelques hommes, titubant, tentèrent alors de dégager Armand. La Bourrique frappa deux ou trois fois de son bâton, mais les renforts qu'elle avait réussi à dénicher eurent un brusque mouvement de recul. Trois chevaux arrivés presque au galop venaient de débouler sur la place du Marchix. C'était la maréchaussée. Le prévôt, entouré de deux autres hommes dont l'un était son lieutenant, exigea la fin du combat sur un ton qui ne souffrait aucune contestation. Armand haletait, les yeux rougis, la lèvre gonflée, tandis que l'un de ses opposants pinçait son nez qui pissait le sang.

« Mettez-moi ça à l'arrêt ! C'est aux fers que vous allez ! »

Il y eut bien des murmures de protestation. Mais le prévôt calma les ardeurs en menaçant du cachot tout l'attroupement.

« Me voilà dans de beaux draps », se dit Armand en pensant qu'un peu plus haut, bien au-dessus des échoppes de la Pinterie, l'hôtel de La Bélinaye s'apprêtait à accueillir ses hôtes : quelques familles nobles des environs, et sa marraine qu'il n'avait pas revue depuis des mois. Il aurait pu se réclamer de son grand-père, le vicomte Armand de La Bélinaye, que le prévôt connaissait bien. Il s'y refusa. Il défendrait son honneur jusqu'au fond de sa cellule s'il le fallait. Marie s'approcha de lui, posant sa main sur son bras.

« Dieu te garde, Armand. »

Il avait deviné dans ses beaux yeux clairs une marque de reconnaissance. Il eut envie de l'embrasser.

14

« Cela suffit, Charles ! Mon petit-fils n'ira pas noyer l'honneur de la famille dans les tripots de la basse ville ! »

Le vicomte Armand de La Bélinaye avait l'œil noir, la mâchoire serrée, et Charles ne riait plus. La famille tenait un conseil improvisé dans la salle à manger où l'on avait dressé la grande table. Thérèse pleurait, près de sa mère livide. Renée fusillait son frère du regard, et Perrine, sentant l'orage, préféra rattraper son petit de deux ans qui courait en tous sens. C'était jour de tempête chez les La Bélinaye.

« Père, entre la lâcheté et l'honneur, il a choisi. J'aurais fait de même. J'aurais même défouraillé mon sabre pour arrêter ces ivrognes ! »

La vicomtesse Marie-Thérèse Frain de La Villegontier réprima un cri d'effroi.

« Charles, taisez-vous ! Ce sont des fils de familles bien considérées dans la ville. Des familles respectables.

— Madame ! tonna le vicomte. Armand devait avoir ses raisons et j'entends les connaître. Je réglerai cela avec Charles et Maurice. Et en attendant, dites à vos filles de cesser de gémir et d'accueillir nos invités. »

La réplique rafraîchit encore l'atmosphère déjà glaciale. Furieuse, Marie-Thérèse Frain de La Villegontier sortit de la pièce pour rejoindre les domestiques qui préparaient le repas. Ses filles et sa belle-fille la suivirent, sauf Thérèse, retenue par son père.

« Restez, nous avons à parler de votre fils ! »

Un peu avant, il y avait eu chez le prévôt une franche explication. Ce dernier avait vite compris qu'il s'était mis dans une situation délicate en arrêtant les quatre trublions. Trois d'entre eux étaient des fils de négociants connus à Fougères. En découvrant que le quatrième n'était autre que le petit-fils du vicomte Armand de La Bélinaye, il s'était empressé d'envoyer son lieutenant le prévenir qu'on trouverait bien une façon d'arranger l'affaire.

« Quelle affaire ? »

La voix du vicomte avait tonné, et le lieutenant avait bafouillé quelques explications avant de rapporter par le menu les faits dont bruissait déjà toute la ville.

« M. de La Rouërie a violenté trois jeunes hommes.

— Et pourquoi donc ? s'était exclamé Armand de La Bélinaye. Mon petit-fils n'a pas agi sans raison.

— Ils s'en prenaient d'après lui à une mendiante. Mais eux disent que c'était un simple amusement, que même la mendiante en riait.

— Eh bien, si ce n'est pas si grave, pourquoi vous en êtes-vous mêlés ?

— L'étal d'un marchand a été brisé. Et... Et du sang a coulé ! »

Thérèse avait cru défaillir. Charles, comprenant que l'affaire était sérieuse, avait pris le relais de son père.

« Qui est blessé ?

— Oh, rien de grave, l'un des garçons a juste reçu un coup sur le nez et il a pissé le sang.

— Cela ne mérite pas le cachot !

— Monsieur, si nous n'étions pas intervenus, la bataille aurait enflammé tout le quartier. Ça hurlait de tous bords, et d'autres garnements ont voulu s'en mêler. »

Charles avait retenu son envie d'en découdre avec ce jeune lieutenant qu'il aurait volontiers souffleté. Son père réfléchissait en silence, mais sa colère paraissait redoubler. D'un geste sec, il avait montré la porte.

« Filons voir ! Nous ramènerons ici M. de La Rouërie. Thérèse, dites à vos sœurs et à Madame que l'affaire est close ! »

Les rues étaient boueuses, mais le soleil semblait vouloir s'installer sur Fougères. Les quatre cavaliers contournèrent au trot quelques pâtés de maisons jusque chez le prévôt, qui les attendait sur le pas de la porte. Le coup de sang du jeune La Rouërie avait fait le tour de la cité. Des badauds étaient massés là. L'un d'eux avait des cousins à Saint-Ouen. L'homme était bavard.

« C'est un batailleur, un chef de bande, toujours à courir les chemins pour se battre. Sa pauvre mère ne sait plus le tenir. »

Un murmure accompagna l'arrivée de la cavalerie. Le vicomte était devant, martial et le visage fermé sur son beau cheval andalou. Ses deux fils en habits d'officiers du roi le suivaient. Armand de La Bélinaye et le lieutenant du prévôt posèrent pied à terre.

« On me dit qu'une bagarre a eu lieu et que mon petit-fils doit en répondre. »

La voix forte du vicomte de La Bélinaye imposa le silence.

« Ah, monsieur, je suis bien heureux de vous voir, lâcha le prévôt, visiblement contrit. Voyez-vous, j'ai dû mettre un terme à un pugilat. »

Le grand-père se contenta d'une moue sceptique. Le prévôt regarda l'assistance et prit l'air sérieux de celui qui s'apprête à lâcher une information de première importance.

« Et j'ai fait parler les fauteurs de troubles !

— Et quels troubles M. de La Rouërie a-t-il causés ? »

Armand de La Bélinaye n'était pas dupe. Il avait vite compris l'embarras du prévôt et comptait lui faire regretter son zèle. Une bagarre de rue ne méritait pas un tel tintouin, qui plus est le jour où l'hôtel de La Bélinaye recevait.

« M. de La Rouërie s'est battu en effet, mais j'ai compris bien tard qu'il avait ses raisons.

— Que fait-il au cachot, alors ? »

Le ton s'était durci. Armand de La Bélinaye fixait son interlocuteur d'un œil qui commandait une réponse rapide.

« Il n'y est pas entré, d'ailleurs il vous attend ! »

On vit sortir de la maison un garçon que les badauds scrutèrent comme s'il s'échappait des enfers. Il avait les yeux noirs et brillants, le regard fier. Armand de La Rouërie ajusta ses cheveux sous son chapeau. Sa lèvre était gonflée, et le col de sa chemise déchiré. Il adressa à l'assemblée un sourire franc et fixa son grand-père, les yeux dans les yeux. Une voix s'éleva. Un apprenti tisserand, présent lors de la dispute, voulut donner sa version des faits :

« Les coquins s'en prenaient à une mendiante qui n'avait rien dit. Le jeune monsieur est intervenu, sans quoi la pauvresse en aurait pâti. »

Le vicomte Armand de La Bélinaye prit l'assemblée à témoin, désignant de la main l'homme qui venait de parler.

« Eh bien, voilà la vérité ! Qui d'autre ici peut encore apporter un témoignage ? »

Un deuxième homme, puis un troisième répétèrent la version du tisserand.

« Cela confirme en tout point ce qu'ont reconnu les fautifs, se crut obligé d'ajouter le prévôt. Je les ai sermonnés, ils resteront au cachot jusqu'au soir. »

Mais ce n'était pas suffisant pour calmer la sourde colère du vicomte.

« Eh bien merci, monsieur le prévôt. Je dirai au sénéchal qu'il se passe de drôles de choses dans notre bonne ville. »

Armand avait gardé son sourire, écoutant la conversation d'un air détaché. Il porta la main à son couvre-chef et salua l'assemblée avec élégance.

« Quelle belle âme de chevalier », se dit son oncle Charles avec un sourire provocateur, alors que Maurice pouffait sur sa monture.

Armand de La Bélinaye s'adressa à ses fils et leur tendit les rênes de son cheval andalou.

« Maurice, tu mèneras Virgile à l'écurie. »

Son fils suivit les instructions et claqua la langue. Virgile obéit sur-le-champ. Les badauds regardèrent le vicomte Armand de La Bélinaye s'éloigner à pied et en silence, droit comme un garde du roi, son petit-fils à ses côtés. L'explication eut lieu une fois dépassé le coin de la rue.

« Armand, ta place n'est pas dans les tripots de Fougères au milieu des ivrognes !

— Grand-père, auriez-vous laissé cette pauvre femme se faire maltraiter par ces vauriens ?

— Certes non ! »

Le patriarche avait parlé d'une voix forte, faisant se détourner un groupe de femmes qui conversaient sous un porche. Il s'arrêta, se tourna vers Armand et le fixa longuement.

« Certes non, répéta-t-il. Et j'aurais agi comme toi ! »

Armand l'interrogea du regard.

« Alors, que me reprochez-vous ?

— Je ne veux plus te voir courir les tripots ! M'entends-tu ? Tu n'y rencontreras que de mauvais lascars, trop saouls, et qui te chercheront querelle.

— Grand-père, je n'ai mis le pied dans aucun tripot. Je me promenais seulement au milieu du marché. »

Visiblement énervé, le vicomte de La Bélinaye fronça les sourcils.

« Décidément, tu as réponse à tout ! Que faisais-tu au marché ? Laisse donc cela à ma gouvernante.

— Je ne peux tout de même pas rester des journées entières entouré de mes tantes. »

La repartie arracha un sourire au patriarche.

« Non, je comprends. Mais si elles ne te voient sortir que pour revenir cabossé, crois-tu gagner leur confiance ? Et ta pauvre mère, tu la désespères !

— J'ai rencontré de braves gens sur le marché. Ils savent qui je suis. Mais aucun n'a bougé. Moi seul ai levé la main pour secourir cette pauvre femme. Et ils m'en seront reconnaissants. Dites-le à ma mère et à mes tantes ; moi, elles ne m'écoutent pas. »

Le regard du vicomte redevint sévère.

« Armand, ton père te dirait que ta place n'est pas à te battre dans les bois de Saint-Ouen ou à Fougères parmi les mendiants. Et moi, je te dis que tu feras tes preuves de noblesse pour les écoles royales militaires. Ta place est là-bas. Tu y seras pour tes quinze ans.

— Je n'attends que d'y être enfin, mais ma mère s'y oppose.

— Je l'ai décidé ! Et ta mère ne dira rien. Elle sera fière de toi, crois-moi ! »

Le duo entra dans la cour de l'hôtel de La Bélinaye alors que la marquise de Bois-Février était accueillie avec effusion par les femmes de la famille.

« Nous y revoilà... » ne put s'empêcher de marmonner le vicomte en franchissant la grille.

Un nouvel arrivant lui permit d'organiser la diversion.

« Allons, laissez passer M. de Saint-Hilaire ! »

L'attelage fit son entrée dans la cour, aussitôt rejoint par le grand-père et son petit-fils. Un homme fin et élégant mit pied à terre, rajusta sa redingote noire et salua d'abord le maître des lieux avec chaleur. Il tapota l'épaule du jeune Armand de La Rouërie. Il aida son épouse à descendre. C'était François de La Haye-Saint-Hilaire, noble du voisinage, qu'on aimait avoir à sa table chez les La Bélinaye. Son sourire franc et direct témoignait d'une belle assurance. Sa famille avait compté plusieurs gouverneurs de Fougères.

Survinrent alors les derniers invités, Louis Piquet du Boisguy, greffier en chef du parlement de Bretagne, et son épouse Marie de Montauban. C'était un petit homme pointilleux qui tenait sans doute de son père, commandant la maréchaussée de Bretagne, d'un caractère sec et autoritaire. S'il ne souriait jamais, il maniait une ironie froide et parfois sanglante.

« Nous voilà enfin ! Décidément, tous les bestiaux du pays sont à Fougères. Nous avons bien cru ne pas arriver jusqu'à vous. »

Alors que l'on venait de prendre place autour de l'immense table, la voix du vicomte s'éleva au-dessus de toutes les autres :

« Nous ne céderons rien au petit Richelieu ! »

La marquise de Bois-Février, qui avait lancé l'interrogatoire de son filleul, s'interrompit immédiatement, et l'assemblée écouta l'avis du maître de maison. Le ton était donné, ce n'était ni le moment ni le lieu de parler des derniers faits d'armes d'Armand de La Rouërie. Il y avait plus grave !

« Ne se voit-il pas roi de Bretagne depuis qu'il a chassé l'Anglais de Saint-Cast ? plaisanta François de La Haye-Saint-Hilaire.

— Ce Plessis de Richelieu n'est ni roi ni prince, mais c'est un despote ! Il veut nous faire plier, et nous ne plierons pas ! »

La sentence d'Armand de La Bélinaye ne souffrait aucune contestation. Le « petit Richelieu », arrière-petit-neveu du Cardinal, était sa cible favorite. Emmanuel Armand de Vignerot du Plessis-Richelieu, duc d'Aiguillon, avait été nommé commandant de la Bretagne par le roi. Ses victoires face à l'envahisseur anglais à Saint-Malo et à Saint-Cast cinq ans plus tôt n'avaient pas suffi à lui faire gagner le cœur des nobles bretons, dont beaucoup pensaient que, sans la vaillante résistance des volontaires du Guildo, le duc d'Aiguillon serait arrivé bien trop tard pour sauver Saint-Cast.

Louis Piquet du Boisguy fit signe au vicomte de La Bélinaye qu'il souhaitait prendre la parole.

« M. de La Chalotais m'a affirmé qu'à Saint-Cast le duc d'Aiguillon s'est plus couvert de farine que de gloire ! »

L'éclat de rire fut général, et Armand de La Bélinaye indiqua aux domestiques d'un mouvement circulaire de la main qu'il était temps de remplir les verres.

L'anecdote faisait fureur au sein du parlement de Bretagne, fortement relayée par son procureur général, Louis René de Caradeuc de La Chalotais, ennemi intime du duc d'Aiguillon. La haine entre les deux hommes était connue dans tout le royaume. L'enjeu était de taille. Le parlement avait en effet la faculté de s'opposer à l'enregistrement des édits royaux et pouvait adresser ses remontrances au roi s'il estimait ses décisions contraires aux intérêts du peuple. Le procureur général du parlement jouissait donc d'un fort pouvoir d'influence, et celui de Bretagne avait tout simplement décidé de mener la bataille contre Paris et les ministres qui voulaient augmenter les taxes. Le duc d'Aiguillon, nommé par le roi commandant en chef de la Bretagne, incarnait tout ce que détestait le procureur de La Chalotais. Lors de la bataille de Saint-Cast, Aiguillon avait établi son quartier général au moulin d'Anne, qui lui servait d'observatoire. Le récit populaire racontait qu'il avait passé plus de temps à s'occuper de la meunière qu'à combattre l'Anglais.

Le vicomte de La Bélinaye eut bien du mal à s'arrêter de rire. D'autant que Charles ne manqua pas l'occasion d'un bon mot :

« Notre commandant de Bretagne est plus à son aise devant le four du boulanger que devant l'affût du canon ! »

Les rires redoublèrent. Armand observait la scène d'un air détaché. Ce duc d'Aiguillon, s'il était si piètre soldat, ne lui inspirait que du mépris.

Le vicomte de La Bélinaye, qui prêtait l'oreille, veilla à ce que personne ne mentionne les incidents du matin. À plusieurs reprises, il prit à témoin la marquise de Bois-Février au sujet du duc d'Aiguillon ; c'était surtout le moyen de lui faire comprendre que les discussions sur son turbulent filleul étaient closes.

Le duc d'Aiguillon fut à la fête ce jour-là. On commenta tous ses manquements, son autoritarisme, sa méchanceté, son zèle funeste à défendre tous ceux qui, à Paris, inventaient de nouvelles taxes et prétendaient les faire payer aux Bretons. Le procureur général quant à lui était bien décidé à interdire toute levée d'impôts. La colère grondait au parlement de Bretagne, qui venait d'envoyer ses remontrances au roi.

Après avoir bien ri, le vicomte Armand de La Bélinaye prononça un jugement sans appel :

« Oui, ce duc est un despote, et il se montre enfin à découvert ! Comme lui, les commandants dans les provinces se croient tout permis et ne respectent plus rien ! »

Entre le commandant de la province et le procureur général du parlement, la noblesse bretonne avait choisi son camp : celui de M. de Caradeuc de La Chalotais.

« Il défend les états de Bretagne, les campagnes et nos paysans, s'écria Armand de La Bélinaye.

— Et il préfère les navets de nos champs aux patates des Jésuites », ajouta Louis Piquet du Boisguy.

L'hilarité reprit de plus belle, mais sans aucune nuance de moquerie : la boutade de Louis Piquet du Boisguy évoquait le combat farouche mené par le procureur Louis de Caradeuc de La Chalotais contre les Jésuites. Il s'était terminé deux ans plus tôt par la fermeture des collèges jésuites et la suppression de la congrégation en Bretagne.

« Buvons à M. de La Chalotais, tonna le vicomte, jetant un regard mauvais en direction de la marraine d'Armand. Au meilleur des paysans !

— Son domaine de Bécherel est couvert de trèfle et de luzerne comme on n'en voit nulle part ailleurs, témoigna Boisguy. M. de La Chalotais est un agronome savant. »

Dans son autre domaine du Plessis de Vern, le procureur faisait pousser des navets impressionnants. Le vicomte de La Bélinaye et François de La Haye-Saint-Hilaire y avaient été reçus ensemble l'année passée.

« Je me souviens de ses gros navets, lança Armand de La Bélinaye, et de ses champs de chanvre, et de ses noyers. Six mille ! Il en a planté six mille tout autour du Plessis ! Cet homme-là a tout notre soutien ! »

Ce fut dit d'un ton ferme. Et l'assemblée trinqua en l'honneur du magistrat-paysan.

« Vous savez qu'il veut placer son fils à ses côtés, en faire son successeur ? Eh bien, qu'il attende, lâcha Piquet du Boisguy.

— Pourquoi donc ? demanda le vicomte. M. de La Chalotais est un homme avisé. »

Piquet du Boisguy réfléchit un court instant avant de lancer une saillie bien à lui :

« Oui, mais son fils est un âne ! »

L'éclat de rire fut général. L'assemblée avait définitivement oublié les péripéties du matin.

« Louis, que devient son neveu ? interrogea François de La Haye-Saint-Hilaire, s'adressant à Piquet du Boisguy.

— Rançonnet de Noyan ? Il est toujours là pour soutenir son oncle. Il vit sur ses terres d'Escoyre, dans le Périgord, mais il revient souvent ici visiter sa mère, la douairière de Noyan. »

Armand, qui résistait vaillamment aux questions de sa marraine et tentait de la convaincre de ses bonnes dispositions pour l'année à venir, tourna brusquement le regard. Ce nom, il le connaissait : Noyan ! Était-ce le fameux comte de Noyan qui guérissait avec des plantes ? Celui qui aurait peut-être pu sauver ce pauvre la Fouine, selon le mendiant Sans-Chagrin ?

« Monsieur, s'agit-il du comte de Noyan que l'on dit guérisseur ? »

Et s'adressant à son grand-père :

« Celui dont vous m'avez parlé, grand-père ? »

Louis Piquet du Boisguy se tourna vers Armand.

« C'est lui, en effet. Je crois n'avoir jamais rencontré de personnage aussi étrange.

— C'est un homme bon mais à l'humeur changeante, ajouta le comte de La Bélinaye. Certains jours, il ferait danser toute sa paroisse tant il est joyeux. Mais, le lendemain, il faut passer son chemin s'il n'a plus la tête à s'amuser ! »

15

Charles Morel, marquis de La Motte de Gennes, vivait son heure de gloire. En ce 20 juillet 1764, le jeune homme prétentieux au visage sec prenait la charge de conseiller au parlement de Bretagne. Il partit au cœur de la nuit avec quelques domestiques. Rudoyant son cocher, il lui rappela que les séances du palais commençaient toujours à l'heure. Le fouet claqua dans la nuit claire.

« Je ne vais tout de même pas poser mon séant après tout le monde !

— Nous y serons, monsieur, et bien avant l'heure.

— Eh bien, menez votre attelage au plus vite, il y aura bien assez de gueux à encombrer les rues de Rennes d'ici au bronze de Louis le Grand ! »

La statue du grand roi Louis XIV trônait depuis trente-huit années sur l'immense place où siégeait la cour de justice de Bretagne. Fabriquée à Paris, elle avait passé deux années sur les quais de Nantes, en attendant que Rennes panse les blessures du grand incendie de 1720. Les Nantais l'auraient bien gardée, et le parlement avec. Mais la cour qui avait payé le bronze était à Rennes et entendait y rester !

En rejoignant sa destination, Charles Morel plongeait au cœur d'une sanglante bataille. Les dernières nouvelles annonçaient des temps bien sombres. La Chalotais et Aiguillon se livraient une lutte sans merci, et Rennes était un bouillant chaudron.

Quand l'attelage passa la Vilaine, le jour se levait à peine. Le marquis rajusta sa perruque et les boutons de sa redingote.

Alors que les chevaux empruntaient la rue Bourbon, il fut frappé d'éblouissement. Devant l'immense bâtisse qui abritait la cour, trônant sur son socle de marbre noir, le grand roi Louis sur son cheval de bronze lui faisait face. Il réprimanda son cocher, qui cette fois allait trop vite.

« Au pas ! Et portez donc votre regard sur le roi Louis plutôt que de mener votre calèche tambour battant !

— Nous sommes là à temps, monsieur!

— En effet, nous sommes là à temps, vous ne comptez pas le hurler jusqu'à l'angélus, tout de même ! »

La calèche longea le couvent des Cordeliers et s'arrêta sous les fenêtres du palais, rue Saint-François. Le marquis, arrivé bien trop tôt, trouva porte close. Il battit le pavé en ronchonnant, farfouillant dans son gousset, triturant sa vieille montre jusqu'à ce qu'enfin apparaissent quelques manteaux écarlates.

Il jeta un regard vers la place, la main posée sur le balustre de granit, pour le cas où le grand roi Louis se retournerait pour saluer l'événement. Une voix l'interpella. Il reconnut un petit homme au visage jovial : Sébastien de Moëlien, gendre du vicomte Armand de La Bélinaye.

« Charles de La Motte de Gennes ! Vous n'allez rien rater de la bataille.

— Est-ce déjà la guerre ? lança le nouveau conseiller, faussement décontracté.

— Cela y ressemble, surtout depuis quelques jours. Et vous êtes le renfort dont nous avions besoin ! répondit en riant Sébastien de Moëlien, qui semblait à l'aise au parlement comme dans son salon.

— Dieu soit loué ! Je ne suis qu'un novice, mais j'apprends vite ! »

Dans la cour centrale, où les conseillers les plus matinaux commentaient les dernières nouvelles, ils conversèrent avec un proche de Sébastien de Moëlien, l'air fort préoccupé.

« Le duc d'Aiguillon trompe le roi en lui laissant penser que La Chalotais est hostile à Sa Majesté ! »

Une semaine plus tôt, quatre magistrats bretons avaient accompagné La Chalotais, convoqué à Compiègne auprès de Louis XV, qu'on disait fortement irrité par les magistrats bretons qui résistaient à ses volontés. Le duc d'Aiguillon lui rapportait chacune de leurs incartades. Le roi avait été cruel, s'adressant au procureur rennais : « Monsieur de La Chalotais, conduisez-vous avec plus de modération ou vous vous en repentirez, c'est moi qui vous le dis ! » La Chalotais en était revenu tourmenté.

Un magistrat s'approcha de Charles Morel de La Motte de Gennes, l'œil méfiant. Il pointa son doigt dans sa direction et pesa ses mots :

« Si nous n'y prenons garde, cet infâme Aiguillon ruinera nos domaines par l'impôt et les taxes. Il dit avoir besoin de beaucoup plus d'argent, car il veut ouvrir de nouveaux chemins pour voyager partout en Bretagne. Mais c'est un prétexte. Il ne cherche en fait qu'à faire grossir son administration, dont le seul but est de nous faire taire. Le savez-vous ? »

Le jeune conseiller, d'un coup de menton, releva le défi.

« J'entre en cette cour pour soutenir notre noblesse. M. de La Chalotais n'aura pas à regretter ma présence.

— Eh bien, monsieur, j'en suis fort aise. Soyez le bienvenu ! »

Qui venait de parler derrière lui ? Le marquis de La Motte se retourna brusquement et se trouva face à un homme élégant, au léger embonpoint, le nez pointu, vêtu d'un long manteau pourpre. Il reconnut tout de suite Louis René de Caradeuc de La Chalotais, procureur général, ennemi personnel du duc d'Aiguillon, tombeur des Jésuites, et qui faisait trembler la royauté par son courage et sa pugnacité. Charles Morel de La Motte s'inclina respectueusement, imité par les quelques conseillers présents dans la cour intérieure du parlement. Le procureur le toisa du regard.

« Monsieur le marquis de La Motte, vous aurez à vous battre contre cette nouvelle taxe de deux sols par livre que veut nous faire avaler le contrôleur général à Paris. Ceux-là souhaitent que la noblesse bretonne se couche et qu'elle délie sa bourse à n'en plus finir. »

La Chalotais ne le lâchait pas du regard. Le nouveau conseiller dodelinait de la tête pour marquer son approbation. Il chercha que répondre, mais n'eut pas à le faire.

« Dites au seigneur de La Motte, votre père, que je ne manquerai pas de visiter ses jardins après le prochain hiver. J'y emmènerai mon neveu le comte de Noyan, qui connaît tout des plantes. Je n'ai pas vu Gennes depuis bien longtemps, mais on me dit que les terrasses y sont chaque année plus belles.

— Nos gens y travaillent sans cesse, affirma le marquis de La Motte pris au dépourvu, avant de revenir à l'affaire principale : Monsieur le procureur général, je serai digne du combat qui est mené ici par vous tous.

— Nous tous ? Que Dieu vous entende ! Il se trouvera toujours quelques esprits faibles pour céder aux menaces et baisser la garde. »

Sur ces mots, le procureur de La Chalotais tourna les talons, suivi du regard par les conseillers de plus en plus nombreux.

« Euh... Portons-nous au-devant du commandant d'Aiguillon et tenons-lui ce discours », se risqua, bravache, Charles Morel de La Motte, à l'adresse de Sébastien de Moëlien.

Les mains derrière le dos, l'air martial, le gendre du vicomte de La Bélinaye adopta un ton comminatoire :

« Nous avons pris un arrêté très clair : aucun membre de la cour n'ira visiter le sieur d'Aiguillon. Et ceux qui y seraient contraints pour leurs petites affaires devront d'abord en informer la cour. Nous allons découvrir où sont les âmes fortes et où sont les pleutres ! »

Charles Morel fut piqué au vif.

« Monsieur, ne doutez ni de ma sincérité ni de ma détermination. »

Moëlien esquissa un sourire.

« Eh bien, rejoignez-nous à l'hôtel de Cuillé chez M. de Farcy à l'issue de la séance. Nous y retrouverons un invité de marque, fidèle parmi les fidèles. L'un de ceux qu'Aiguillon ne pourra jamais corrompre ! Un Breton qui arrive du Périgord et qui vous sondera du regard à vous faire trembler ! »

16

L'homme fit lever les têtes. À peine eut-il passé la porte du café de l'Union que l'assemblée bruyante se figea. Dans l'ombre de l'entrée, il avait gardé le large chapeau qui couvrait ses longs cheveux grisonnants. Mais ce qui marqua les esprits, c'était la belle allure de ce chevalier au regard d'aigle qui dévisagea chacun des buveurs. Il fixa le premier, puis tous les autres, un par un, comme pour n'en jamais oublier aucun. Beaucoup baissèrent les yeux. Il marcha lentement jusqu'à l'escalier de bois aux limons sculptés, dans l'angle du fond de la pièce. Il n'avait pas quarante ans, semblait bien connaître les lieux, et n'enleva sa coiffe que pour saluer les valets qui distribuaient les pichets. À l'étage, le vin déliait les langues, et l'on parlait des affaires de la cour voisine. Quatre hommes attablés devisaient, la pinte à la main. L'un d'eux, jeune et élancé, les cheveux en bataille, se leva à la vue de l'arrivant. Il paraissait impatient et prit son chapeau comme s'il voulait quitter le café.

« Monsieur le comte, il est temps d'aller mettre de l'ordre dans votre domaine, et je m'en vais corriger quelques-uns de vos jardiniers qui doivent festoyer en notre absence.

— Ah, vous croyez ça, Leroy ? Qu'ils boivent tout mon cidre jusqu'à s'en tordre les boyaux si ça leur dit ! Asseyez-vous donc, nous n'allons pas rentrer de sitôt, j'ai à faire à l'hôtel de Cuillé. »

Leroy, nouvel intendant du comte de Noyan, se rassit. Les trois autres étaient le cocher et deux domestiques venus prendre commande chez un tisserand de la ville neuve. Le comte, d'humeur fantasque, ordonna une nouvelle tournée.

« Vous ne serez pas moins saouls que mes jardiniers qui, d'après M. Leroy, ne travaillent point en son absence ! »

L'intendant partit d'un grand rire, suivi des trois autres, heureux de prolonger leur station au café de l'Union. À peine arrivé, Noyan quitta la taverne, fusillant du regard tous ceux qui se trouvaient sur son chemin, et fila vers la rue Saint-Georges, frappant le pavé de sa canne de bois ciré. Blessé lors de la bataille de Lawfeld au côté du maréchal de Saxe, il en avait gardé un léger boitement qui ne l'empêchait pas d'avancer à vive allure.

La rue Saint-Georges débouchait sur le bas de la rue de la Motte. Un peu plus haut, l'hôtel de Cuillé appartenait à Jacques Gabriel de Farcy, ancien avocat et président de chambre au parlement de Bretagne. Loin de ses terres du Maine, il avait construit une grande écurie et agrandi la propriété rennaise. Au sein d'une cour de justice parfois traversée de vents violents, il ramenait les choses au plus juste en s'appuyant sur le droit, dont il était un spécialiste reconnu. Et il était de ceux que les attaques de La Chalotais contre les Jésuites avaient peinés. Même si les religieux avaient une fâcheuse tendance à vouloir s'occuper de tout, jusqu'aux affaires du royaume, était-il nécessaire de fermer leurs collèges et de les expulser, comme dans plusieurs autres provinces ? Le procureur breton leur avait mené une bataille cruelle et sans merci.

De la fenêtre, une voix rocailleuse interpella bruyamment le comte de Noyan quand il franchit le porche de l'hôtel de Cuillé :

« Noyan ! »

Le neveu du procureur leva les yeux et reconnut son interlocuteur. Quand ces deux-là se retrouvaient, il fallait tonner pour se faire entendre. Cela arrivait deux fois l'an, quand Noyan s'en revenait du Périgord. L'homme à la voix rocailleuse était Euzenou de Kersalaün, un magistrat finistérien aussi sombre et massif que l'était son château du Cosquer, sur les bords de l'Odet. La haine du duc d'Aiguillon les avait rapprochés.

Noyan vint se jeter lourdement sur l'un des nombreux fauteuils de velours rouge, l'air chafouin, face au seigneur de Kersalaün. Un domestique lui tendit un verre de vin.

« L'infâme Aiguillon devra passer sur les corps des Noyan s'il veut s'en prendre à M. de La Chalotais !

— Et il devra avaler ceux du Cosquer ! répondit Kersalaün dans un grand éclat de rire.

— Dites-moi, M. de Farcy qui nous a conviés chez lui n'est pas des nôtres ?

— M. de Farcy va arriver avec Moëlien et le nouveau conseiller, Morel. D'ailleurs, que dites-vous de ce Morel, Noyan ?

— Je n'en dis rien de bon ni de mauvais. Nous verrons s'il a la tête solide. Aiguillon et ses bandits tenteront de le flatter. Nous saurons bien assez vite de quel bois est taillé ce marquis de La Motte. »

Le visage du comte de Noyan se rembrunit.

« Mon oncle m'a raconté votre visite à Compiègne chez le roi. Il était heureux de vous avoir à ses côtés !

— Les nouvelles de France ne sont pas bonnes. Les parlements grondent, partout la colère est immense, à Grenoble, à Toulouse et jusqu'à Pau.

— Il m'a dit aussi combien le roi vous a mal reçus, qu'il n'écoute plus que ses intendants.

— Ceux-là ne valent pas mieux que les pires de nos ennemis, reprit Kersalaün. Le roi Louis nous a sèchement remis à notre place, et Aiguillon jubile. Il veut mordre et nous guette comme un chien hargneux. Il nous prend pour sa piétaille. Qu'il s'en garde, ou il finira pendu à un chêne !

— Qui parle d'une telle justice ? Qui donc allez-vous pendre ? » s'éleva la voix d'un nouvel arrivant.

C'était le maître des lieux, Jacques de Farcy.

« Monsieur de Farcy, vous tombez bien ! lâcha Euzenou de Kersalaün. J'ai bien dit "pendu" !

— Qui voulez-vous pendre, dites-moi ? répéta Jacques de Farcy, les sourcils froncés devant son interlocuteur connu pour la rudesse avec laquelle il menait ses affaires.

— L'infâme Aiguillon ! J'ai chez moi de vieux chênes qui n'ont pas vu de pendus depuis longtemps. Et mes cordes sont solides. Je l'y accrocherais bien avec son intendant !

— Méfiez-vous que ce ne soit pas lui qui vous raccourcisse ! »

Le ton était rieur, mais Jacques de Farcy s'assombrit, et on oublia l'humeur badine. Chacun pensait aux heures à venir et aux jours noirs qui s'annonçaient.

« Que veut le roi ? reprit Noyan. Que nous nous couchions ? Que nous renoncions à nos libertés chèrement acquises ?

— Et le vieux Labriffe, cet incapable, qui ne tient plus sa maison, se lamenta Euzenou de Kersalaün.

— Le premier président est un homme sage, tenta Jacques de Farcy. Il est normal qu'il cherche l'accord de tous alors que la cour n'est qu'un bataillon hurlant. »

Antoine de Labriffe d'Amilly, ancien intendant de Bourgogne, était premier président du parlement de Bretagne depuis trente ans. Il en avait soixante-cinq et était devenu la risée de bien des magistrats, qui le jugeaient incompétent. Le procureur de La Chalotais s'en était même plaint auprès de Louis XV quelques années plus tôt, l'estimant « dangereux et inefficace ».

Jacques de Farcy invita les domestiques à servir largement ses hôtes. Sa maison ne pouvait être un lieu de sédition. Et il entendait amener les uns et les autres à la raison. Mais les esprits s'échauffaient, et Kersalaün ajouta à sa liste des futurs pendus le sieur de Labriffe. La colère grondait à l'étage de l'hôtel de Cuillé quand Sébastien de Moëlien arriva accompagné de son beau-père, le vicomte de La Bélinaye, et d'un garçon aux bonnes manières qui salua élégamment le maître des lieux.

« M. de La Rouërie, notre futur président ! » plaisanta Jacques de Farcy, proche des La Bélinaye.

Euzenou de Kersalaün posa son verre fort bruyamment.

« Nulle place ici pour les tendres, les pleutres et les poltrons ! »

Sa voix rocailleuse avait empli la pièce. Il s'était levé, faisait face aux nouveaux arrivants et dévisageait le jeune La Rouërie. Piqué au vif, Armand fit ce qu'il savait si bien faire : il ne broncha pas. Il planta ses grands yeux noirs dans ceux de son interlocuteur et s'adressa à lui avec le sourire.

« Mais de qui donc parlez-vous, monsieur ?

— De vous ! »

Le seigneur de Kersalaün le fixait d'un air dur, presque menaçant, la mâchoire en avant. Le face-à-face dura quelques secondes, sous les regards étonnés de l'assistance. Armand toisait son interlocuteur avec défi. Il répondit d'une voix rapide et ferme :

« Pleutre ? Poltron ? Moi ? N'en croyez rien, monsieur. »

Kersalaün fut frappé par la détermination du garçon, qui lui plut. On entendit alors son rire jusqu'au rez-de-chaussée. Louis Rançonnet de Noyan, qui s'était délecté de la scène, ne lâchait pas le jeune La Rouërie du regard.

« C'est donc vous ! lança-t-il, goguenard. On m'a parlé jusque dans le Périgord de vos exploits dans la forêt de Bazouges. Monsieur, vous m'en rendrez compte. »

« Ces deux-là s'entendent comme larrons en foire », se dit Armand en dévisageant le duo dont la voix portait haut. Ainsi, on parlait à Rennes de ses exploits et de ceux de sa troupe.

« Êtes-vous aussi téméraire qu'on le dit dans le pays d'Antrain ? insista Noyan. On raconte que vous courez les bois avec une bande de paysans. J'ai du mal, monsieur le marquis, à vous imaginer batifolant dans les marais !

— Venez donc danser avec moi dans les marais, nous verrons qui batifole !

— Armand ! »

La voix ferme du vicomte de La Bélinaye entraîna un éclat de rire général. Seul Noyan, qui aimait qu'on lui résiste, ne broncha pas.

« Monsieur, ajouta Armand, il me semble que nous avons un ami commun. »

Noyan fronça les sourcils, étonné.

« Allons donc ! Et qui est-il ?

— Il se nomme Sans-Chagrin.

— Sans-Chagrin ? Ce vieux renard de Sans-Chagrin ! Ma mère a souvent sa visite. Un mendiant ! Vous fréquentez les mendiants, monsieur le marquis ? »

Euzenou de Kersalaün, pris d'un nouveau fou rire, posa sa pinte alors que le vicomte de La Bélinaye commençait à comprendre qu'il en apprendrait plus sur son petit-fils chez son lointain cousin Jacques de Farcy que dans sa famille proche.

« Et que vous a-t-on raconté de moi, jeune homme ?

— Que vous et vos gens savez soigner les fièvres. Et grand-père m'assure que vos jardins sont parmi les plus beaux de Bretagne. »

Le vicomte de La Bélinaye acquiesça, mais la flatterie laissa l'intéressé de marbre. D'un geste ferme de la main, il imposa le calme. Noyan impressionnait toujours par ses longs silences, suivis de déclamations sans fin.

« Les plantes sont un don de Dieu et j'ai plein mes tombereaux de quoi soigner tous les souffreteux. Connaissez-vous, monsieur, les bienfaits de la mandragore ? Et la grande ortie ? Et le plantain ou la parelle ? Ah, c'est autre chose que la saignée !

— Ces herbes poussent sauvagement dans nos jardins, lâcha le vicomte de La Bélinaye. Et on les arrache !

— Eh bien, on a tort ! rouspéta Noyan. Elles valent tout l'or du monde. Oui, elles nous guérissent. Mais il faut les connaître, et donc se taire, regarder et étudier ! »

Jacques de Farcy n'était pas mécontent que l'on ait changé de sujet de conversation. Pourtant, s'ils avaient pu deviner les événements à venir, lui et ses hôtes auraient peut-être demandé au comte Rançonnet de Noyan si son jardin était doté d'une plante protégeant du malheur.

17

Les deux cavaliers avaient quitté le château de Saint-Ouen au galop. Ils longèrent l'étang de Villecartier. Le chaud soleil perçait la ramure des grands chênes dans un jeu d'ombres et de lumière. Armand gardait le rein souple, comme le lui avait appris son oncle Maurice. À ses côtés, parfois devant, parfois derrière, Ventre-à-Terre chevauchait un carrossier normand, plus petit et lourd, noir et puissant. Sentant fondre sur lui l'énorme mâchoire haletante, le chef guettait. La course consistait à saisir le chapeau de l'autre et à le lancer le plus loin possible. Ils étaient convenus que le premier qui caresserait le mur de l'auberge de Trans serait déclaré vainqueur. À ce jeu-là, le chef était un concurrent redoutable. Mais son chapeau finit dans la mangeoire.

Ils parcoururent deux lieues par les bois et les landes, quittant le chemin de Dol pour celui de Baguer. On arrivait au domaine de La Mancellière par un sentier vallonné surplombant une rivière, bien après la paroisse de La Boussac. L'entrée en était gardée par un portail massif en fer forgé surmonté d'un « N » rappelant le nom des propriétaires. Il était grand ouvert. Armand le franchit, l'air sombre, pensant à Joseph, qui aurait peut-être trouvé là de quoi soigner ses mauvaises fièvres. Une chapelle marquait le début du domaine entouré de grands bois. Le manoir était en contrebas, noyé dans une végétation impressionnante dont l'ordonnancement témoignait de l'exigence du maître des lieux. Il tenta de compter les jardiniers qui taillaient, plantaient, sarclaient ou s'affairaient aux allées. Il en trouva plus de soixante !

« Il a mis au jardin tous ses paroissiens », lâcha le chef, pendant que Ventre-à-Terre attachait les chevaux.

Il marcha d'un pas vif jusqu'aux écuries, où des domestiques lavaient les pavés à grande eau.

« Où puis-je trouver M. de Noyan ? leur cria-t-il. Je souhaiterais être annoncé. »

L'un d'eux, qui semblait investi de quelque responsabilité, toisa les deux arrivants.

« Êtes-vous attendus, que je prévienne l'intendant ?

— Faites dire à M. de Noyan qu'Armand de La Rouërie espère lui faire bonne surprise !

— Monsieur le comte est de fort méchante humeur, mais je vais vous annoncer. »

Ils suivirent le domestique jusqu'à la cour centrale et tombèrent sur un solide lascar aux cheveux blonds ébouriffés.

« Monsieur Leroy, ces jeunes gens en veulent à monsieur le comte.

— Peste ! s'agaça l'intendant en affichant une moue marquée. Nous allons essayer de vous aider, mais l'orage gronde, et vous pourriez prendre un coup de foudre ! »

Armand se mit à rire. Son interlocuteur qui décidément semblait bien bavard l'arrêta.

« Ah, ne riez pas ! M. de Noyan s'est levé en colère, et, croyez-moi, vous devrez attendre qu'il vous reçoive. »

Il mesura son effet sur les deux visiteurs, pointa son index en avant et ajouta, écarquillant de grands yeux :

« S'il veut bien vous recevoir ! »

Cette fois, c'est Ventre-à-Terre qui faillit se mettre à rire, mais Armand lui demanda prestement de se tenir.

« L'affaire est donc grave ?

— Elle l'est !

— Nous ne voulons pas déranger M. de Noyan. S'il lui est arrivé un grand malheur, nous allons reprendre notre chemin.

— Jamais ! Quand on franchit cette grille, on ne repart pas sans s'être restauré. Et comme monsieur vous a aperçus, parce que rien ne lui échappe, il me collerait une rouste si je vous laissais faire demi-tour ! »

Ce Leroy avait l'air d'un drôle d'oiseau tandis qu'il se dégingandait entre les haies de buis sculptées et odorantes. Elles décrivaient des courbes majestueuses tout autour du manoir. Des massifs de fleurs rouges, bleues, multicolores s'égaillaient à perte de vue.

Armand porta la main à ses yeux pour les protéger du soleil. Un homme plus grand que tous les autres se dressa devant eux et jeta un regard terrible en direction des visiteurs. Le jeune La Rouërie fut saisi par ce regard d'aigle sous de longs cheveux qui commençaient à blanchir. Rançonnet de Noyan les toisait de la tête aux pieds.

« Ah ? »

Il observa un court silence.

« Vous voilà ! » lâcha-t-il comme s'il avait hésité avant de reconnaître le petit-fils du vicomte de La Bélinaye.

Les garçons avaient ôté les chapeaux pour saluer leur hôte. Armand lui répondit par un large sourire.

« Monsieur, je suis venu à vous comme vous m'y aviez invité. Je suis accompagné de mon ami que nous nommons Ventre-à-Terre. Mais on me dit que vous avez fort à faire.

— Ventre-à-Terre ? l'interrompit le comte de Noyan. En voilà un fichu nom ! N'avez-vous pas de patronyme ?

— De patronyme ? »

L'intéressé fronça les sourcils, ne connaissant pas le sens de ce mot. Et comme il détestait être pris pour un sot, il regarda Armand avec un certain énervement.

« Patronyme ?

— Oui, ton nom, ton vrai nom.

— Lefevre ! On m'a baptisé Jean-Baptiste. Jean-Baptiste Lefevre, monsieur. Mon autre nom m'a été donné par mon chef, qui pourra vous l'expliquer. »

Louis Rançonnet de Noyan se prit au jeu de la devinette. Il décida d'oublier ses tracas et se tourna vers Armand, l'œil espiègle.

« Allons donc ! Ventre-à-Terre ? Et pourquoi donc "Ventre-à-Terre", monsieur de La Rouërie ? Votre soldat court-il comme un lapin ? »

Le garçon éclata d'un grand rire.

« Un lapin ne le suivrait pas ! Prenez n'importe lequel de vos domestiques, aucun ne courra aussi vite que Ventre-à-Terre !

— C'est impossible ! Et si c'est un défi, monsieur, je le relève ! »

Il s'était tapé le genou, balayant l'air de ses longs bras, et héla son intendant d'une voix qui ne souffrait aucune contradiction.

« Leroy, appelez-moi ceux de nos gens qui courent le plus vite. Je veux les plus rapides ! Nous allons prouver à nos visiteurs qu'ils sont bien prétentieux. »

Quand il haussait le ton, il était difficile de savoir s'il était sérieux ou s'il feignait seulement d'être irrité. Autour du seigneur de La Mancellière, les domestiques suivaient la conversation en jouant des coudes. Aussitôt, Leroy rassembla une dizaine d'entre eux, manches retroussées sous le chaud soleil. Le comte, comme un comédien sur son estrade, les invita à s'aligner.

« Messieurs, l'honneur de notre domaine est en jeu ! L'un de nos jeunes visiteurs ici présents, le sieur Lefevre, court, me dit-on, plus vite que les lapins ! »

Armand était tordu de rire alors que Ventre-à-Terre, gardant son sérieux, commençait à se demander ce que préparait le comte de Noyan. Il n'eut pas longtemps à attendre : le maître des lieux se saisit d'une lourde brouette qui traînait à vingt pieds du mur de sa demeure. Il la plaça un peu plus loin. Son visage se rembrunit. Les domestiques comprirent qu'il s'apprêtait à faire une déclaration d'importance.

« D'ici au grand bois, qui s'étend au-delà de mes potagers, puis jusqu'à la grille des écuries, puis jusqu'à la chapelle du bon saint Gilles, il y a au moins une demi-lieue. Eh bien, vous allez tous vous ranger à hauteur de ma brouette. Nous allons prier le sieur Lefevre de vous rejoindre. Et je m'en vais donner le départ d'une course qui sera impitoyable ! »

Les dix domestiques, amusés par l'enjeu, s'empressèrent de suivre la ligne imaginaire qui reliait la brouette à l'angle du manoir. Ventre-à-Terre s'approcha et se plaça au milieu. Pris au jeu, Armand lui claqua le dos amicalement.

« Ventre-à-Terre, tu es le plus rapide. Pense à notre bande, à qui nous raconterons tes exploits. »

Ils se serrèrent la main longuement et le comte de Noyan prit le commandement des opérations.

« À mon signal, vous ferez le grand tour et nous verrons qui sera alors le premier ! Sera-ce le jeune soldat de mon jeune et noble ami M. Armand de La Rouërie, ou bien les lapins de La Mancellière ? »

Des rires jaillirent du manoir – ceux des domestiques qui assistaient de loin à la scène.

« J'oubliais une chose importante : vous devrez passer deux fois derrière mon tour de pressoir, et il vous faudra tapoter la tête de mon puits en y posant les deux mains. »

Il s'approcha de Ventre-à-Terre pour lui donner plus d'explications.

« À la tête de mon puits est fichée une petite statue de saint Antoine. Il te bénira et te fera oublier la défaite. »

Armand éclata de rire et se laissa emporter par ce défi qui ne manquait pas de sel.

« Monsieur, si Ventre-à-Terre gagne cette bataille, l'autoriserez-vous à rapporter à Saint-Ouen une mèche de vos cheveux ? »

Louis René Rançonnet de Noyan interrogea du regard ses domestiques, feignant d'être offusqué. Mais il était joueur, et la partie commençait à lui plaire.

« Eh bien soit, Lefevre, si le bon saint Antoine le veut, tu couperas toi-même la mèche de mes cheveux ! »

Des cris et des bras levés saluèrent la promesse qui donnait à la course un enjeu inattendu. Le départ fut lancé. D'emblée, Ventre-à-Terre prit l'avantage. Sa foulée semblait si légère et rapide qu'on eût dit qu'il chevauchait un coursier invisible soulevant la poussière. On suivit le petit groupe des yeux jusqu'au bout des potagers, là où, sur la hauteur, il fallait passer derrière une rangée d'arbres pour contourner le domaine.

Déjà, trois ou quatre des domestiques de La Mancellière avaient cédé du terrain. Le petit groupe de tête disparut dans les bosquets. Quand on le vit réapparaître à l'ombre des hauts chênes qui surplombaient la rivière, il ne restait plus que deux hommes à l'avant : Ventre-à-Terre et le grand Louis, le favori des gens de La Mancellière. Le grand Louis avait plus de vingt ans, dépassait Ventre-à-Terre d'une bonne tête et sortit le premier de l'allée centrale encadrée de buis. Armand, ne tenant plus en place, se mit à hurler :

« Sabre au clair, Ventre-à-Terre, sabre au clair ! »

Ventre-à-Terre contourna le tour de pressoir une fois, deux fois, et tapota la tête du vieux puits en même temps que le grand Louis qui n'avait pas dit son dernier mot.

Il ne restait plus qu'à remonter la cour jusqu'à l'angle du manoir. Et c'est à cette étape que le plus habitué des lieux faillit prendre l'avantage. Ventre-à-Terre glissa sur les petits cailloux, à cause de ses galoches à la semelle usée. Il gagna néanmoins d'une tête et acheva sa course en se jetant par terre pour ne pas perdre un pied de son avance.

Le grand Louis ne riait plus, guettant la réaction du seigneur de La Mancellière.

« Tu n'as pas sauvé ma tignasse, Louis, mais tu as bien couru et tu auras droit à mon meilleur cidre ! »

La proposition souleva une clameur. On félicita joyeusement le vainqueur ainsi que son second. Bientôt, les pichets tournèrent de main en main.

« Monsieur, lui dit Armand, je sais que vous étiez fort contrarié avant notre arrivée.

— Parfaitement, votre grand-père à ma place l'aurait été tout autant.

— Et pourquoi donc ?

— Parce que au pied de la chapelle du bon saint Gilles poussait la plus belle chélidoine. Elle a été hachée menu par mes ânes de jardiniers qui ont considéré que ce n'était qu'une mauvaise herbe à limaces ! Alors qu'elle guérit les durillons les plus tenaces et que madame la comtesse vient en casser une tige chaque matin ! »

Armand ne put s'empêcher de sourire devant l'air faussement affligé du comte. Mais il était venu jusqu'à La Mancellière pour évoquer avec le maître des lieux la maladie qui avait emporté la Fouine et engagea la conversation sur ce sujet.

« Ton ami devait être bien malade, lui assura le comte après l'avoir écouté. Et ce ne sont pas quelques plantes qui auraient pu le sauver. »

Il semblait pensif, comme apaisé, et le garçon fut touché de sa sincère bienveillance.

« Je veux qu'ici, en ce domaine, on soigne qui décide de passer la grille. Nous aurions pris soin de lui. »

Le comte posa soudainement sa main sur le bras d'Armand et reprit son air renfrogné.

« Croyez-vous, monsieur, que ma parole n'a aucune valeur ?

— Bien sûr que non ! Jamais de la vie !

— Eh bien, que l'on coupe ma tignasse ! Leroy, apportez donc votre lame affûtée et confiez-la à notre jeune invité. Qui va tenir ma toison pour que le vainqueur en cisaille une mèche ? »

Personne n'osa répondre, mais tout le monde riait.

« C'est vous, Leroy ! J'aurais trop peur que l'on en profite pour me raccourcir. »

Le comte s'agenouilla, Leroy tendit entre ses mains une poignée de cheveux et Armand n'eut qu'à glisser sa lame affûtée.

« Ventre-à-Terre, je vais avoir besoin de ton secours tout à l'heure quand j'annoncerai à ma mère que nous rapportons à Saint-Ouen la chevelure de M. de Noyan, taillée de mes mains et avec ma dague ! »

18

L'orage éclata à Nantes, dans la grande salle du couvent des Jacobins, le premier jour d'octobre de l'année 1764. De toute la province, les représentants des nobles, du clergé et du tiers état avaient mené leur voiture avec entrain vers les bords de Loire pour assister à l'ouverture des états de Bretagne. La précédente assemblée s'était tenue à Rennes deux ans plus tôt dans une tout autre ambiance : après les défaites de la guerre de Sept Ans et les pertes de Louisbourg, de Québec et de Montréal, les états de Bretagne unanimes avaient décidé d'offrir au roi pour sa marine un vaisseau de ligne de cent canons qui serait construit à Lorient et qui porterait le nom de la généreuse province.

Deux ans plus tard, il n'était plus question d'offrir quoi que ce soit au roi, mais de ne jamais payer le nouvel impôt que ses ministres avaient inventé. Depuis l'édit d'union du duché de Bretagne au royaume de France signé en 1532, les Bretons payaient moitié moins d'impôts que les habitants des autres provinces françaises. Ce privilège était menacé par l'appétit des ministres et intendants du roi. Solidaires, les états de Bretagne et les magistrats du parlement de la province unissaient leurs colères pour contrer toute nouvelle taxe.

À Nantes, Aiguillon fut hué, et La Chalotais salué en héros. Le premier commissaire, qui présidait les états au nom du roi, plastronnait sous un immense dais de velours violet et blanc orné de fleurs de lys et d'hermines. L'assemblée des nobles bretons était assise face aux représentants du tiers état, bien moins nombreux, au-dessus desquels, séparés par une longue barre de bois, se trouvaient ceux du clergé, accompagnés de leurs évêques. Un brouhaha traversa les rangs quand fut évoquée « la nouvelle taxe de deux sols par livre » voulue par le roi.

L'orage fut dantesque, de ceux qui emplissent le ciel, des nuits durant, dans la chaleur de l'été. Mais on allait vers l'hiver, et la chaleur se dégageait plutôt des esprits furieux. Le duc d'Aiguillon eut beau organiser à Nantes des dîners fastueux, il ne put calmer la colère sourde qui grondait. Chauffés à blanc, les nobles des états de Bretagne étaient d'autant plus remontés qu'ils se savaient soutenus par le parlement de Rennes.

« Vive M. de La Chalotais ! Nos magistrats de Rennes ne lâcheront jamais l'affaire ! » avait-on hurlé à l'entrée de la grande salle des Jacobins.

Certains voulurent défendre l'obéissance au roi, mais la majorité avait tôt fait de les faire taire. Les « Vive La Chalotais ! » fusèrent.

La nouvelle parvint très vite jusqu'à Versailles : c'était donc vrai, le procureur général du parlement de Rennes avait réussi à enfiévrer toute la Bretagne ! La Chalotais n'avait pas écouté l'avertissement de Louis XV. Ce dernier entra dans une rage folle, promettant de faire rendre gorge au procureur breton. Ses lettres de jussion intimant aux Bretons d'obéir arrivèrent à Nantes. Des heures sombres s'annonçaient.

La noblesse rallia sans trop de peine les députés du tiers état à sa cause. Ensemble, ils proclamèrent le refus de la taxe imaginée par le contrôleur général de L'Averdy. L'affaire fut ensuite jugée à Rennes et, le 16 octobre, le parlement de Bretagne, solidaire des états, décida à son tour que la nouvelle taxe ne serait pas prélevée.

« Jamais nous ne nous coucherons ! » hurla Sébastien de Moëlien, applaudi à tout rompre par les autres magistrats rennais.

Trois semaines plus tard survinrent des lettres du roi qui annulaient la décision du parlement. Tous les regards se tournèrent alors vers le procureur général à la mine sombre. Il pesa chaque mot :

« Notre dévouement et notre respect vont à notre roi, mais ceux qui le trompent ne méritent que le mépris. Ces taxes sont comme la peste pour notre Bretagne. Renvoyons ces lettres à Versailles ! »

Les magistrats du parlement de Bretagne se quittèrent sur ce geste de défi. L'orage grondait toujours de Fougères à Quimper. La volonté royale d'imposer ses taxes entendait mettre à genoux la Bretagne et son parlement. Plus d'un rondin fut jeté de rage dans les flammes des hautes cheminées au cœur des manoirs et des châteaux. On n'épargna même plus le roi, encore moins ses ministres et son conseil. On jura contre les fastes de la Cour. On s'en prit à la Pompadour, l'une des nombreuses maîtresses du roi, cette « Madame Putain » qui avait rendu l'âme au mois d'avril.

Un soir d'hiver, devant l'âtre de sa résidence fougeraise, le vicomte Armand de La Bélinaye devisait avec son petit-fils. Il jeta au feu un morceau de souche qui brûlerait une partie de la nuit.

« Que Dieu bénisse le roi, lâcha-t-il, l'air sombre. Mais toute sa clique nous assaille de ses impôts. Et nos paysans qui doivent payer toujours plus ! Que feront-ils quand ils n'auront plus rien ? Ils se tourneront vers leurs seigneurs, et cette histoire finira mal ! »

Comme beaucoup, le vicomte de La Bélinaye était revenu bien soucieux de Nantes. En plus des taxes demandées aux Bretons planait cette mauvaise nouvelle qui avait fait le tour des travées dans la grande salle des Jacobins : convoqués encore une fois à Versailles à la mi-septembre, trois magistrats, parmi lesquels Euzenou de Kersalaün, avaient disparu. Non seulement ils n'avaient pas vu le roi, mais ils avaient été envoyés de force à Sens pour y être retenus jusqu'à nouvel ordre.

« Le duc d'Aiguillon a dénoncé ses ennemis, et les ministres du roi vont leur faire payer la résistance du parlement. Selon eux, ils sont des meneurs. On veut les intimider, voilà la vérité !

— Grand-père, croyez-vous que le roi laissera passer cette injustice ?

— Le roi ? Ceux-là parlent à sa place ! Ils affirment “Le roi veut”, “Le roi ordonne”, mais il n'a sûrement rien ordonné du tout ! On raconte que c'est un secrétaire d'État qui les a fait reléguer à Sens. Le roi n'en sait peut-être rien.

— Il faut dire la vérité au roi.

— On ne s'entretient pas avec le roi comme cela !

— Je m'en chargerai ! »

Armand avait lâché ces quelques mots sans trop réfléchir. Son grand-père sursauta et se tourna vers lui, l'air moqueur.

« Ah, tu vas t'entretenir avec le roi ? »

Le garçon s'était levé, fier, hautain et sûr de lui.

« Oui, tout à fait. J'irai à Versailles, le plus tôt possible, et je trouverai le moyen de discuter avec lui.

— Ha, ha ! Et vous croyez que le roi va lever la tête parce que M. de La Rouërie veut le voir ? »

Le vouvoiement marquait toujours une irritation du vicomte de La Bélinaye envers son petit-fils.

« Rien ne me détournera du service du roi, insista Armand, vexé des rires de son grand-père, qui semblait ne pas le prendre au sérieux.

— Tu feras comme tout le monde. Tu seras enrôlé aux gardes royales et, avant de parler au roi, tu feras tes preuves. La vie parisienne te permettra d'oublier M. de La Chalotais ! »

Et il rit de plus belle.

« Grand-père, j'en fais le serment… »

Armand ne put terminer sa phrase. La lourde porte qui ouvrait sur un couloir jusqu'aux cuisines avait grincé. La vicomtesse de La Bélinaye entra la première, suivie de Renée, de Thérèse, de Perrine, un bébé dans les bras, d'Anne et de la petite Thérèse de Moëlien, qui courut retrouver son cousin.

« Quel est donc ce serment que prête mon diable de fils ? Celui d'être enfin digne de son rang ? » lâcha Thérèse de La Bélinaye, qui avait encore une bonne raison d'être furieuse.

D'un geste ferme de la main, le vicomte de La Bélinaye intima l'ordre à sa fille d'arrêter ses reproches.

« Allons donc ! Nous parlions de Versailles, et de tous les coquins du roi. M. de La Rouërie doit en être informé, car le temps viendra bientôt pour lui de rejoindre les régiments de Sa Majesté. Fini de s'amuser ! »

La veille au soir, Armand avait raconté, dans une longue tirade entrecoupée de rires, comment le comte de Noyan avait perdu un peu de ses cheveux. L'assemblée familiale stupéfaite était restée de marbre.

19

Les esprits s'échauffèrent tout l'hiver. Les plus folles rumeurs étaient colportées sur les chemins, dans les auberges et les châteaux. Autour des étals des marchés, on faisait affaire en maudissant le duc d'Aiguillon et les gens du roi qui en voulaient à l'argent des Bretons. Dans les cours, des mares avaient gelé plusieurs jours de suite, et beaucoup voyaient dans l'hiver glacial un mauvais présage.

Les nobles d'alentour se relayaient à la table du vicomte de La Bélinaye, chacun apportant des informations fraîches recueillies auprès d'un magistrat ou d'un greffier de la cour rennaise. Les magistrats en colère refusaient maintenant de siéger !

« Tout cela finira dans le sang », répétait le vicomte à ses visiteurs.

Les reproches épargnaient de moins en moins le souverain, ce que le vicomte, dont les deux fils servaient dans les régiments royaux, peinait à accepter, sûr que le mal venait non point du roi lui-même mais de son entourage.

« C'est toute cette clique de Versailles, ces intendants, ces ministres, ces bons à rien qui ne savent qu'inventer des taxes ! Ils coupent notre roi bien-aimé de ses provinces et de ses parlements. Ils l'éloignent de ses gens, qui veulent le servir et attendent en retour d'être respectés. Oui, cette infamie… »

Ses coups les plus rudes, il les réservait au duc d'Aiguillon, qu'il soupçonnait du pire. Il prenait alors son petit-fils à témoin.

« Tu verras, Armand, un jour prochain, il enverra la troupe à l'assaut du parlement de Bretagne… Voilà ce qu'il prépare. Cet animal n'aime que la guerre ! »

Armand de La Rouërie, à l'affût de toutes les nouvelles, préférait les plus sombres, qui laissaient prévoir de rudes combats. Il s'en entretenait au quotidien avec son grand-père, qui finit par se lasser.

« Armand, tu n'iras pas à Rennes mais à Versailles, comme tes oncles, et tu serviras le roi ! tonna le vicomte. Il y a bien assez de fous pour guerroyer dans les rues de Rennes. »

Armand ne pliait pas si aisément. S'il écoutait encore son grand-père, il ne supportait plus les remontrances de sa mère.

« Vous êtes un sot ! lui lança-t-elle un jour. Rien qu'un sot ! Toujours prompt à vous enflammer, jamais à vous assagir !

— Mère, vous ne m'empêcherez pas de faire mon devoir. C'est ce qu'aurait voulu mon père.

— Votre père ? Il vous maudirait ! Vous n'avez qu'un devoir : obéir à notre famille ! »

Janvier 1965 se terminait. Un matin, Armand se leva de meilleure humeur. Il décida de présenter ses excuses à son grand-père.

« Pardonnez-moi, grand-père, mais croyez bien que ce qui me guide, c'est l'honneur. Rien que l'honneur et le devoir. Comment puis-je accepter de rester dans les jupes de mes tantes si l'on se bat à Rennes ? »

Le vicomte afficha une moue silencieuse, puis se racla la gorge en tisonnant les braises.

« Comme je te comprends », dit-il dans un souffle.

Au même moment, à Rennes, deux officiers sortaient presque en courant du monumental bâtiment qui abritait les robes rouges du parlement de Bretagne. Ils rejoignirent sans perdre de temps l'hôtel de Blossac et rendirent compte au duc d'Aiguillon de la nouvelle qui venait de tomber. On entendit hurler le commandant de Bretagne jusque dans les étages :

« Ils ont osé ! Ils déchirent les ordres du souverain ! La Chalotais est un séditieux qui finira aux galères. Je jure devant le roi que je le mettrai aux fers ! »

Quelques minutes plus tôt, les magistrats avaient décidé la destruction de toutes les affiches où était publié le dernier arrêté du Conseil des ministres. Aussitôt dit, aussitôt fait. Il se trouva plus d'un volontaire pour arracher les feuilles qu'Aiguillon avait fait placer bien en évidence.

C'est un vent de révolte qui gagnait la cour. L'affaire échappait complètement à Antoine de Labriffe, premier président du parlement. Et le procureur général, avec tous ses fidèles, avait affirmé clairement ses volontés :

« Nous ne pourrons siéger que si l'on nous rend justice. Et pas avant le retour de nos exilés. C'est au roi que je m'adresse. À notre roi bien-aimé, pas aux vils brigands qui le servent ! »

À la mi-janvier, la tension monta encore d'un cran. Les trois nobles retenus à Sens sur ordre du roi n'étaient toujours pas revenus.

Le souverain adressa au parlement breton autant de lettres de cachet qu'il y avait de magistrats. Chacun était tenu de rester à Rennes et de ne point quitter la ville. Mais, une fois de plus, on déchira les ordres royaux.

Furieux et déterminé, le duc d'Aiguillon mit un zèle particulier à nourrir l'acte d'accusation. Il rendit compte à Versailles, et aucun acte de désobéissance ne resta ignoré de Louis XV. Ce dernier convoqua à Versailles la totalité des membres de la cour bretonne. L'affaire se réglerait au plus haut niveau.

Trois semaines plus tard, les nobles bretons arrivèrent en procession devant leur roi. En cet instant, Louis René de Caradeuc de La Chalotais consentit, pour la première fois, à baisser les yeux. Néanmoins, son regard perçant eut le temps de jauger celui qui se trouvait face à lui.

« Notre roi est bien fatigué, pensa-t-il. Sans doute par sa lourde charge, très certainement par le poids des ans, mais peut-être surtout par toutes ces putains dont il est le laquais… »

Assis sur son trône, dans une posture qu'il cherchait à rendre solennelle, sa main gauche tapotant nerveusement l'accoudoir du fauteuil à haut dossier, Louis XV toisait l'assemblée. Il avait longuement fait attendre ces hommes avant d'ordonner de les introduire dans le salon d'Apollon. Ce qui leur donnerait le temps de mesurer la petitesse de leur colère provinciale face à la grandeur royale.

Le procureur de Bretagne sentit une vague de mépris monter en son for intérieur et ne lutta même pas pour la contenir. Plus d'un des Bretons venus jusqu'à Versailles, parés de leur robe rouge, pensait à sa manière, mais tous saluèrent leur souverain, les plus hypocrites comme les plus dévots.

Louis XV observa un de ces longs silences dont il avait le secret. Il sembla tergiverser, balayant du regard la grande assemblée des robes rouges, avant de consentir quelques mots, dodelinant de la tête, jetant des coups de menton qui témoignaient d'un fort agacement :

« Vous voilà donc… »

Il avait prononcé ces mots d'une petite voix presque hésitante, comme s'il cherchait à économiser la moindre parole. Il se racla la gorge et reprit :

« Vous voilà donc… »

De nouveau, un long silence… Puis le roi se lança dans une tirade qui faillit ne jamais prendre fin :

« Êtes-vous venu me dire que la Bretagne ne me doit pas obéissance, à l'instar de toutes mes provinces ? Allons donc ! Quel est ce droit qui se prétend supérieur à ma volonté ? Qui sont ces magistrats qui refusent de m'obéir ? On me rapporte vos actes, qui sont pure félonie. Oui, pure félonie ! Vous refusez de prendre soin de notre province de Bretagne. Qu'en avez-vous fait, si ce n'est la ruiner ? Qui êtes-vous ? L'auriez-vous oublié ? Vous êtes mon parlement ! Vous êtes mes magistrats ! Et je vous l'ordonne : vous enregistrerez mes ordres dès votre première séance ! Vous m'obéirez ! Il en est ainsi. Telle est mon exigence ! »

Et ce fut tout. D'un geste martial de la main, le souverain leur intima de se disperser.

La rudesse de la charge blessa jusqu'à ceux qui avaient imaginé quelques paroles de mansuétude. Beaucoup tournèrent le regard vers Louis René de Caradeuc de La Chalotais. Le procureur n'avait pas cillé, digne et fier comme le marbre des lieux. Mais, au fond de lui, il ruminait la foudre et le feu.

« Allez donc caresser vos putains, pensa-t-il, mais vous cesserez de saigner les Bretons. Nous ne plierons pas, nous ne paierons plus... »

Sur la route du retour, la pluie tomba durant trois jours. Les calèches éclaboussèrent les grands chemins. Les cochers et les postillons entendirent maudire « le roi et toute sa clique », et les conversations furieuses effacèrent le peu d'estime dont jouissait encore Louis XV chez les magistrats.

Une fois à Rennes, ils furent accueillis sous un chaud soleil printanier. Mais ce qui attira surtout la foule autour du parlement fut l'arrivée, quelques jours plus tard, des trois magistrats que le roi retenait à Sens depuis plus de six mois. Beaucoup de badauds s'étaient massés sur la place du palais – des curieux, des bourgeois, des robins qui pressentaient le caractère historique du moment. La colère ne retombait pas, bien au contraire. Les trois compagnons de retour en Bretagne furent pressés de questions. La voix forte d'Euzenou de Kersalaün tonna sous les charpentes du parlement breton :

« On veut nous faire taire, mes amis. Levons-nous ! »

Il ne parvenait pas à finir ses phrases tant fusaient les applaudissements. Dans le brouhaha, on s'en prenait à Versailles, aux ministres, au duc d'Aiguillon.

« À Pau, et partout, les assemblées gémissent sous le poids des taxes royales. Oui, levons-nous devant l'accablante oppression des despotes ! »

Le calme revint dans la Grand'Chambre. Et certains commencèrent à s'émouvoir de ce vent de fronde. Un magistrat, Paul-Christophe de Robien, tenta de ramener les plus colériques à leurs devoirs.

« Nous sommes là pour mener une œuvre de justice. Nous avons prêté serment. Messieurs, tenons notre ouvrage !

— Démission générale ! Démission générale ! »

Le mot fut lâché et repris en chœur. Le parlement de Bretagne était en feu.

20

Dans les domaines, les nouvelles se propageaient à la vitesse de l'écho. Ce jour-là, le vicomte de La Bélinaye et son épouse avaient fait arrêter leurs attelages devant le château de Saint-Brice pour y faire boire les chevaux. Avec eux, Thérèse et ses fils s'en revenaient de Fougères à l'arrivée des beaux jours. Chevauchant Mousquetaire, Armand précédait le convoi, s'imaginant général de cavalerie au-devant de ses troupes.

La marquise de Saint-Brice, Jacqueline Hyacinthe Le Prestre de Chateaugiron, les accueillit au pied du perron aux balustres taillés dans le granit. Des domestiques avaient entrepris de nettoyer l'orangerie, et l'on s'affairait dans les communs.

Le marquis Gilles Guérin de Saint-Brice, officier du régiment de cavalerie de Conti, alors en campagne, avait fait bâtir un joli pavillon de chasse qu'admira le vicomte de La Bélinaye. La maîtresse des lieux devisa longuement avec ses visiteurs.

« Armand, laisse donc reposer ton coursier », s'impatienta le vicomte, en priant l'un de ses domestiques de s'occuper du cheval de son petit-fils.

La marquise de Saint-Brice feignit d'ignorer l'empressement du patriarche. Elle avait entendu parler des frasques du jeune marquis de La Rouërie, et le charmant sourire que celui-ci lui adressa suffit à la persuader qu'il fallait laisser dire les ragots.

« Madame, vos enfants vous font honneur, lança la marquise de Saint-Brice à Thérèse de La Rouërie, et votre aîné le premier.

— Merci, dit-elle, feignant l'émotion en posant sa main sur celle de son amie. C'est ce qu'aurait voulu leur pauvre père. »

Et elle toisa son fils.

« Les nouvelles de Versailles ne sont pas bonnes, reprit la maîtresse des lieux.

— Ni à Rennes ni à Versailles on n'entend la voix de la sagesse, répondit, songeur, le vicomte de La Bélinaye.

— M. de La Chalotais entraîne nos magistrats dans une guerre avec les ministres du roi, et je n'y vois rien de bon », ajouta la marquise.

Le vicomte plissa les paupières et fit une moue d'approbation en cherchant les mots justes. Mme Guérin de Saint-Brice était issue de l'une de ces grandes familles dévotes, fidèles à Louis XV et sceptiques face à la ténacité et à l'arrogance du procureur du parlement de Bretagne.

« Nous avons de quoi être inquiets, en effet…

— En même temps, deux sous par-ci, deux sous par-là… Nos gens n'en pourront bientôt plus et se tourneront vers leurs seigneurs, qui ont des domaines à entretenir. »

Cette plainte recueillit l'assentiment des La Bélinaye, même si au fond de lui le vicomte s'amusait d'entendre gémir l'une des plus riches marquises de Bretagne.

« De vous à moi, qui donc conseille ainsi le roi ? interrogea le vicomte. Des intendants, des ministres, des radoteurs qui devraient passer plus de temps dans nos campagnes, avec nos laboureurs et nos maçons, dont ils ne connaissent rien ! »

Les femmes acquiescèrent devant tant de bon sens. Mais Armand s'interposa.

« Savez-vous, madame, que les magistrats du parlement de Bretagne veulent tous démissionner ? Il faut aller à Rennes, dire que les ministres du roi nuisent à Sa Majesté et nous battre pour nos libertés… Comme M. de La Chalotais…

— Monsieur ! »

Thérèse l'interrompit sèchement. Qu'allait penser Mme de Saint-Brice ? Celle-ci, prise au dépourvu, réagit par un petit rire.

« La fougueuse jeunesse a parlé. Vous êtes bien volontaire, monsieur. Et bien au fait de ce qui se passe au parlement.

— Madame, je suis au service de mon roi et de la Bretagne. »

Et d'un sourire fier et ravageur, Armand finit de charmer la marquise de Saint-Brice. Le vicomte de La Bélinaye, qui n'avait pas bronché, ordonna à son petit-fils :

« Reprends donc ton cheval, et va au-devant de nos domestiques leur dire que Mme de La Rouërie est de retour. »

Ce dernier sembla enchanté de la proposition, mais prit le temps de quitter la maîtresse des lieux dans les formes.

« Veuillez m'excuser, mesdames, nos gens m'attendent. Je dois vérifier que ma mère trouvera tout à son aise en arrivant à Saint-Ouen. Mes hommages…

— Quel noble caractère », salua la marquise de Saint-Brice en se tournant vers Thérèse qui, de rage, serrait les dents.

Il partit guilleret, longea Saint-Brice et la rivière qui serpentait dans les landes, puis rejoignit le bois de Gâtines au galop. Il connaissait par cœur les sentes forestières et allait de l'une à l'autre, suivant des passages de gibier et des chemins de traverse. Soudain, son cheval se cabra. Une masse sombre s'était faufilée entre deux buissons à un souffle de la monture, et Armand aperçut un homme caché sous une cape contournant un buisson de ronces.

« Qui va là ? »

Il n'obtint pas de réponse et décida d'en avoir le cœur net. D'une légère tension sur les rênes, il incita Mousquetaire à tourner sur lui-même pour faire face à l'individu dont on devinait la pelure entre les feuilles. D'un bond, ce dernier se releva, un bâton à la main.

« Arrière ! »

Ce n'était pas un homme mais bien une femme qui avait crié d'une voix ferme. Armand la dévisagea et eut un peu de mal à reconnaître Marie. Elle avait coupé ses longs cheveux roux, et son visage blessé était marqué par la fatigue. Elle le fixait de ses yeux clairs et hagards, sans qu'il soit certain de son identité.

« Marie, c'est toi ?

— Tu reconnais donc la Bourrique ?

— Je n'aime pas ce nom, je t'appelle Marie, de ton vrai nom. »

Marie n'avait plus cet œil rieur qu'il avait trouvé charmant lors de leur première rencontre dans les rues de Fougères. « Elle est bien triste, se dit-il, ou bien lasse. »

« Tu as voulu me surprendre, joli monsieur, lâcha-t-elle.

— Mais non, c'est toi qui as effrayé mon cheval.

— Non point ! C'est toi, joli monsieur, qui as eu peur de la Bourrique ! » rétorqua-t-elle dans un rire vite étouffé.

Armand descendit de sa monture. Quelque chose le gênait à être ainsi perché alors que Marie semblait avoir bien du mal à se tenir droite. Ils s'observèrent. Elle paraissait ailleurs, plongée dans de noires pensées.

« Tu te souviens, Marie, que tu t'es bien moquée de moi.

— Je t'avais d'abord trouvé ridicule… »

Armand se rembrunit. Cherchait-elle encore à le provoquer ? Elle reprit aussitôt :

« Ridicule mais… gentil.

— Gentil ?

— Oui, gentil. Tu ne m'as pas jeté tes sous à la manière de tous ces messieurs qui lancent une pièce aux mendiants comme un os à un chien…

— Je suis bien aise de te revoir.

— Et moi donc, joli monsieur. »

Un rictus déforma sa mâchoire édentée et sanguinolente. Armand en eut de la peine. Il voulait cheminer avec elle, mais elle demeurait fuyante.

« Viens sur mon cheval, il va marcher plus vite que toi et t'emmener jusqu'au chemin de Fougères.

— Nenni ! Je n'aime point le cheval.

— Où vas-tu donc ?

— Dans les landes, où j'ai à faire. »

Marie ajusta alors sa pelure et pointa le sol de son bâton.

« Adieu, joli monsieur…

— Tu pars déjà ? Veux-tu te restaurer un peu dans les cuisines de Saint-Ouen ? C'est à moins d'une demi-lieue…

— Adieu, dit-elle à nouveau, plus fermement.

— Je te prie de m'écouter, Marie… »

Il poursuivit.

« As-tu de quoi te nourrir ?

— J'ai mes chicots », lança-t-elle avec défi en écartant ses lèvres pour laisser apparaître ses dents cassées.

Était-ce un sourire ? Armand y vit un masque de douleur et surtout une froide détermination. Se sentait-elle agressée par son insistance ? Elle semblait si faible, fragile et sans doute affamée.

« As-tu… de la force ? Tu ne tiens plus debout.

— J'ai ma trique, et je suis debout ! »

Elle brandit son bâton et frappa le sol.

« Foutue bourrique, vas-tu m'écouter enfin ? Je veux t'aider. Il y a toujours à manger pour les pauvres au château, et tu y seras bien accueillie, tu le sais. Nous sommes faits du même bois, toi et moi.

— J'vais pas dans les châteaux ! »

Elle le fixa, visage fermé, regard dur.

« Mais as-tu à boire ? dit-il doucement.

— Je boirai mon sang… »

Il en fut glacé. « Je boirai mon sang… » Elle était donc de cette trempe-là. « Quel soldat tu ferais », se dit-il à nouveau. Ils restèrent l'un face à l'autre, à s'observer longtemps sans un mot. Armand se souvint de l'histoire du chevalier Jean de Beaumanoir que lui avait racontée son grand-père. Lors du combat des Trente, quatre siècles plus tôt, face aux Anglais, Geoffroy du Boüays avait lancé à Jean de Beaumanoir, assoiffé en pleine bataille : « Bois ton sang, Beaumanoir, la soif te passera. »

D'un mot, elle rompit le silence, s'apprêtant à poursuivre sa route :

« Armand… »

Elle avait lâché son prénom, comme un merci… Mais elle semblait tellement loin de lui et de son monde que le jeune homme ne trouva pas d'autres paroles pour la retenir. Il resta longtemps près de son cheval à la regarder s'éloigner en boitant, appuyée sur son bâton. « Je boirai mon sang… » Il avait le pressentiment que cette phrase annonçait de funestes combats qu'il aurait à mener. Elle ne se retourna pas jusqu'au lointain buisson qui marquait la courbure du chemin. Où allait-elle poser son baluchon pour trouver un peu de repos ?

Le sourire fatigué de Marie, presque éteint, lui en rappelait un autre. La veille de sa mort, la Fouine l'avait ainsi dévisagé. Savait-il alors que sa vie prendrait bientôt fin ?

Armand serra fort les rênes et caressa l'encolure de Mousquetaire.

« Dieu vous garde, mes soldats », souffla-t-il, réprimant une larme.

21

À la frontière des deux provinces, le domaine de La Rouërie était de ceux qui regroupaient des terres bretonnes, mais aussi normandes. Quand les lourds carrossiers piaffaient sur le chemin derrière le dernier râtelier, ils étaient en Normandie. Revenus à l'abreuvoir, ils étaient en Bretagne. Si bien que, depuis des générations, les seigneurs de La Rouërie se sentaient des vigies à l'entrée du duché. Gardiens de la Bretagne.

Sous le chaud soleil printanier, les calèches lancées sur la rabine ralentirent l'allure. On franchissait au pas le petit pont de bois au-dessus du fossé qui fermait la cour. Au château, on avait lustré les cuivres et les boiseries pour le retour de Madame.

Depuis la disparition du maître de maison, la marquise de La Rouërie avait pris en main la gestion du domaine avec une douce autorité que chacun se plaisait à souligner. Madame avait ses bonnes œuvres et prenait soin de ses gens. Quand le malheur ou la maladie touchait une famille, elle la visitait, veillait à l'aumône et ne restait jamais sans prendre de nouvelles.

Ce jour-là, à peine descendue de la calèche, elle se précipita vers sa gouvernante, qu'elle serra contre elle.

« J'avais grande hâte de vous revoir, Jeanne, et comme toujours notre demeure nous fait un bel accueil.

— Ah, Madame, vous voilà… C'est que… »

Thérèse sentit la gêne de sa domestique.

« Vous m'avez l'air bien soucieuse. Que se passe-t-il ?

— C'est que je comptais bien que tout soit prêt pour votre arrivée.

— Allons donc, tout est soigné. C'est moi qui vous le dis !

— Tout n'est point fini.

— Mais je vous assure que tout va pour le mieux. Ne vous rendez pas malade pour quelques poussières sur les armoires. »

Ce n'était pas le ménage qui tracassait Jeanne, mais une autre affaire, posée au milieu du vestibule, et qu'on ne pouvait voir qu'en approchant le pas de la porte. De la cour, Thérèse aperçut seulement les deux domestiques affairés dans la demeure, l'un avec un broc, l'autre avec une pelle et un balai de jonc. Auprès d'eux était Armand, riant et gesticulant comme un joyeux drille.

« Armand ! »

Elle avait hurlé, rouge de colère, comprenant tout de suite ce qui occupait ses gens.

« Armand ! » reprit-elle.

Une fois de plus, Armand avait bravé les consignes. Il avait d'abord mené Mousquetaire au galop jusque devant la porte du château, qu'il lui avait fait franchir au pas. Les sabots du cheval avaient claqué sur les dalles de la grande entrée ouverte sur le parc.

Détendu après sa longue course de Saint-Brice à Saint-Ouen, l'animal avait laissé échapper un énorme tas de crottin fumant au milieu du vestibule, éclaboussant jusqu'aux premières marches de l'escalier de pierre.

« Ce Mousquetaire est un bougre d'âne », cria Armand, secoué par un grand rire.

Le vicomte de La Bélinaye, descendu de sa calèche à quatre roues et gagné lui aussi par la bonne humeur, tenta de calmer la fureur de sa fille, en vain.

« Bougre d'idiot, lança la marquise à son fils, croyez-vous que nos gens n'ont que cela à faire, passer derrière vous et nettoyer vos horreurs !

— Mais ce n'est pas moi, mère, c'est Mousquetaire ! »

L'hilarité devint générale. Même la vicomtesse de La Bélinaye se laissa aller, ce qui était bien rare. Son époux, quant à lui, fut contraint de s'appuyer contre la voiture tant sa grande carcasse n'en pouvait plus de rire.

« Mais c'est vous ! C'est bien vous qui allez récurer ! hurla Thérèse de La Bélinaye. Et nos gens qui ont si bien préparé le domaine vont prendre du repos.

— Nous ouvrirons le meilleur cidre », se réjouit le vicomte, tout autant que l'assemblée des domestiques du château de La Rouërie.

La nature était gorgée de couleurs et des eaux printanières. On mangea, on but et on parla bien sûr des nouvelles arrivées de Versailles. Armand participa activement à la conversation.

« C'est à Rennes qu'il faut être, avec les magistrats, et expliquer au roi qu'on le trompe. Je vous le dis !

— Armand, ta place est ici, près de ta mère et des tiens », affirma son grand-père, irrité.

Thérèse s'empressa de freiner les ardeurs de son aîné.

« M. Dournel, votre maître d'armes, arrive demain de Saint-Malo pour vous apprendre la discipline, l'épée à la main. Vos maîtres d'anglais et d'allemand dans quelques jours. Vous allez enfin travailler à devenir un gentilhomme. »

Ce fut peine perdue. L'histoire se jouait à Rennes, et il était désormais évident pour Armand qu'il devait s'en mêler. Le vicomte et la vicomtesse quittèrent Saint-Ouen trois jours plus tard pour rejoindre leur propriété à Saint-Christophe-de-Valains. Ils avaient prévu l'extension des jardins, et il y avait fort à faire avant le retour de leur fils Charles, héritier du domaine de La Bélinaye.

Avant la mi-mai, Armand organisa son projet. Châtaigne, son soldat maçon d'Antrain, avait trouvé le meilleur moyen de parcourir les moins de dix lieues jusqu'à Rennes. Un convoi de granitiers, dont l'un était son cousin, devait partir de Saint-Marc-le-Blanc dans la nuit, chargé de pierres à livrer à l'abbaye Saint-Melaine. Deux charrettes et huit chevaux avaient été mobilisés. Le voyage était délicat, vu le mauvais état des chemins ; on attendait donc souvent « entre la Saint-Jean et la Toussaint » pour apporter la pierre jusqu'à Rennes. Mais les sentes avaient séché depuis la mi-avril, et les « picaous », ces tailleurs de pierre de Haute-Bretagne, s'étaient dit qu'avec un peu de main-d'œuvre ils arriveraient à y mener leurs attelages avant l'angélus de midi. Armand monnaya de quelques pièces l'aller et le retour.

Partis au milieu de la nuit, les charrois longèrent les murs interminables qui enserraient les jardins de Saint-Melaine et s'arrêtèrent devant les écuries de l'abbé à l'heure prévue. Ils franchirent la porte cintrée flanquée de deux pilastres qui menait aux servitudes de l'abbaye. Un moine vint contrôler les deux linteaux et les pierres d'angle destinées à renforcer les murs du potager. Un autre, du nom d'Augustin, proposa à tous une collation, et il fut convenu que Châtaigne et Lance-Patates aideraient au déchargement et à la préparation du chantier.

Alors qu'Armand et Ventre-à-Terre filaient déjà vers la porte Saint-Georges qui marquait l'entrée de la ville, P'tit-Chouin s'était coulé derrière les attelages pour éviter la compagnie. Il remarqua une ouverture sur un parc.

« C'est la terre de l'abbé, lui dit frère Augustin, plus loin c'est le potager, et encore plus loin l'ancien verger du Thabor, qui est devenu le jardin des moines. Tu peux cheminer jusque là-bas. »

P'tit-Chouin baissa les yeux, comme un soldat perdu. Il aurait voulu être six pieds sous terre. Châtaigne, riflard à la main, vit son embarras et s'adressa au moine :

« Il ne cause pas…

— Il est muet ? interrogea Augustin.

— Il ne cause pas, c'est comme ça. Mais il cause aux oiseaux.

— Aux oiseaux ?

— Oui, aux oiseaux, il fait le merle, ou le canard des marais. »

Frère Augustin regarda le garçon s'éloigner en longeant le mur, portant ses mains à la bouche, et l'on entendit le long cri plaintif d'une hulotte. P'tit-Chouin s'enfonça dans les allées du potager.

Pendant ce temps, Armand et Ventre-à-Terre marchaient d'un pas vif. Ils contournèrent l'hôtel de Cuillé et son porche voûté, passèrent la porte de la ville et remontèrent la rue Saint-Georges qui grouillait de camelots. L'immense place du palais s'ouvrit à eux. Elle s'étendait entre de hauts immeubles bourgeois, face au couvent des Cordeliers et ses jardins. En son centre trônait le roi Louis sur son destrier de bronze.

« Messieurs, le roi ! »

Armand, dans un grand rire, salua Sa Majesté Louis XIV en s'inclinant exagérément.

Massif, le bâtiment du parlement fermait la partie nord de la place du palais. La foule se pressait au pied de l'escalier monumental. On criait, on applaudissait, et des chapeaux volaient en l'air. Une agitation indescriptible régnait sur le parvis. Il y avait là des robes rouges, des robins, des étudiants en droit, des bourgeois et des badauds. Chacun avait un avis à défendre. Un groupe de jeunes hurlait des « Démission ! », « Scélérat ! », « Qu'on les pende ! ». Il fallut séparer deux d'entre eux qui s'étaient jetés l'un sur l'autre. Armand se retrouva au milieu de l'échauffourée. Il sentit souffler le vent enivrant de l'histoire.

« Oyez ! Oyez ! Gens de Rennes et de Bretagne, oyez les représentants de la cour qui ont à vous parler ! »

Un homme de main à la voix charpentée tentait d'obtenir le silence.

« Que l'on se taise ! »

Ventre-à-Terre avait tiré Armand par la manche. Ils se retrouvèrent ainsi aux avant-postes. Du haut du grand escalier, l'un des magistrats leva les bras pour se faire entendre. Armand reconnut le seigneur du Cosquer, Jean Euzenou de Kersalaün, l'ami du comte de Noyan, dont la voix portait loin. Il tenait à la main une feuille de papier noircie d'un long texte qu'il s'apprêtait à lire, pour peu qu'on le laisse parler.

« Je vous annonce la démission des magistrats de Bretagne ! »

La place s'emplit d'une clameur d'approbation. Kersalaün demanda de nouveau le silence.

« Je m'en vais vous lire l'arrêt de la cour dont nous avons débattu à n'en plus finir !

— Démission ! Démission ! Démission ! criait-on dans la foule.

— Qui sont les félons ? » hurla un excité, bientôt imité par d'autres.

Des quatre-vingts magistrats présents, seule une douzaine avaient refusé de démissionner. Ils étaient traîtres à la Bretagne ! Kersalaün pointa son doigt vers le ciel et commença sa lecture :

« La cour, vivement touchée d'avoir perdu la bienveillance du seigneur roi… »

Il respira longuement avant de reprendre…

« … pénétrée de douleur en voyant que sa conduite a paru si singulière à Sa Majesté, avant même que Sa Majesté ne lise les remontrances que lui présentait la cour… »

Le public de plus en plus agité s'égosillait au fur et à mesure que le seigneur du Cosquer déclamait l'arrêt sur lequel se fondait la démission historique des magistrats bretons. On fit à nouveau silence.

« … considérant que des magistrats que Sa Majesté a montrés aux yeux de la France comme coupables de désobéissance, de manquement de respect pour l'autorité royale et auxquels elle a imputé… »

Le seigneur du Cosquer retrouva son souffle et marqua chaque syllabe :

« … et auxquels elle a imputé d'avoir ruiné une province confiée à leurs soins… »

La clameur reprit.

« Ce sont les guerres du roi qui nous ruinent ! » cria quelqu'un dans la foule.

Il réclama encore une fois d'être écouté.

« … ces magistrats ne peuvent plus avec décence porter le nom de magistrat, qu'incapables de faire respecter l'autorité royale et les lois ils ne peuvent plus être utiles audit seigneur roi… la cour conclut qu'ayant eu le malheur de perdre la bienveillance du prince, elle ne peut plus être utile à son peuple…

— Hououou ! hua la foule.

— Pendez les ministres et les despotes ! »

Derrière Jean Euzenou de Kersalaün, Paul-Christophe de Robien, qui avait tenté de ramener la cour à la raison, se tenait blême, fixant l'assemblée d'un air navré. Armand n'en perdait pas une miette.

« Tous ces braillards l'empêchent de parler, lâcha Ventre-à-Terre.

— Ces braillards ? Mais c'est la colère du peuple ! La colère du peuple que le roi n'entend plus à cause de tous les vils coquins qui l'entourent. »

Les magistrats ayant mis leurs menaces à exécution, l'autorité suprême était bafouée. Reclus dans son cabinet à l'étage du parlement pendant que la populace acclamait Jean Euzenou de Kersalaün, le procureur de La Chalotais avait l'impression d'être pris dans une ratière. Le comte de Saint-Florentin, secrétaire d'État à la Maison du roi, voulait sa tête. Et il sentait venir son heure. Quelques jours plus tôt, il avait fait part de ses craintes à ses plus proches soutiens : « Je suis suspect. Que M. d'Aiguillon et M. de Saint-Florentin me laissent en repos ou je ferai imprimer un mémoire qui sera si cruel et si amer que ceux qui m'ont attaqué s'en repentiront peut-être longtemps. »

À Versailles, le secrétaire d'État s'entretint longuement avec Louis XV.

« Quel affront à Votre Majesté… »

Le roi écouta son secrétaire d'État. Mais il se tut, comme il savait si bien le faire, le visage figé. Tous ses ministres guettèrent l'expression de sa colère, qui ne vint pas. Saint-Florentin lui rappela tous les détails de la mutinerie. À quoi donc pensait le souverain ? Il attendait son heure.

La massue royale s'abattit en novembre.

22

C'était Chasse-Goret. La nuit tombée, il furetait dans les faubourgs et les rues de la vieille ville de Rennes pour y trouver de quoi se nourrir. Son œil abîmé, sa face rougeaude et crevassée, ses bras décharnés trahissaient sa vie de traîne-misère. On moquait son apparence, mais il rendait quelques services et n'inspirait la crainte qu'aux enfants.

Il tendait parfois sa sébile entre Saint-Melaine et la grande chapelle Saint-Thomas, où la tour récemment construite attirait des pèlerins de toute la région. Il chapardait, et nul ne l'ignorait. Plus d'une fois, il avait eu affaire à la maréchaussée, mais jamais encore il n'avait été emprisonné. Quand un uniforme l'approchait, il se trouvait toujours une âme charitable pour plaider sa cause.

Cette nuit de novembre, Chasse-Goret crut son heure arrivée. Il s'était dissimulé dans les taillis à l'arrière de l'hôtel de Cuillé. Ce que M. de Farcy, propriétaire des lieux, appelait « mes jardins » était en fait un terrain vague tout au bout duquel se trouvait un escalier qui montait jusqu'à la Motte. Par là se faufilaient « ces maudits libertins et tapageurs » qui entraient en ville et provoquaient l'ire du marquis de Farcy de Cuillé. Cette nuit-là, donc, le Goret se faufila entre les murs et les herbes folles pour rejoindre la route de Fougères. Ce qu'il vit au bas de la Motte l'emplit d'effroi. Dans l'obscurité, des cavaliers armés fermaient le chemin en tous sens. Partout patientaient des soldats sur leurs montures, par cinq ou six, pour interdire le passage. Il les reconnut, et ses craintes en furent décuplées. Quand les fameux dragons du marquis d'Autichamp, au service du duc d'Aiguillon, prenaient position pour charger, il ne faisait pas bon traîner.

« Ils en ont après moi », se dit Chasse-Goret, qui voulut faire demi-tour vers la porte Saint-Georges, en vain.

« Me v'là serré dans la ratière ! »

Affolé, il rejoignit les abords de l'hôtel de Marbeuf, à l'entrée de la route de Fougères. Sa carcasse courbe appuyée sur un bâton se dodelinait entre les rangs de dragons. Chasse-Goret attendit le coup funeste qui le mettrait à terre. Si tous ces hommes en armes avaient fait le déplacement, c'était à tout le moins pour lui couper la tête ! Il n'en fut rien. Face à l'hôtel de Marbeuf, un officier lui intima l'ordre de déguerpir :

« Passe ton chemin, Chasse-Goret, et file avant que je te saisisse ! »

Promptement et sans demander son reste, il longea le mur qui enserrait le domaine et laissa derrière lui l'hôtel de Marbeuf, où visiblement quelque rude bataille se préparait.

« Faites-moi céder cette porte ! »

L'ordre avait claqué. La serrure du lourd portail en anse de panier surmonté d'un fronton triangulaire cassa au premier coup de masse. L'hôtel de Marbeuf était constitué d'un corps de logis flanqué de deux ailes. Une quinzaine d'hommes en armes envahirent la cour. Un jeune officier, accompagné de deux notaires requis pour l'occasion, tambourina à la porte de l'hôtel. Un domestique réveillé brutalement eut à peine le temps d'ouvrir la bouche. La troupe se retrouva en un éclair au premier étage, où dormait le maître des lieux.

« Monsieur de La Chalotais, je suis ici au nom du roi et vous informe que vous êtes aux arrêts et devez me suivre.

— Qui est-là ? Qui donc êtes-vous ? À la garde ! À moi ! »

Louis René de Caradeuc de La Chalotais se leva prestement, fit le tour de son lit, comptant les intrus et se frottant les yeux pour être sûr qu'il ne rêvait pas.

« Qui es-tu, morbleu, pour prétendre mettre aux arrêts le procureur général de Bretagne !?

— Je suis celui mandé par le commandant de Bretagne ! Au nom du roi ! Et, je vous le répète, la volonté du roi est que je vous mette aux arrêts !

— Aux arrêts ? Maudit chien ! À moi ! Mes amis, à moi ! »

Mais personne ne vint. Les domestiques, qui eux aussi avaient été brutalement tirés du sommeil, furent priés de se regrouper dans les cuisines. À l'étage supérieur, on entendit tout un remue-ménage. La même scène s'était produite dans la chambre où dormaient Raoul de Caradeuc et sa femme Marie de Coëtmen. Le fils du procureur général fut emmené sans ménagement au premier étage, où il retrouva son père sur le palier. Une femme cria. Le procureur général, sidéré, était prostré, debout. Raoul de Caradeuc entra dans une grande fureur.

« Bande d'assassins ! Vous paierez cher cette infamie ! Comment osez-vous vous en prendre à ma pauvre femme qui est grosse !? Je tuerai cet Aiguillon de mes mains. Lâchez-moi, bougres d'ânes ! Lâchez-moi ! »

Il fallut trois soldats pour le maintenir fermement et l'entraîner jusqu'au rez-de-chaussée. Deux autres encadraient son père. La porte d'entrée était grande ouverte sur la cour. À l'extérieur, une haie de dragons rendait toute fuite impossible. L'officier fit face au procureur général.

« Nous quittons immédiatement la ville. Ne faites rien ! Ne touchez plus à rien ! Les notaires qui m'accompagnent placeront les scellés.

— Vous n'êtes qu'un scélérat ! Voilà comment le roi traite les plus fidèles de ses serviteurs, se lamenta Louis René de Caradeuc de La Chalotais. Mais qu'allez-vous donc faire de nous ? Où nous menez-vous ?

— Là où Sa Majesté l'a décidé.

— Je veux embrasser les miens, avant toute chose.

— Il n'en est pas question. Ordre du roi.

— J'exige de voir cet ordre, s'il existe ! Je ne quitterai pas ma demeure sans avoir vu de mes yeux le document.

— Sacrebleu ! L'attelage est là, et vous y monterez de gré ou de force ! Vous êtes aux arrêts et n'avez plus rien à exiger. »

Deux heures après minuit, une cinquantaine de dragons s'ajoutèrent au convoi, qui quitta précipitamment la ville. Le lendemain, un marchand raconta que l'impressionnant cortège avait été aperçu dans les chemins boueux qui menaient à Lamballe.

À la fin du troisième jour, au terme d'un voyage sans repos, Louis René de Caradeuc de La Chalotais et son fils passèrent leur première nuit derrière les murs épais du fort du Taureau, assailli par de hautes vagues au milieu de la baie de Morlaix.

La nouvelle traversa la Bretagne en un éclair. À Fougères, plusieurs familles de la noblesse se retrouvèrent à l'hôtel de La Bélinaye. Des attelages se succédèrent, conduits par des cochers qui avaient reçu l'ordre de ne pas perdre de temps. L'heure était grave. Le gendre d'Armand de La Bélinaye, Sébastien de Moëlien, raconta le transfert du procureur de La Chalotais et de son fils au fort du Taureau.

« Il n'y a là-bas que dix casemates humides d'où l'on voit à peine le jour. Croyez-moi, de cette prison, on ne s'échappe pas. On les traite comme les pires des criminels.

— Et les autres ? interrogea le vicomte, dont la voix forte était soulevée par la colère.

— L'un dort à la prison de Nantes, et les deux autres dans les geôles du Mont-Saint-Michel !

— La cage de fer ! Ils vont finir dans la cage de fer ! hurla le jeune Armand, au comble de l'émotion.

— Monsieur, n'interrompez pas votre oncle ! »

De rage, le vicomte de La Bélinaye vouvoyait son petit-fils.

« Moëlien, continuez !

— Nous tous, les magistrats démissionnaires, avons reçu ordre de quitter Rennes.

— Et Kersalaün ? Avez-vous de ses nouvelles ? Je crains qu'ils ne l'emmènent je ne sais où ! Le roi est-il devenu fou ?

— Le souverain est aveugle et n'entend que les soutiens de l'infâme Aiguillon qui, d'ailleurs, n'est pas à Rennes en ce moment, car c'est un lâche, oui, un lâche de la pire espèce ! »

Armand était prostré, en colère, mais pour une autre raison : on ne l'écoutait pas ! Il pensa à Jean Euzenou de Kersalaün, qui dormirait peut-être bientôt dans les cachots du Mont-Saint-Michel, à l'instar de Charles de Kerléan, l'ami de Sans-Chagrin. L'affreux gardien Touffer lui jetterait sa pitance comme à un chien.

Chez les La Bélinaye, ces événements vinrent noircir une atmosphère déjà lourde. À la mi-mars, la famille s'était agrandie du fils de Charles et d'Anne de Miniac. Mais cette dernière avait beaucoup souffert au moment de la naissance. Des médecins avaient été appelés à Saint-Christophe-de-Valains, et Anne de Miniac, qui n'avait que vingt-trois ans, avait rendu son dernier souffle le 3 juin.

Le benjamin des La Bélinaye, âgé de dix-sept jours, avait été confié à la famille de sa mère. La vicomtesse Marie-Thérèse Frain de La Villegontier avait sombré dans une profonde mélancolie. Armand de La Rouërie avait juré à son grand-père d'aller soutenir l'oncle Charles, qu'il imaginait éploré dans sa résidence parisienne.

23

1766. Armand boudait, l'œil noir. Il venait d'avoir quinze ans et était arrivé à Versailles muni de son brevet d'officier enseigne payé par sa famille. Il portait aujourd'hui le bel habit bleu aux parements rouges, mais rien ne se passait comme il l'avait imaginé.

Dès les premiers jours, il s'affirma face à d'autres enfants de la noblesse dont certains semblaient peu faits pour commander une troupe. Ceux-là lui rappelaient une réalité qui l'empêchait de jouir pleinement de son rang : à leur image, il devait son brevet d'enseigne au seul privilège de sa naissance. Pour mieux l'oublier, il les méprisa, préférant la compagnie de soldats arrivés là pour avoir fait leurs preuves dans des régiments d'infanterie.

« Je veux mériter mon rang, répétait-il à Charles et à Maurice, ses oncles officiers. Je veux me battre. Je veux commander des hommes. Et sans attendre !

— Apprends à tenir ton feu, ta lame et ton cheval, le reste viendra bien assez vite, répondait le sage Maurice lors de leurs longues chevauchées dans la vieille forêt de Laye.

— Mais mon cheval doit connaître le combat !

— Il t'emmènera au feu si tu le lui demandes et s'il a ta confiance. Tu gagneras avec lui ou mourras avec lui.

— J'ai déjà sa confiance ! En doutez-vous, monsieur ?

— Souffres-tu quand il souffre ? Ton ordre est-il clair et juste ? Le frappes-tu lorsqu'il ne fait pas ce que tu attends de lui ?

— Oui, s'il ne m'obéit pas !

— C'est que tu n'as pas su lui parler.

— Mais s'il ne m'écoute pas ?

— Écoute-le si tu veux qu'il t'écoute ! »

Il apprenait vite, et bien des officiers louaient ses talents.

« Un esprit brillant, fait pour le commandement, avait noté un lieutenant.

— Mon neveu, que j'ai formé, et qui suit ma route ! » répondait Charles, presque jaloux qu'on puisse soupçonner Armand de qualités supérieures aux siennes.

Ce dernier fulminait : il comprit assez tôt que, si la vie à Versailles et à Paris s'annonçait joyeuse, son régiment passerait plus de temps à la parade qu'à combattre l'Anglais. Il s'ennuyait déjà dans les gardes-françaises !

Ce jour du mois d'avril 1766, Armand était de fort méchante humeur. La veille, son seul fait d'armes avait été de garder la sortie et l'entrée du roi devant la troupe alignée en bataille sur trois rangs ouverts. Et les dix jours précédents, il s'était contenté d'attendre sa garde. Charles de La Bélinaye décida de l'emmener dans un cabaret de la Courtille.

« Quand vais-je enfin me battre ?

— Te battre ? Mais dans un instant ! La plus belle fille de chez Ramponneau s'apprête à t'apporter une magnifique tête de veau que tu vas attaquer ! Par le nord ! Par le sud ! Par les flancs ! Ton pichet est vide ! Que l'on serve mon neveu jusqu'à plus soif ! »

D'un rire bruyant, Charles fit tourner les têtes. Le Tambour royal était un cabaret de la rue Saint-Maur, tenu par Jean Ramponneau. Il en avait fait l'une des tavernes les plus fameuses de la capitale. Nobles et bourgeois y oubliaient assez vite les convenances.

Un garçon se précipita avec deux pichets. Il n'eut pas le temps de les poser sur la table que le maître des lieux les lui prit des mains.

« Mes amis de Bretagne, qui donc vous a laissés le gosier sec ? Je m'en vais réparer cet affront !

— Armand, sois fier de te faire servir par le plus célèbre des cabaretiers de Paris ! »

À l'annonce de ces mots, Charles s'était levé, invitant Armand à l'imiter, pour saluer leur hôte.

« Monsieur Ramponneau, marquis de la rue Saint-Maur, vous avez devant vous l'un de nos futurs chefs de guerre, et probablement le premier d'entre eux : monsieur le marquis Armand Tuffin de La Rouërie !

— Qu'à cela ne tienne ! Qu'on serve à ces messieurs le meilleur de mon vin ! »

Joignant le geste à la parole, le maître des lieux, dans une charge homérique, tendit un pichet à l'oncle, un deuxième à son neveu et brandit le troisième sous le nez de ce dernier.

« Buvons ! Oui, buvons ! Et vous, monsieur, d'abord ! » lança-t-il d'un air de défi.

Ramponneau, qui avait du métier, fut le seul à ne pas boire. L'œil ironique, la carrure généreuse, il imposait sa présence sans retenue par une faconde étourdissante. Armand ne commencerait pas sa campagne parisienne en capitulant. Bien décidé à ne montrer aucune faiblesse, il s'exécuta, avalant d'une traite le pichet jusqu'à la dernière goutte. Quand il le posa sur la table, il faillit chavirer. Les yeux écarquillés, il tint bon malgré le retour de flamme. Son oncle loua l'exploit à la cantonade :

« Voici un solide gaillard que Paris va apprendre à connaître ! »

Le lieutenant Charles de La Bélinaye était en terrain familier au cabaret de la rue Saint-Maur. Ici, on ne venait pas pour se battre, mais pour s'encanailler. Ce soir-là, sous sa conduite, ce fut pour La Rouërie un baptême du feu.

« Figurez-vous, monsieur Ramponneau, que mon neveu s'ennuie d'être chez le roi !

— Je ne me lasse pas d'être dans les régiments du Roi, mon oncle ! »

Le garçon ne put cacher son irritation, ce qui amusa Charles.

« Je me languis de ne pas me battre, à faire le beau avec des coquins en uniforme qui n'ont jamais commandé au combat comme je l'ai fait, moi, avec mes soldats dans la forêt de Bazouges. Et contre des Anglais !

— Jeune présomptueux, les guerres arriveront bien assez vite, crois-moi ! Et ce sera autre chose que de courir la forêt de Bazouges ! N'oublie pas : à Versailles et à Paris, ce qui est pris n'est plus à prendre. Et il y a beaucoup à prendre par ici ! »

Cela dit, Charles balaya des yeux la foule du Tambour royal, guettant quelque bourgeoise prête à croiser son regard. Et il y en eut. Armand nota d'ailleurs que lui-même n'échappait pas aux œillades féminines. Il en fut délicieusement troublé. Une femme d'âge mûr aux longs cheveux bruns ramassés en un chignon soigneux lui fit un signe de la main, comme pour l'inviter à y poser un baiser. Il oublia son humeur fumeuse, la fixa longuement et lui répondit par un salut marqué de la tête. « Elle s'offre à moi, se dit-il, oui, elle s'offre à moi ! » Ce Paris qu'il connaissait mal lui parut tout à coup fort attrayant.

Jean Ramponneau ne rata rien de la scène et fit prestement tourner les pichets. Il venait de gagner un client fidèle, un de plus. Il l'invita alors à admirer au mur une énorme fresque représentant le patron des lieux en Bacchus, le dieu du Vin. Un Bacchus dont la face réjouie était en effet très similaire à celle de Jean Ramponneau, qui lut à l'adresse de son interlocuteur la phrase qui ornait la fresque :

« "Voyez la France accourir au tonneau qui sert de trône à M. Ramponneau." Vous voyez, monsieur, ici aussi vous êtes chez un roi ! »

Cette fois, Armand rit de bon cœur, trinquant de nouveau au deuxième pichet, puis encore au troisième. Charles de La Bélinaye avait à qui parler.

« Que veux-tu découvrir à Paris ?

— Tout. Je veux tout faire. Je veux tout voir. Tous ceux-là vont apprendre à me connaître, en effet ! »

Guilleret, il avait parlé en se redressant, bousculant au passage un jeune aristocrate qui se levait lui aussi de la table voisine. Armand n'eut pas le temps de s'excuser, l'autre s'approcha de lui.

« Monsieur ? Je n'ai pas l'honneur de vous avoir été présenté ! Et si je dois justement vous entretenir, précipitons les choses avant que votre esprit ne soit trop embrumé…

— Avant que quoi ? Qu'avez-vous dit, monsieur ? Pourquoi prétendez-vous que mon esprit est plus embrumé que le vôtre ?

— Il me semble que vous titubez ?

— Que je titube ? Je crois plutôt que je viens de vous empêcher de vous rouler par terre, tellement vous êtes ivre ! »

L'autre blêmit. Apprêté, l'œil moqueur sous un petit chapeau marron, il était presque aussi grand qu'Armand. Les deux hommes qui l'accompagnaient tentèrent bien de le rasseoir, mais trop tard, il glissa et tomba à genoux. Le marquis de La Rouërie partit alors dans un grand rire, sentant monter en lui l'ivresse du combat. Le premier qu'il mènerait à Paris !

Au même moment, Charles avait vu son attention détournée par Jean Ramponneau, qui tenait à lui présenter un marchand de vin de la Courtille avec qui il était en affaires. Ils eurent juste le temps de s'écarter pour ne pas tomber ensemble sous les deux hommes qui venaient de se jeter l'un sur l'autre. Ils roulèrent à terre et, très vite, La Rouërie prit le dessus. Assis sur son adversaire, il empoigna le col de sa chemise et s'apprêtait à lui porter un vigoureux coup de poing quand son bras fut arrêté net par Charles.

« Halte-là, mon neveu ! Ici, on ne se bat point ! »

On sépara les deux assaillants. L'homme au tricorne marron, solidement maintenu par les siens, voulut reprendre le combat.

« Nous nous retrouverons, lâcha-t-il, vous paierez l'affront. »

Titubant, Armand tenta de répondre :

« Revenez-y si vous voulez goûter la lame d'un officier du roi ! »

Charles, fermement, imposa le silence. Les cabarets ne manquaient pas de mouchards prêts à renseigner les commissaires. Et les choses pouvaient mal tourner si le sang coulait.

« Arrière ! Allez, monsieur !

— Mon oncle, je veux me battre, bafouilla-t-il, gagné par l'ivresse.

— Que diraient mes sœurs à te voir ainsi rouler aux pieds de M. Ramponneau ? »

À nouveau, Charles éclata de rire, et son neveu devint grave. Une pensée lui traversa l'esprit : et s'il avait blessé à mort son adversaire ? Bien qu'enseigne aux gardes-françaises, il aurait pu finir dans les geôles du Mont-Saint-Michel. Il songea au chevalier de Kerléan, qui y avait passé sa vie sur ordre du roi. Une angoisse sourde s'empara de lui, qu'un nouveau pichet aurait pu calmer. Mais Charles veillait : il paya son dû et entraîna son neveu hors du Tambour royal.

Ils marchèrent longuement dans des rues sales et boueuses. Sur des pavés glissants, ils croisèrent des pochetrons qui quittaient les cabarets après onze heures du soir – des enfants perdus et des pauvres traînant leur misère.

« Paris est un lieu de fête, mais ne te laisse pas griser, Armand, confia Charles, songeur. Ici, la mort est chez elle, de nuit comme de jour. Sois toujours sur tes gardes. La vie peut être courte. »

En Bretagne, cheminant le long du Couesnon sur ses terres du Bois-le-Houx, le vicomte Armand de La Bélinaye pensait souvent à son petit-fils. Un tel caractère pouvait faire un grand soldat. Pourtant, l'aïeul était généralement soucieux. Qu'allait devenir à Paris ce jeune homme sous l'influence de son oncle ?

Le soir, dans le sombre château, le vicomte de La Bélinaye s'en ouvrait parfois à la vicomtesse, guettant une parole de réconfort. Mais l'austère Marie-Thérèse Frain de La Villegontier ne rassura jamais son époux. Bien au contraire, sa santé fragile nourrissait en elle de noirs présages. Cet enfant était de mauvaise graine, répétait-elle, un garçon trop insouciant quoique bon. Et qu'allait-il encore inventer sous la conduite de « notre Charles » ? Tout cela finirait dans le chaos. Les semaines succédaient aux semaines. Elle ne changea jamais d'avis, s'affaissant jour après jour. Elle mourut un soir d'octobre, veillée par son aînée Renée jusqu'à son dernier souffle.

Bois-le-Houx s'enferma dans le deuil.

24

Les casemates de la forteresse de Saint-Malo étaient aussi froides et humides que les cachots du fort du Taureau, mais elles avaient l'avantage d'être à deux pas du port. Quelques restaurateurs de la ville y apportaient parfois de copieux repas, livrés jusque dans les cellules, quand le prisonnier pouvait les payer.

L'enfermement du procureur général de Bretagne avait agité la province. Et lorsqu'il avait quitté le rugueux fort de la baie de Morlaix, en février, la nouvelle de son transfert était arrivée à Saint-Malo bien avant lui. Emprisonné au château, s'il trouvait alors de quoi améliorer son ordinaire, il ne parvenait pas à calmer sa fureur. D'une prison à l'autre, il avait perdu son sens de la retenue, et les geôliers devaient subir ses redoutables colères, que l'on se racontait sur le port. Plus d'un badaud passant près du domaine tendait l'oreille pour tenter d'entendre les hurlements de La Chalotais.

Pendant ce temps, à Versailles et à Paris, Armand écumait les cabarets. Il fréquentait aussi les lieux de haute tenue où les grands esprits se retrouvaient pour philosopher et commenter les affaires du royaume. Aux fossés Saint-Germain, le Procope était un de ces endroits courus dans lesquels Charles de La Bélinaye aimait se montrer. C'est là que l'oncle et le neveu rencontrèrent, le septième jour de mai, le sévère comte de Canisy, guidon des gendarmes du roi.

Charles de Carbonnel de Canisy était un homme fier, redoutable à l'épée, cavalier hors pair ; un esprit affûté, au regard dur comme la pierre ; un chasseur exemplaire, que Charles de La Bélinaye, plus jeune que lui de six années, avait suivi sur ses terres normandes de la Paluelle, à Saint-James, Saint-Benoît et Montjoye. À ses côtés, il avait appris à mener au gibier une guerre féroce qui lui avait donné le goût du sang.

Quand Armand Tuffin de La Rouërie rallia les régiments du Roi, le comte de Canisy trouva une bonne raison d'être le premier à le saluer.

« Tuffin ! Tuffin, des marches de Bretagne et de Normandie ! Armand Tuffin de La Rouërie, cousin d'Anne ma bien-aimée, Versailles est fier de te recevoir… »

Accueillant Armand devant l'auberge, il avait ôté son chapeau, ajusté sa perruque et fait claquer ses bottes sur le pavé. L'allure du comte de Canisy impressionna le garçon, tout comme cette pointe d'émotion qu'il crut déceler quand Canisy évoqua sa chère épouse, Anne : Anne, fille de Gervais Tuffin de La Rouërie, seigneur de Villiers-le-Pré, et cousine du père d'Armand, décédée quelques mois après son mariage. C'était donc un parent éploré et bienveillant qui recevait Armand, tout autant qu'un cousin au regard dur, qui témoignait d'une âme furieuse et intraitable. Le jeune La Rouërie comprit immédiatement qu'en rencontrant le comte de Canisy, il se rapprochait d'heures sanglantes. Il en eut un frisson d'excitation.

Depuis le 3 mai, les grands esprits et les fines lames qui se croisaient au Procope ne parlaient que de la cruauté du roi. La justice venait d'être rendue. Les têtes s'échauffaient, sidérées par la dernière condamnation du parlement de Paris.

« La mort ! s'exclama Charles de La Bélinaye. La mort ! Qu'a donc commis ce fier soldat pour mériter un tel sort ?

— La mort, place de Grève ? Mais c'est un honneur ! lâcha Canisy, plein de froide ironie.

— Après Lally-Tollendal, qui nous dit que ce ne sera pas le tour de La Chalotais ? s'inquiéta Charles de La Bélinaye.

— Que dites-vous, mon oncle ? Le roi a condamné à mort le baron de Lally-Tollendal ?

— Il y a de cela quatre jours ! Tu ne le savais pas ?

— Non, mes officiers m'ont bien parlé de ce procès, mais je n'en connaissais pas l'issue.

— Eh bien, il vivra demain son dernier jour. Le matin suivant, il aura la tête tranchée en place de Grève !

— Quel est donc son crime ?

— Il paie d'avoir capitulé à Pondichéry, coupa Canisy. Les intérêts du roi ont été noyés sous la canonnade anglaise, voilà ce qu'il paie.

— Ce n'est pas tout, ajouta Charles de La Bélinaye, en fixant son neveu qui s'impatientait d'en savoir plus. Il s'en est pris à ses officiers, et même à ses troupes qui n'avaient plus de quoi se nourrir.

— Si cela est vrai, Lally-Tollendal était un bien mauvais chef, soupira Armand.

— C'est un despote qui n'a pas su se faire aimer de ses chevaliers et qui s'est cru imbattable ! Un monstre d'orgueil, incapable d'emmener ses soldats au combat ! ajouta Canisy, le visage fendu d'un sourire carnassier. Un despote dont la tête roulera bientôt sur le pavé, à tes pieds, Armand ! »

La Rouërie eut un mouvement de recul. Jamais encore il n'avait vu un homme mourir sous une lame. Le moment était-il venu ? Il réprima un frisson d'effroi. « Un soldat ne peut craindre le sang », se dit-il.

« Tu prends ta garde chez le roi dans quatre jours, poursuivit Canisy. Tu as mieux à faire que de courir les cabarets. Vois l'histoire s'écrire place de Grève ! Vois le sang ! Vois ce que deviennent les mauvaises têtes !

— Nous irons ensemble, décida La Bélinaye.

— Tu verras la lame de justice à l'œuvre, continua Canisy, jetant à Armand un sourire cruel.

— Mais est-ce la justice ? soupira Charles, comme s'il en doutait.

— C'est la volonté du roi, trancha Canisy.

— La tête de Lally-Tollendal pourrait bien indisposer Sa Majesté, insista La Bélinaye. Cette condamnation est-elle le choix d'un puissant monarque ou celui d'un roi faible et fatigué ? »

Canisy, surpris, prit le temps de répondre :

« C'est l'orgueil d'un roi ! »

Le regard d'Armand sautait de l'un à l'autre, son oncle, puis Canisy, guettant leurs paroles, cherchant à comprendre la gravité du moment. Il pensa à La Chalotais et à Kerléan, cloués au cachot par la seule volonté d'un monarque.

« Sa Majesté peut sûrement se tromper, osa-t-il, sa justice peut être... »

Il hésita.

« ... bien injuste. Ne croyez-vous pas ? »

Le jeune La Rouërie eut sa réponse le surlendemain, jour funeste où pâlit l'éclat de la grandeur royale. Au petit matin de ce 9 mai 1766, une calèche s'arrêta à l'entrée du chantier Sainte-Geneviève. Soufflot avait promis d'y construire la plus belle église de Paris, et les curieux étaient nombreux à venir admirer les fondations ainsi que les premiers rangs de pierre taillée qui s'élevaient vers le ciel. Charles de La Bélinaye et son neveu descendirent de leur berline, accompagnés du comte de Canisy. Ils prirent le temps de découvrir l'édifice en construction. Néanmoins, Armand avait l'esprit ailleurs. Ce matin, un soldat s'apprêtait à mourir, non pas sur le champ de bataille mais comme un criminel, la tête tranchée après des mois à la Bastille, coupable selon le roi d'avoir trahi ses intérêts. Il imaginait le comte de Lally-Tollendal prostré, dans l'attente d'être mené jusqu'au bourreau. Comment un lieutenant général, grand-croix de Saint-Louis, avait-il pu en arriver là ?

Ils rejoignirent la Seine, traversèrent le Pont-Neuf et gagnèrent la place de Grève, où la populace affluait. Il y en avait jusqu'aux fenêtres, certains ayant loué à l'avance les meilleures places. Des gardes à cheval avaient encerclé l'échafaud. Charles, Armand et Canisy fendirent la foule jusqu'à un rang d'officiers situés derrière les gardes. On se pressait pour approcher le lieu du supplice. Une bousculade entraîna l'intervention vigoureuse des soldats. Le jeune La Rouërie remarqua les regards figés de son oncle et du comte de Canisy. Ils semblaient glacés par le vent d'ivresse qui agitait le peuple amassé.

« Eux savent ce qu'est le sang qui coule », se dit Armand, gêné de se sentir lui aussi fasciné par ce qui allait suivre.

Le brouhaha cessa d'un coup. On entendit le cliquetis des sabots. Le convoi se dirigeait vers l'échafaud, mais on ne le distinguait pas encore. Armand entraperçut les premiers chevaux, suivis d'un carrosse drapé de noir. C'était la mort qui approchait. Un lourd silence envahit la place de Grève, seulement troublé par le grincement de la porte du carrosse. Un ordre claqua. Une rumeur se répandit alors : un homme s'avançait, solidement encadré. Quand il gravit les quelques marches de l'échafaud, son visage bâillonné et rendu aveugle frappa les esprits. Voulait-on le faire taire ? Il était grand, chauve, et sa chemise déchirée ne cachait plus son cou, pour faciliter la tâche au bourreau.

« Ce Lally-Tollendal est un homme de fer, pensa Armand, et la poigne du roi va l'étreindre jusqu'à son dernier souffle. »

« Mauvais Sanson ! » lâcha Charles de La Bélinaye, en apercevant le maître exécuteur vêtu de son manteau rouge sang.

On fit agenouiller le supplicié, un bandeau toujours sur les yeux. Mais ce ne fut pas le bourreau qui se saisit de la lame. Son fils, appelé à lui succéder comme il avait lui-même succédé à son père, s'approcha pour faire la besogne. Il leva l'épée. Elle retomba en provoquant des cris de stupeur : le fils Sanson venait de rater son ouvrage. La lame avait violemment frappé la tête du condamné, lui arrachant quelques dents et un long gémissement de souffrance. Il y eut sur l'échafaud un mouvement inhabituel. Le rouge sang du manteau du maître exécuteur tournoya sur les planches. Il s'empara du couperet qui tomba à nouveau et acheva le travail. La foule hurlait, de surprise et sans doute aussi de colère.

« Bougre d'âne », souffla Canisy alors que Charles de La Bélinaye clamait son indignation.

Armand était blême. S'il n'avait pas vu la lame trancher le cou du supplicié, il apercevait maintenant le sang car, devant lui, les gardes s'étaient écartés, frappés eux aussi de stupeur.

« Est-ce cela, la justice d'un roi ? se dit-il à haute voix.

— Ce n'est sans doute pas ce que voulait le souverain, répondit Charles, songeur. Le pouvoir absolu se croit en mesure de décider de tout mais est parfois bien aveugle. »

25

Depuis l'incendie de l'Opéra du Palais-Royal trois ans plus tôt, l'Académie de musique avait trouvé refuge aux Tuileries, dans l'ancienne salle des Machines. On allait y jouer *Silvie*, un opéra de La Garde adapté par Laujon, le chansonnier-poète. La représentation inaugurale l'année précédente avait été donnée à Fontainebleau devant la famille royale éplorée – le dauphin n'avait plus que quelques semaines à vivre.

Lors du spectacle, Charles de La Bélinaye tint son rang, gilet de casimir soigneusement ajusté, l'un de ces nouveaux chapeaux ronds de feutre noir coiffant une fine perruque. Il arriva là comme on entre en scène, balayant des yeux son public, pointant du doigt ses connaissances.

On l'écouta, on rit, on le regarda, mais on lui résista aussi. Et celle qui lui résista fut justement celle qu'il était venu conquérir : Sophie Arnould, la sulfureuse cantatrice qui ne lui adressa aucune œillade, pas même un geste de mépris. Aimée autant que détestée, elle était au cœur de quelques scandales et n'avait que faire de ses admirateurs d'un soir. Il revint, mais subit encore l'affront de l'indifférence.

« Cette Sophie Arnould n'est qu'une mégère, trancha La Bélinaye à l'adresse du marquis de Lozier, qu'il croisait souvent dans ses aventures galantes.

— Monsieur de La Bélinaye, vous voilà joliment cocu ! pouffa Lozier.

— Sa vie dissolue explique cette inconstance !

— Depuis quand, monsieur, avez-vous à ce point en horreur les mœurs des catins ?

— Que Mme Arnould vaque à ses occupations, je connais des nymphes qui sauront me la faire oublier ! »

Son orgueil blessé fit même dire à Charles de La Bélinaye que plus jamais on ne le verrait à l'Opéra. C'était évidemment inimaginable.

« L'Opéra attire les plus belles femmes de Paris, ricana Lozier. Me laisserez-vous seul au milieu de la bataille ?

— Je mourrai au combat !

— Après moi, mon ami.

— Mlle Avenaux ne m'émeut point, Mme Larrivée chante si bien l'amour, mais son mari la suit pas à pas. Que me reste-t-il à part les quelques grâces que j'ai vues courir sur scène ?

— Mais Vulcain, mon ami ! Il pourrait vous saisir de son fer rougeoyant, poursuivi par ses forgerons ! »

Lozier en pleurait. Une moue pleine de dédain de Charles lui répondit. Arriva la troisième représentation. L'ingrate Sophie Arnould, vexée, décida de tout arrêter quand elle comprit que *Silvie* aurait bien du mal à convaincre ses spectateurs. Elle laissa son rôle à une artiste encore inconnue.

Charles descendit de sa berline, accompagné de deux marquises. Le silence se fit, et Silvie survint. Charles de La Bélinaye fut alors surpris de voir apparaître une femme beaucoup plus jeune que la sulfureuse cantatrice. Il concentra son attention sur les premières notes chantées d'une voix d'or, pleine et sensuelle. Saisi, il en oublia ses voisines, et son livret lui tomba des mains. Il se précipita pour le retrouver et faillit s'allonger aux pieds de ses compagnes.

L'une d'elles lui prit le bras et, le regard aguicheur, détacha chaque syllabe :

« Son nom est Hen-ri-ette-A-dé-la-ïde Vil-lars, vous n'avez donc pas appris votre livret, monsieur de La Bélinaye ? »

Elle pouffa et il tendit le bras pour imposer le silence, mais plus personne ne chuchotait. Quand Amintas chanta son amour pour Silvie, il en eut les larmes aux yeux et fut à deux doigts de bondir sur scène pour prendre sa place !

Il courut jusqu'à la loge de la jeune cantatrice. Ce soir-là, elle fut inaccessible. Il revint le lendemain et put enfin s'adresser à elle :

« Madame…

— Monsieur ?

— Madame, vous m'avez… Vous êtes…

— Tenez-moi ce châle, que je respire ! Bougez donc, monsieur, que j'entre dans ma loge. Allons, bougez ! Bougez ! »

Elle avait jeté nonchalamment la pièce d'étoffe sur l'épaule de son admirateur. Il resta coi, planté devant la porte, abasourdi qu'une si jeune femme lui parle comme à son domestique. Dans sa robe blanche et légère, les cheveux en bataille, elle était divine. Il était conquis.

« Qu'on m'apporte à boire ! lança-t-elle.

— Voilà », s'empressa-t-il.

Il avait saisi prestement une carafe des mains d'une servante qui passait par là. Elle but généreusement et s'arrêta soudain, plantant ses grands yeux turquoise dans les siens et lui caressant le visage d'un doigt furtif. Plus rien alors ne compta pour lui que d'aimer Henriette-Adélaïde Villars.

Il revint chaque soir, prit soin de son châle et lui servit à boire. Étourdie par le succès soudain, sous le feu des remarques jalouses de Sophie Arnould que le public avait déjà oubliée, Henriette-Adélaïde Villars, surnommée « Beaumesnil », trouva en Charles de La Bélinaye un appui solide. On la disait maîtresse de M. de Stainville. Charles la couvrit de fleurs, elle le jugea charmant, ils s'aimèrent discrètement, et Lozier perdit son compagnon de soirées libertines.

Si Charles de La Bélinaye faisait parler de lui, on parlait tout autant de son double, un jeune homme raffiné et élégant qui le suivait pas à pas dans les plus beaux cabarets. Au café de Foy, rue de Richelieu, on comptait déjà les conquêtes d'Armand de La Rouërie, digne représentant du blason familial. Son oncle, menant secrètement ses affaires mais ayant son neveu à l'œil, s'était bien gardé de l'informer de sa relation intime avec la Beaumesnil.

Une information lui arriva aux oreilles. Un commissaire croisé au café de la Régence lui rapporta ce que des inspecteurs avaient eux-mêmes vu quelques jours auparavant rue Vieille-du-Temple : des officiers s'étaient battus. L'un d'eux, enseigne aux gardes-françaises, avait frappé des jeunes bourgeois qui traitaient ses soldats de pourceaux. Il avait ensuite glissé des pièces dans les poches d'un lieutenant de police pour classer l'affaire.

« Mon neveu se croit encore le cul dans les marais du Couesnon », avait ri Charles de La Bélinaye, avant de s'inquiéter qu'Armand ne commette un acte irréparable aux lourdes conséquences.

Au mieux avec le commissaire, il avait agi de sorte que le dossier soit clos.

« Tu cherches des belles ? Tu veux des fleurs, des danses ? Rejoins-moi à l'Opéra ! »

Dès le lendemain, Charles de La Bélinaye et Armand gravirent les marches des Tuileries après des heures passées à la Régence.

« Mon oncle, vous m'avez dit avoir trouvé cette *Silvie* ennuyeuse à mourir. Auriez-vous changé d'avis ? Je m'ennuie déjà bien assez à Paris.

— Eh bien, soit ! J'ai changé d'avis. Depuis que la désastreuse Sophie Arnould a quitté la scène, j'ai repris goût aux ballets. Mlle Villars est… un ange ! Et tu seras mieux là qu'à marauder avec les barboteuses du marché Maubert !

— Un ange ? »

Armand éclata de rire.

« Un ange ou un démon ? Aurait-elle volé votre âme ? L'auriez-vous déjà déflorée au fond de sa loge ? »

Mais l'oncle avait la tête ailleurs. Il délaissa son neveu dès que Silvie apparut, pensant à leurs retrouvailles, chez elle, quelques heures plus tard. Armand, qui ignorait toujours les liens qui unissaient la jeune cantatrice et Charles, ne dit mot de tout le spectacle. La musique l'apaisait, les chants le transportaient, et il oublia son ennui. Lors des cours de danse dans les demeures bretonnes, on louait son élégance. Était-il fait pour être soldat ou artiste de ballet ? Il fut pris d'un doute devant Silvie, dont il ne parvenait pas à détacher les yeux. Elle était si jolie dans sa robe de taffetas rococo qui soulignait ses hanches. Ses cheveux blond soleil flottant sur son corset donnaient à son visage un petit air sauvage qui le bouleversa. Oui, c'était un ange ! Il n'eut plus qu'une idée : revenir.

26

Dans l'étroit couloir qui descendait aux loges, on courait comme à la guerre. Armand bouscula deux bourgeois qui hurlèrent, tâta l'épaule d'une nymphe en la priant de s'écarter et fit tomber le marteau d'un forgeron furibard. Mais la porte d'Henriette-Adélaïde Villars lui claqua au nez. Pour la franchir, il fallait être attendu, ou au moins désiré. Armand n'était ni l'un ni l'autre, et la scène se répéta plusieurs soirs de suite.

« Qu'elle me voie ! Qu'elle me regarde ! Suis-je une ombre ? Est-elle intouchable ? C'est un feu follet ! »

Il avait crié ces paroles en poussant devant lui les idiots qui chahutaient pour approcher la Beaumesnil.

Quand il rejoignait ses hommes, de Paris à Versailles en passant par Meudon, où l'on faisait boire les chevaux, il trépignait. Il en voulait au roi, qui n'en finissait pas d'aller et venir. Armand n'avait que faire des pérégrinations royales : il aimait !

Il retrouva l'ivresse des ballets un jour froid de janvier, bien décidé à s'introduire dans la loge, ou à se jeter dans la Seine pour s'y noyer ! L'entretien fut bref :

« Dehors !

— Mademoiselle, je...

— Monsieur, dehors ! »

La Beaumesnil était face à lui, bouleversante mais pâle de rage. Il ne put rien ajouter, rien tenter. Elle hurlait :

« Monsieur, déguerpissez !

— Mademoiselle...

— Qu'importent vos fadaises ! Dehors ! Dehors ! »

Humilié et pressé, il faillit frapper le sbire qui gardait les loges avant de se raviser : si les choses tournaient mal, il n'aurait plus aucune chance d'approcher sa belle. Armand quitta les Tuileries tête basse. Il franchit la Seine par le Pont-Neuf. L'air était glacial, et il oublia bien vite de se jeter à l'eau.

« Bourrique ! Foutue bourrique ! »

Au milieu du pont, il avait crié. Pourquoi pensait-il alors à Marie ? Était-ce la pauvre mendiante de Fougères cachée dans le corps de la cantatrice qui se refusait à lui ? Et si Marie était Adélaïde ? Alors, la guerrière lui tiendrait tête jusqu'à la mort !

« La même rage… soupira-t-il. Marie, foutue bourrique, que dois-je faire ? »

Au bord des larmes, il se reprit : un officier du roi ne pleure pas pour avoir été éconduit, il se relève !

« Jolie bourrique, je t'aurai ! Je boirai mon sang ! »

Un groupe de badauds qui devisaient sur le pont s'écarta en le voyant tournoyer sur lui-même, hurlant, le poing levé. Le jeune officier semblait comme fou quand, au même moment, la Beaumesnil sortait des Tuileries. Une main tendue l'aida à monter dans une berline. La calèche fila vers la rue Saint-Honoré. À l'intérieur, Charles de La Bélinaye, voyant sa belle irritée, lui caressa la joue. Elle eut un geste de recul.

« Tous ces hommes ne sont que des idiots, lâcha-t-elle. M'ont-ils seulement écoutée ?

— C'est parce qu'ils vous ont écoutée qu'ils vous aiment, Adélaïde.

— Qu'ils m'aiment ? Ils sont comme des pourceaux en rut. Un jeune fou a même voulu forcer ma porte. Et vous n'étiez pas là pour me défendre. »

La moue boudeuse, elle lui jeta un œil noir. Il tenta de l'apaiser, s'en prit à feu la Pompadour qui vomissait mille injures contre le bel opéra de La Garde et lui rappela qu'elle seule avait réussi à faire de Silvie une reine sur scène.

Armand revint à l'Opéra trois semaines plus tard. Ce soir-là, la voix d'Adélaïde avait porté haut, et elle était de fort belle humeur. Elle laissa sa porte ouverte. Le marquis de La Rouërie arriva un bouquet de roses à la main. Alors qu'il s'attendait à être jeté dehors avec peut-être quelques égards dus à son généreux cadeau, il eut droit à un désarmant sourire.

« Encore vous ? Oh, monsieur, quelle jolie attention. Je suis bouleversée. Posez cela, posez cela. »

Du doigt, elle lui indiqua un guéridon où les fleurs d'Armand rejoignirent deux autres bouquets plus maigrelets. Il jeta un regard à Henriette-Adelaïde, qui lui répondit dans un rire, balayant ses cheveux de la main. Le jeune homme n'osait plus bouger devant tant de grâce. Mais l'amour est une rude bataille, et il fut aussitôt prié de franchir la porte dans le sens inverse, avec une délicate autorité qui le laissa sans voix.

« Serais-je donc simplement le troisième ? pensa-t-il. M'a-t-elle seulement regardé ? A-t-elle été bouleversée ? Peut-être, mais elle demeure bien ingrate. »

Humilié, il tourna la tête vers le sbire qui gardait la loge et le fixa durement, le tenant sans raison pour responsable.

« Je serai le premier, tu m'entends ? Je serai le premier ! Et tu auras à refuser l'accès à tous ces misérables ! »

Pour toute réplique, on le gratifia d'un air de moquerie et d'un signe de la tête lui indiquant la sortie.

« Sais-tu qui je suis ? lança-t-il, vexé, sur un ton de défi.

— Monsieur le marquis Armand Tuffin de La Rouërie ! »

Dans son dos, une voix qu'il reconnut tout de suite s'était élevée.

« Mon oncle ? Que faites-vous là ? On me dit que l'on ne vous voit plus aussi souvent à l'Opéra.

— Je suis officier du roi et je me bats pour lui, plaisanta Charles de La Bélinaye.

— Des batailles ? Chasseriez-vous encore les grâces des jardins du Palais-Royal ? pouffa Armand, dont l'humeur se déridait.

— Jeune présomptueux, répondit Charles sur le même ton. À ce jeu, vous n'êtes qu'un paltoquet.

— Si les couloirs de l'Opéra vous sont devenus indignes, qu'y faites-vous donc aujourd'hui ?

— Je suis venu saluer M. Larrivée, qui est un Vulcain très convaincant. Et j'ai ici quelques connaissances que je m'en vais te présenter. »

Aussitôt, il prit son neveu par le bras, fit un signe au sbire devant la porte entrouverte qu'il poussa d'un « Madame, recevez mes plus beaux hommages, vous êtes divine ».

Armand, qui n'avait pas eu le temps de protester, eut un geste de recul. Il se trouvait à nouveau dans la loge d'Adélaïde qui, le dos tourné, n'avait pu se rendre compte de sa présence. Elle répondit sur un ton léger :

« Monsieur, vous ici, c'est un bonheur. »

Elle fit volte-face. Il la vit rougir de confusion. Tandis qu'elle regardait avec tendresse son amant, elle lançait des coups d'œil perplexes au jeune intrus. « Madame, je vous présente monsieur le marquis de La Rouërie, mon neveu. »

Elle se figea et ne sut masquer son embarras, répliquant un simple « Monsieur » sur un ton que La Rouërie trouva bien sec. Il remarqua surtout le rose qui colorait les joues d'Adélaïde.

« Elle est troublée, pensa-t-il. Parce qu'elle m'aime ! »

Charles eut des mots de circonstance, élogieux et flagorneurs. La cantatrice, visiblement gênée, répondit par un sourire complice, en ignorant Armand. « Ils se connaissent, remarqua-t-il, mais elle est incommodée par sa présence, qui l'empêche de m'exprimer ses sentiments. Je reviendrai, Adélaïde ! »

Le ballet ne fut sans doute jamais aussi réussi que le jour où Armand revint. Il arriva le premier à la porte de la loge. Adélaïde l'aperçut et voulut décliner fermement les avances de son fidèle visiteur du soir. Mais quand Armand, à ses genoux, un bouquet comme elle n'en avait jamais vu à la main, lui expliqua qu'il entendait l'épouser, faire sa fortune et la combler jusqu'à sa mort, elle crut vaciller.

« Mon Dieu, que faites-vous ? Relevez-vous !

— Mon cœur n'en peut plus de vous aimer en vain. Je vous offre tout, mon argent, mon rang, ma vie…

— Ce n'est pas possible, enfin ! Vous ne connaissez rien de moi. Qu'est-ce qu'un homme de votre rang ferait d'une femme comme moi ? Vous me mettez dans une situation impossible. »

Elle paraissait perdue, presque en colère. Il revint à la charge et tint sa ligne.

« Madame, je suis officier, votre père était colonel. Je le serai sous peu. Nous sommes du même monde.

— Non ! Vous êtes noble, je ne le suis point. C'est ainsi. Paraît-il que les nobles vont aux nobles. Eh bien, soit ! Nous ne sommes pas faits l'un pour l'autre. Ce serait d'ailleurs ridicule aux yeux de votre famille.

— Ma famille ? Je décide, et elle le sait !

— Vous êtes très présomptueux. Eh bien… Je ne vous aime point ! Sachez que mon cœur est à un autre. »

Le coup était rude. Armand l'encaissa en pensant immédiatement à ce M. de Stainville dont on disait qu'elle était la maîtresse.

« Suis-je donc plus laid que lui ?

— Je n'ai rien dit de tel. »

Elle paraissait triste, embarrassée sans doute, mais aussi peinée.

« Pour aimer, il faut être deux. Et je suis bien seul.

— Adieu, monsieur. »

Armand sortit de la loge tête basse, saluant Adélaïde d'un « Madame » affligé. Le vent du nord balayait Paris.

27

Il est des combats qui étranglent quand, plus que sa vie, on joue son honneur. À la nuit tombée, Armand avançait gorge nouée, maudissant l'humidité terreuse des rues du quartier Saint-Honoré. Il ne pouvait arriver à destination avec une culotte blanche maculée de boue. Deux hommes le suivaient, deux couvreurs à qui il avait demandé d'apporter de quoi atteindre la fenêtre à l'étage moyennant quelques sous.

« Messieurs, silence ! Portez cette échelle comme s'il s'agissait de porcelaine. »

L'un d'eux avertit qu'on approchait la rue Traversière. Il la connaissait pour y avoir réparé un appentis. Son compère maugréa mais, comme on le payait bien, il ravala sa salive.

« Pressez donc, ce que j'ai à faire ne souffre aucun retard. Voyez le troisième porche sur votre gauche ; sous le porche, il y a une cour et, dans cette cour, trois fenêtres. Vous installerez votre échelle sur la plus haute. Si dans une heure je ne suis pas de retour, enlevez-la et levez votre garde. »

Ce fut fait. Il grimpa, tambourina, la fenêtre s'ouvrit et il n'eut plus qu'à enfourcher la balustrade. À l'intérieur, la conversation dura une heure et quelques minutes de plus, si bien que, lorsque Armand dut repartir, les couvreurs remontaient déjà la rue Traversière.

Adélaïde avait d'abord dit son indignation de le voir surgir chez elle à l'improviste, mais, très subtilement, lui avait laissé penser qu'elle n'était pas insensible à l'hommage. Armand, qui interprétait chaque intonation entre deux reproches, y avait vu comme un encouragement. Le verdict lui sembla d'autant plus injuste : elle lui indiqua une porte qui, au bout d'un couloir, donnait accès à l'escalier de service.

« Vous êtes élégant, mais mon cœur est à un autre. Je me tue à vous le répéter. Filez, mon ami, on ne doit pas vous voir ici.

— C'est moi que vous tuez, à petit feu... Mon cœur est brisé. Mes pauvres batailles sont vaines, ma vie est finie. Je veux fuir Paris et mourir je ne sais où.

— Qui vous parle de mourir ? Ne soyez pas sot, monsieur ! »

Ce fut tout. Armand fondit en larmes et disparut dans la nuit sans remarquer la berline arrêtée un peu plus bas. Charles de La Bélinaye en était descendu, avait croisé deux couvreurs qui s'en allaient portant une échelle. Il les fit parler et, vert de rage, tambourina à la porte d'Adélaïde. Elle eut beau lui expliquer qu'elle avait éconduit son visiteur, un officier qu'elle affirma ne pas connaître, il cria, aveuglé par sa fierté blessée, que tout était fini entre eux. Pourquoi tut-elle le nom d'Armand ? Voulut-elle le protéger ? Elle eut tout simplement envie de le garder pour elle.

« Je vais vous quitter, hurla-t-il. N'essayez pas de me retenir !

— Oui, vous allez me quitter, mais parce que j'exige votre départ. Vous n'êtes pas digne de moi, monsieur !

— Diable ! Oubliez-vous ma générosité à votre égard ?

— Ignoble ! Me prenez-vous pour une barboteuse du Port-au-Bled ? Je vous ai vu ramper devant ma loge. Vous étiez moins menaçant !

— Madame, je vous quitte !

— Eh bien, quittez-moi, c'est un ordre ! »

Charles de La Bélinaye passa moins de temps qu'Armand ce soir-là chez Henriette-Adélaïde Villars. Plus que la fin de leur liaison, ce qui le rendait fou de rage était qu'un officier inconnu lui ait ravi la jeune cantatrice. Qu'allait-on dire de lui au café de la Régence ?

Armand, de son côté, n'était pas rentré dans ses appartements. Désespéré, il loua un cocher au petit matin qui mena son train jusque dans les forêts du Perche. Son monde croulait sous les désillusions. Il n'était fait ni pour les régiments du Roi ni pour l'amour. Paris ne voulait pas de lui, et revenir en Bretagne sans gloire était inimaginable.

Il pensa alors au seul refuge d'où on ne le rejetterait pas : la Grande-Trappe, entre les bois et les étangs de Soligny. Autrefois, le comte Rotrou y avait construit un oratoire, car il pleurait lui aussi sa belle, Mathilde du Perche, morte dans le naufrage de la *Blanche-Nef* au large de Barfleur. L'abbé sondait les âmes avec gourmandise et savait deviner celles qui ne tiendraient jamais en place entre les murs épais d'une abbaye.

Deux jours plus tard, Armand, de retour à Paris, frappait à la porte d'un Charles de La Bélinaye hilare.

« Mon neveu évadé de la Grande-Trappe ! Mais qu'alliez-vous donc faire chez les moines ? »

Ce dernier raconta tout à son oncle stupéfait, qui se confia à son tour. Ils convinrent l'un et l'autre qu'ils avaient placé Henriette-Adélaïde Villars dans une situation impossible. Qui avait-elle voulu ménager en se taisant ? L'oncle ou le neveu ? Elle reçut du premier des excuses enfiévrées, ainsi qu'une compensation sonnante et trébuchante. À son tour, elle s'excusa, mais auprès du second qu'elle aimait déjà. Charles de La Bélinaye se rendit à l'évidence et s'écarta dignement.

Quand Armand revint à l'Opéra, le chambranle de la loge trembla à nouveau. Mais ce fut après qu'Adélaïde lui eut saisi le bras d'une main ferme, l'entraînant à l'intérieur.

Ils s'aimèrent comme jamais, jusqu'à se brûler. Leurs âmes volages furent infidèles. Armand de La Rouërie, fier officier du roi, chef reconnu, crut que plus rien ne lui résisterait à Paris. Huit années d'insouciance et de désœuvrement s'écoulèrent.

Le 10 mai 1774, le jeune Louis XVI arriva sur le trône, succédant à son grand-père qui venait de mourir. Soucieux de sa popularité, il décida à l'automne de rétablir dans leurs prérogatives les parlements des provinces. Les magistrats exilés rentrèrent chez eux, et c'est ainsi que la Bretagne vit le fameux procureur de La Chalotais revenir à Rennes, après neuf années d'exil. De son côté, le duc d'Aiguillon, qui n'avait jamais su se réconcilier avec les Bretons, avait fini par être rappelé dès 1769 par le roi, qui l'avait nommé lieutenant des chevau-légers de la garde.

Rennes honora le retour de La Chalotais. Pas loin de deux cents jeunes Bretons à cheval voulurent l'amener jusqu'au parlement pendant que les nobles alignaient plus de vingt carrosses pour l'accueillir. À Paris, le marquis de La Rouërie fêta l'événement durant plusieurs jours. Il tituba plus d'un soir au sortir des tavernes, corrigeant ceux qui désiraient le faire taire quand il parlait trop fort. Charles de La Bélinaye eut à régler quelques frais pour éviter à son neveu des ennuis sérieux. Les mois passèrent. Armand de La Rouërie se perdit à Paris.

28

Vinrent les grandes marées. Le jour oublia de se lever et la nuit de tomber. Un voile noir fut jeté sur le pays du Couesnon. Le mascaret charria d'abord les pluies fracassantes jusque dans le fond de la baie. Puis ce fut comme le crépuscule qui enveloppe les champs de bataille après la canonnade. On n'entendit plus que le souffle brut des chevaux qui s'extirpaient de la fange, le grincement des tombereaux qui s'arrachaient des fondrières, le crachement des hommes sous les pelures trempées. Et le silence des âmes.

Quatre chevaux usaient leurs forces à tirer la berline de la boue entre les hauts talus d'un chemin du Coglais. Ils avaient quitté Saint-Ouen au petit matin, passé Saint-Germain et avançaient vers Lécousse. À bord, un homme assoupi, en tout cas affalé, la tête sous un chapeau de feutre. Mais il ne dormait pas. Il se mouchait, semblait pleurer, geignait et marmonnait. Face à lui, sa voisine, qui n'avait pas vingt ans, lui jetait un regard de feu, agitée par les secousses de l'attelage, et plus encore par la colère.

« Tenez-vous ! Je vous en conjure !

— Paria en mon pays… rejeté de tous…

— Cessez de gémir !

— Qui vais-je combattre ? Il ne me reste que les cochons noirs des bourbiers de Sougeal…

— Ils se tiennent mieux que vous ! »

De rage, elle balança son mouchoir. Armand Tuffin de La Rouërie se leva vivement, et sa tête embrumée heurta la fenêtre. Il rota, soupira et se rendormit.

« Soyez debout ! Vous n'êtes pas un pochetron ! Nos terres et nos gens ont besoin de vous.

— Pitié, ma douce… Vous êtes bien cruelle.

— Je n'ai aucune pitié à votre égard, mais de la colère… Et… Et puis…

— Et puis quoi ? Qu'allez-vous donc me reprocher encore ?

— Votre absence.

— Enfin, je suis là ! »

Il se redressa soudainement, avant de s'écrouler aux pieds de sa chère cousine, Thérèse de Moëlien.

« Vous êtes là, mais vous êtes à terre ! »

Elle regarda, consternée, son visage bouffi et ce corps que Paris avait empâté. Cela faisait trois jours qu'elle ne le quittait pas. Elle avait rejoint Saint-Ouen en apprenant le retour annoncé d'Armand, avait deviné que sa tante Thérèse de La Rouërie refuserait de parler à son aîné qui ne lui avait rapporté aucune gloire de la capitale – seulement un petit-fils que sa mère cantatrice n'avait pas voulu garder. Thérèse de Moëlien avait pressenti l'orage. Elle avait souhaité d'être là pour Armand, son Armand, son cousin à l'âme damnée, chassé par le roi qui avait hésité à le faire pendre.

Charles était déjà reparti. Il avait à réparer la réputation familiale mise à mal chez le roi par le dernier fait d'armes de son neveu qui avait fui Paris. Armand avait d'abord choisi l'exil à Genève, avant que le souverain consente finalement à son retour, sous l'expresse condition qu'il rejoindrait la Bretagne et n'en sortirait plus.

« Levez-vous ! »

La voix légèrement tremblante de sa cousine était d'acier. Armand parvint à se redresser. Il pesta contre les secousses incessantes, ouvrit la porte et s'adressa à l'homme qui menait l'attelage :

« Ventre-à-Terre, ton corbillard est tiré par quatre bourrins ! Où sont nos fiers carrossiers ? Ce sont des ânes que tu as attelés ! »

Le cocher se mit à braire, et Armand partit d'un rire interminable. La pluie sur son visage avait réveillé ses ardeurs, et Thérèse consentit un sourire. Il lui caressa la joue.

« J'en fais le serment ! Toujours, ma cousine, je serai là pour vous.

— Grand-père ne supporterait pas de vous voir ivre, promettez-moi… de vous tenir droit.

— Suffit ! »

Le marquis de La Rouërie n'allait pas souffrir plus longtemps que quelqu'un, fût-ce Thérèse, le considère comme un ivrogne. Il la fixa, l'air grave, avant d'éclater de rire. S'il lui arrivait de sombrer dans le désespoir, ce n'était jamais bien long. Son humeur allait et venait. Les mots tranchants de Thérèse alimentaient un feu qui le consumait parfois jusqu'à la folie. Ainsi, il ouvrit prestement la porte de la berline, se suspendit dans le vide, un pied sur la ridelle, en s'adressant au cocher :

« Ventre-à-Terre, suis-je droit ?

— Monsieur est plus droit qu'un bossu mais pourrait bien culbuter cul par-dessus tête. »

Armand avait voulu saisir le chapeau de Ventre-à-Terre, qui l'avait vu venir. Il eut un mouvement de recul, mais, d'un geste audacieux, le chef réussit à s'asseoir près de lui, laissant seule dans la berline sa cousine qu'il entendit crier :

« Monsieur le marquis de La Rouërie a-t-il peur de mes mots ?

— Décidément, elle ne m'épargnera rien », bougonna Armand.

Ventre-à-Terre arrêta son attelage, et Thérèse fut invitée à rejoindre la place du milieu. La pluie avait cessé. Ils cheminèrent ainsi, ballottés, vers Bois-le-Houx, éloigné de plus de trois lieues. Armand ouvrit son cœur.

« À vous je peux le dire, je ne pourrirai pas ici. »

Thérèse de Moëlien jeta un œil désespéré à Ventre-à-Terre, tout sourire.

« Le roi ne voudra de vous nulle part. Votre dernier duel a failli coûter la vie à son cousin. Il n'oubliera pas.

— Cet idiot d'Auvergnat… Ma lame l'a écorché, et il se souviendra de moi chaque fois qu'il toussera !

— Méritait-il de finir embroché pour une querelle de cuisinier ?

— Bourbon-Busset est un mousquetaire prétentieux. Sachez qu'il a manqué de respect à notre famille. Mais je ne voulais pas le tuer. Ma lame était trop affûtée, voilà tout. Il réclamait un duel ? Il l'a eu ! J'ai vaincu et on m'a chassé. Le roi préfère les officiers défaits... Quelle ingratitude... »

Un long silence suivit. Ventre-à-Terre menait ses chevaux au pas pour les reposer. Thérèse semblait si désolée que son cousin lui prit le bras. Elle appuya sa tête contre son épaule.

« Si le roi n'a point été trop sévère, c'est qu'il a tenu compte de vos états de service. Vous avez mené pour lui de belles batailles, n'est-ce pas ? »

Armand eut un haussement d'épaules.

« De belles batailles ? Mon plus beau fait d'armes est d'avoir mené la défunte reine sur son corbillard de Versailles à travers le bois de Boulogne jusqu'à Saint-Denis. Et nous ne courions pas sous la mitraille : nous avancions à l'allure des morts. La nuit nous a rattrapés dans la forêt, et nous avons ainsi cheminé jusqu'au matin. Nous étions près de cinq cents soldats, alignés, à la parade. J'ai toujours devant les yeux l'immense corbillard, sa grande croix d'argent que la lueur des torches rendait plus imposante encore. Les ombres dansaient sur la ramure, et je crois n'avoir jamais connu plus triste moment. »

Thérèse de Moëlien imaginait le long cortège funèbre emmenant la pieuse Marie Leszczynska, reine de France.

« Fut-elle heureuse ?

— Elle fut reine. »

Armand avait répondu sans réfléchir. Le roi Louis XV avait suivi six ans plus tard le même chemin vers Saint-Denis.

« Les fiers soldats ont été moins nombreux à lui tenir compagnie. Il y a moins de volontaires pour affronter la petite vérole que pour combattre l'Anglais ! La mort rouge l'a emporté dans d'atroces souffrances. »

Les chevaux piaffaient dans la boue, et les montants de la carriole grinçaient par l'effort. La nuit était froide. Ventre-à-Terre claqua sa langue en tirant les rênes, et les lourds carrossiers noirs s'arrêtèrent.

« L'air est glacial, Madame, voulez-vous prendre place à l'intérieur ?

— Merci, Lefevre, mais je veux rester des vôtres. Ce n'est pas tous les jours que mon cousin consent à nous faire des confidences. »

Crânement, elle attrapa le bras du cocher, à sa gauche, et celui d'Armand, à sa droite. Drôle d'équipage. Ventre-à-Terre occupait une position à part. Il avait rejoint Armand pour l'aider à se dépêtrer de Paris. L'ami d'enfance était désormais plus qu'un domestique : un confident remarqué pour son élégance et sa prestance. À la capitale, le marquis de La Rouërie s'était amusé de son succès auprès des femmes, dans les cabarets et les jardins du Palais-Royal. Mais il lui devait aussi quelques bons services lors de ces duels interdits qui auraient pu mal tourner.

Armand s'était tu, plongé dans ses pensées. Quand l'attelage quitta Fougères pour le Maine, il guetta la brave Marie qui hantait parfois ses nuits. Il croyait percevoir le bras blessé et les yeux clairs de la mendiante, suivie comme son ombre par un gamin souffreteux. Dans ses songes, la Bourrique et la Fouine cheminaient ensemble.

« Je ne sais pas ce qu'elle est devenue, mais elle m'accompagne, confia Armand après avoir raconté sa rencontre, dix ans plus tôt, avec la vagabonde.

— Cette pauvre fille a dû avoir de fort jolis mots pour toucher ainsi votre âme, dit alors Thérèse.

— C'était une fichue guerrière, oui, qui n'a pas eu de destinée. Elle s'est perdue dans les bois, seule contre bien des coquins. Ventre-à-Terre, tu n'as pas oublié la Fouine ? Elle était de ce sang-là.

— Il aurait craché et juré plus d'une fois dans ce bourbier ! » sourit le cocher tout en menant habilement son attelage.

Armand parla alors de ses soldats d'autrefois. P'tit-Chouin était parti un jour vendre du sel dans le Maine. Plus jamais on ne le revit à Saint-Ouen. Lance-Patates était mort du typhus. Chasse-Crapaud était aujourd'hui un solide laboureur. Nul ne savait ce qu'était devenu Châtaigne, le maçon d'Antrain.

On approchait du Bois-le-Houx.

« Thérèse, dites-moi donc ce que je vais bien pouvoir raconter à monsieur notre grand-père.

— Ne cherchez rien, il sait tout.

— Notre tante Renée a dû se charger d'étoffer le récit de l'oncle Charles.

— Vous connaissez la haute estime qu'il vous porte. Il voudra vous entendre. Mais il est affaibli, triste, comme abattu. Il ne sort plus du Bois-le-Houx. »

Ils le trouvèrent seul avec quelques domestiques, prostré devant la haute cheminée. Thérèse s'enquit de sa santé défaillante. Un geste lent d'énervement fut sa seule réponse. Son regard fatigué s'arrêta sur son petit-fils.

« Ah, te voilà. Tu me rendras compte. »

Armand ne sentit dans ces mots aucun reproche, seulement l'ombrageuse nostalgie d'une âme fanée. Il eut envie de réveiller le vieux chêne.

« Grand-père, vous ai-je jamais parlé des treize colonies ? »

Armand de La Bélinaye, seigneur du Bois-le-Houx, de Vendel, de Launay-Vendel et de La Teillaye, mourut en février. De vieillesse, de peine et de lassitude. Armand de La Rouërie pleura comme s'il avait à nouveau perdu son père.

29

« Laisserons-nous ce grand général seul face à l'Anglais ? C'est de liberté qu'il s'agit, de lutte contre le despotisme ! Il a levé derrière lui les treize colonies. Levons-nous ! »

Armand de La Rouërie, accoutré du sautoir de maître écossais, faisait face au vénérable Victor Hay de Bonteville, un vicomte à l'air affable attaché à ce que les discussions entre les francs-maçons de Fougères soient empreintes de la plus haute indulgence fraternelle. L'homme respectable tourna le regard vers un individu à l'œil austère qui, gigotant sans cesse, paraissait pressé d'intervenir à son tour.

« Frère Mézanger des Harlais, cette liberté dont nous parle M. de La Rouërie, cette liberté qui nous vient d'Amérique, me semble cousine de nos propres libertés. Ne croyez-vous pas ? Je veux dire par là que le despotisme que nous déplorons chaque jour devrait nous amener à admettre que le combat de MM. Franklin et Washington est digne et mérite d'être soutenu.

— Oui, c'est cela ! l'interrompit Armand. C'est exactement cela ! Le Massachusetts s'est levé, la Virginie s'est levée, la Caroline du Nord s'est levée ! Levons-nous à notre tour et, au nom du roi, soutenons la Déclaration d'indépendance ! »

Bonteville fronça les sourcils et dut attendre que le jeune homme retrouve son souffle pour prendre l'assistance à témoin.

« Je reconnais là la fougue et la hauteur d'âme du frère Tuffin de La Rouërie. Nous avons longuement débattu avec lui et nos officiers du régiment Roussillon Cavalerie quand ils étaient en garnison dans notre ville. Mais je sollicitais l'avis éclairé du frère Mézanger des Harlais, et c'est lui qui a maintenant la parole ! »

Armand, qui s'apprêtait à en rajouter, resta le doigt levé et, avec un large sourire, le pointa vers Antoine de Mézanger des Harlais. L'ancien secrétaire du roi, fondateur avec Hay de Bonteville de la nouvelle loge maçonnique de Fougères, répondit d'un air renfrogné, pour faire comprendre à tous qu'il attendait de ce fougueux La Rouërie qu'il écoute également.

« Eh bien soit, ce noble combat est le nôtre. Ces gens d'Amérique sont écrasés d'impôts par leurs cousins d'Angleterre, qui les maintiennent sous le joug. Les treize colonies veulent s'en libérer. Elles n'en peuvent plus de payer l'impôt au roi d'Angleterre. Ses contrôleurs généraux taxent à tour de bras. Leur L'Averdy s'appelle M. Townshend. Il veut assoiffer les treize colonies. Aujourd'hui, elles souhaitent chasser l'Anglais ! Être libres ! Et il me semble qu'il n'y a pas deux sortes de liberté ! Celle d'Amérique est pleine des principes de l'harmonie sociale, et elle vaut bien que nous lui apportions notre soutien. Vive l'Amérique indépendante ! »

Un murmure d'approbation traversa l'assemblée des frères de l'Aimable Concorde. Un chanoine intervint à son tour, suivi d'un lieutenant des vaisseaux du roi. Armand ne manqua rien des informations qui furent communiquées ce jour-là. À Nantes, les bateaux marchands venus d'Amérique se faisaient de plus en plus nombreux. Ils y embarquaient les armes de la manufacture royale de Saint-Étienne, mais aussi de la poudre ; sur les quais du port breton, le commerce était florissant.

L'un de ceux qui tiraient les bénéfices les plus juteux de l'affaire d'Amérique n'était autre que Pierre-Augustin Caron de Beaumarchais. Agent secret de Louis XVI, financier hors pair, ce personnage qu'on disait toujours aussi proche de la fortune que de la ruine était également une plume reconnue. Avant d'être chassé de Paris, Armand avait assisté au succès d'une de ses pièces, *Le Barbier de Séville*, présentée aux Tuileries, et, à la table d'un cabaret, avait fait sa connaissance. Ce Caron de Beaumarchais serait un allié précieux qui saurait le faire embarquer.

Dans les rangs de l'Aimable Concorde, un nouveau venu prit pour la première fois la parole. Julien Tréhu de Monthierry était légèrement plus jeune qu'Armand de La Rouërie.

« Frère Tuffin de La Rouërie, seriez-vous prêt à mener vous-même le combat jusqu'en Amérique ? Songez-vous donc à traverser la mer pour reprendre les armes que vous avez, me dit-on, déposées précipitamment à Paris ? »

La provocation suscita quelques réactions de mauvaise humeur dans les rangs de l'Aimable Concorde. Ce n'était ni le lieu ni le moment de se défier. Mais Armand garda son sang-froid, et ses yeux rieurs montrèrent à tous combien il aimait justement les défis.

« Soyez-en sûr, frère Tréhu, j'y songe. D'ailleurs, plus que d'y songer, je m'y prépare. Vous supposez que le maniement des armes me manque depuis que j'ai quitté les régiments du Roi. Ce n'est pas le cas, puisque ma lame s'entraîne chaque jour. Lorsque j'aurai traversé l'océan, soyez tout aussi sûr que l'Anglais le saura bien assez vite. Et je lui baiserai le derrière de votre part. »

Les rires fusèrent. Même Tréhu de Monthierry ne put s'empêcher de se lâcher. La forte tête de La Rouërie en irritait plus d'un, mais on lui reconnaissait le panache, le sens de la repartie et le courage. Bonteville eut du mal à ramener le calme chez les frères trois-points.

Quelques semaines passèrent. L'information circula qu'une cargaison de quinze mille fusils des manufactures royales avait pris la mer. Des bateaux construits à Nantes furent aussi vendus aux marchands des treize colonies, et la traduction des textes de Benjamin Franklin était diffusée dans les loges et les salons. On admirait ce grand scientifique à la plume brillante, philosophe, diplomate, héraut de la liberté en Amérique, qui aimait la France et possédait tant de vertus.

À Saint-Ouen, Thérèse de La Bélinaye guérissait sa blessure d'orgueil causée par le piteux retour d'Armand. Depuis que

Fougères bruissait du départ imminent de son aîné pour l'Amérique, elle sentait que les regards d'admiration se tournaient à nouveau vers elle. Son cœur meurtri par la mort de son plus jeune garçon, Charles-Louis, six ans plutôt, saignait moins quand brillait le blason familial. Au château de Saint-Ouen et souvent à Fougères, elle s'occupait du bébé que son aîné avait eu avec Henriette-Adélaïde Villars. C'était un enfant timide, prénommé Armand, que l'on envoyait parfois chez sa mère à Paris.

Armand de La Rouërie entretenait tous les jours sa cousine, Thérèse de Moëlien, de ses projets en Amérique. Elle l'aurait volontiers accompagné, mais ce rêve était inaccessible.

« Vous prendrez soin de vos tantes, n'est-ce pas là votre place ? » lui avait-il lancé.

Il fut encore plus direct avec Ventre-à-Terre :

« Tu me suivras où j'irai, qu'il en soit ainsi !

— Chef, tu trouveras d'autres valets de chambre chez ce M. Washington, rétorqua Lefevre en sellant le cheval d'Armand.

— Ce n'est point de valets de chambre que j'ai besoin, mais de soldats braves au combat. Tu en seras. »

30

Armand ne vit pas le goéland raser sa tignasse mouillée. Il ne vit pas non plus le capitaine Anderson se tenir au capot de la grande échelle. Il vit encore moins, et ce fut heureux, Lefevre se tapant la cuisse tant il riait. Le pont de gaillard d'arrière allait et venait dans un fracas du diable, balayé par une pluie froide et tenace. Des goélands chantaient la contredanse autour du mât.

« Ces vilaines mouettes ne sont que des criardes, des hurleuses, et si j'avais mon fusil, crois-moi qu'elles ne chercheraient plus à voler notre pitance. Et… moi, j'ai mangé la queue du diable… Ça ne passe pas ! »

Ventre-à-Terre faillit tomber tant il s'esclaffait. Il se laissa glisser sur le pont et se retint à la dunette. À ses côtés, les matelots hurlaient à la manœuvre, au pied du mât de misaine. Armand s'approcha avec précaution du bord. À peine eut-il le temps de poser la main dessus que le reste de son dernier repas gicla à la mer.

« Fi donc ! Cesse de rire, mon ami ! Je dois être bien malade.

— C'est le mal du marin, ça passera d'ici à ce soir !

— Tu ne l'as pas, toi, ce mal du marin ?

— Il n'attaque que les braves.

— Morbleu… Tu vas dormir du meilleur sommeil, mais moi il va m'occire ! »

Le lendemain, le calme enfin revenu, Armand salua fièrement le capitaine James Anderson, qui les invita dans sa cabine et leur servit du rhum. Il parlait un anglais châtié que le marquis de

La Rouërie décrypta sans peine, expliquant comment lui-même et Lefevre avaient manqué leur embarquement au Havre. Ils avaient rejoint le port normand sur la recommandation de M. de Beaumarchais. Mais l'*Amphitrite* était restée à quai plus longtemps que prévu, et ils avaient finalement dû rejoindre Nantes pour embarquer sur le *Morris*. Armand tendit sa bolée vers Lefevre, qui comprit qu'il était question de lui.

Les jours passèrent. L'humidité gagna les paillasses et les branles. La puanteur envahit les soutes et les cabines où s'entassaient les passagers pour dormir, autour de la sainte-barbe bourrée de poudre à canon. La nourriture elle-même était abîmée. Des hommes d'équipage entreprirent de pêcher pour améliorer les repas. Le seigle, les pois et les fèves étaient parfois agrémentés de lard ou de hareng.

Le *Morris* filait sur l'Atlantique et, souvent, les marins voyaient sur le gaillard d'avant deux *gentlemen* scrutant l'horizon, en quête des bateaux de corsaires ou des vaisseaux anglais qui chassaient sur l'océan.

Ce jour-là, Armand et Lefevre entreprirent une partie d'échecs. Au même moment, on tuait un cochon sur le gaillard d'arrière. La bête égorgée était attachée à une échelle sanglée sur un trépied. Son cri finit dans un râle.

« Voilà un Anglais qui se meurt, lança Ventre-à-Terre guilleret face à Armand, concentré sur l'échiquier.

— Ne te distrais pas en pleine bataille, surveille tes flancs et tes arrières, je m'en vais te mettre mat, bien avant qu'on aperçoive le Delaware. »

On naviguait depuis bientôt huit semaines. L'eau à boire était devenue rance. Le rhum du capitaine Anderson était un cadeau de Dieu. Sous le soleil d'avril, le *Morris* fendait les eaux vers la Delaware Bay.

« Ce capitaine Anderson et son équipage sont des braves. Je veux des soldats de cette trempe-là ! J'en parlerai à M. Washington.

— Ils ne craignent ni l'Anglais ni le scorbut !

— Celui-là nous aura épargnés. Mais je sens l'odeur de la bataille qui approche. Crois-moi, Ventre-à-Terre, ce sera autre chose que la guerre dans la forêt de Bazouges. »

Soudain, on s'agita. Des hommes scrutaient l'horizon. L'ordre du capitaine Anderson claqua sec. Armand et Ventre-à-Terre se levèrent prestement. Ils aperçurent au loin le trait sombre du rivage américain. Mais c'était la scène à tribord, au nord du cap Henlopen, qui suscitait tant d'émoi. La vigie hurla quelques mots qu'Armand traduisit :

« Deux frégates à tribord... Une de quarante canons... Une autre de vingt canons sur le pont supérieur.

— Des Anglais ? interrogea Lefevre.

— Oui, cria-t-il, des Anglais ! En meute et bien éveillés. Reprends une lampée de rhum, Lefevre, nous allons au feu ! »

La vigie continua à hurler. Les deux frégates avaient viré de bord, et les mâts et les voiles qui dansaient sur la mer se devinaient dans le lointain. James Anderson mit l'équipage en alerte, chacun fut envoyé à son poste. La Rouërie et Lefevre se retrouvèrent dans la cabine du capitaine pour une réunion rapide et solennelle.

« Toute fuite est impossible, lâcha Anderson à l'adresse d'Armand. Ils vont vouloir contrôler nos soutes. Nous transportons trente-cinq tonnes de poudre à canon.

— Nous sommes à vos ordres. Vous avez devant vous deux soldats prêts à payer de leur vie.

— Je le sais, répondit lentement Anderson. Pourtant, c'est à terre que vous devrez vous battre. Je dois sauver mon équipage, nous allons devoir aussi mettre le feu à mon navire. Jamais ils ne récupéreront cette poudre ! J'ai donné l'ordre d'échouer au plus proche.

— Qu'attendez-vous de nous ?

— Ceci ! »

Il ouvrit un tiroir de son bureau et sortit une toile épaisse cousue et cirée.

« Il y a à l'intérieur un message que M. Benjamin Franklin adresse au Congrès des États-Unis d'Amérique. Cette missive doit y être portée. Il vous appartient de vous en charger. Je pourrais bien mourir ici.

— Vous serez sauf, nous allons nous battre à vos côtés.

— Non ! Vous devez livrer ce courrier. Je resterai jusqu'au bout. Je préfère mourir que de donner ma poudre aux Anglais. S'ils approchent, je mettrai le feu et, croyez-moi, la Delaware Bay entendra tonner James Anderson ! »

Il avait prononcé ces paroles avec une fermeté qui ne souffrait aucune contestation. Son visage figé était celui d'un homme face à l'accomplissement de son œuvre finale.

« Vous êtes brave, capitaine, nous sommes fiers d'avoir servi sur le *Morris*. Ce courrier sera remis. Je m'y engage !

— *Come on!* »

Ils bondirent sur le pont. Anderson fut informé des signaux envoyés par les Anglais.

« Ils veulent contrôler nos marchandises. Délestons ! Droit sur le rivage ! »

Une trentaine de marins s'activèrent, jetant par-dessus bord des tonneaux, des caisses et des vivres. Mais, à un demi-mille, d'autres ordres fusèrent. Le HMS *Camilla* et le *Roebuck* avançaient de bon plein. Un canon du *Camilla* explosa le premier. Puis un deuxième. Le troisième toucha le *Morris* dans un fracas du diable. On mit les chaloupes à la mer. La Rouërie et Lefevre sautèrent dans l'une d'elles. Ordre avait été donné de laisser seulement dix hommes à bord pour les dernières manœuvres. Le *Morris* filait droit sur les rochers.

Armand avait jeté dans un sac son précieux courrier et une mallette qui contenait un peu de sa fortune. Il aperçut sur le pont de gaillard d'arrière le capitaine Anderson dont les bras fendaient l'air pour activer son équipage. Le rivage approchait, les canons redoublèrent. Et ce fut l'enfer. Un gigantesque souffle balaya l'embarcation, et l'explosion souleva la mer. Le *Morris* venait de disparaître dans une épaisse fumée. Armand eut le temps de crier, avant que la chaloupe ne se retourne, emportée par la vague.

« N'oublie jamais ce capitaine ! Ne l'oublie jamais ! »

S'il songea à ce moment à Marie et à la Fouine, c'est qu'il crut bien sa dernière heure venue. Derrière lui, Lefevre tenta de sauver des flots deux hommes dont l'un était déjà mort. La mer charriait une odeur de feu. Les vagues étaient si fortes qu'il fallait trouver un appui pour ne pas couler. Armand, Lefevre et un marin du nom de Joseph s'accrochèrent à un morceau de mât.

« J'ai connu un Joseph plus frêle que toi et il se battait. Tiens ferme, l'ami ! » cria Armand.

Joseph s'agrippa, bafouilla quelques mots et se mit à nager vers la terre toute proche. Des cadavres flottaient entre deux eaux. Armand et Ventre-à-Terre se débarrassèrent non sans mal de leurs vêtements. Un sac attaché à sa taille, Lefevre assura qu'il tenait ferme le courrier de Franklin et la cassette. Ils nagèrent comme des furieux, au milieu d'un fatras de bois, de fumée et de corps brûlés.

Ce jour-là, le 13 avril 1777, Armand de La Rouërie posa le pied en Amérique, vingt-six ans jour pour jour après sa naissance à Fougères.

31

Les débris fumants du *Morris* drossés dans la furie des vagues, les corps calcinés, l'odeur de la poudre et quelques cris d'agonie composaient le paysage dantesque de l'Amérique qui s'offrait à Armand de La Rouërie. Il la rêvait depuis des mois. Elle sentait la mort et le danger extrême.

« C'est donc cela, l'Amérique… lança-t-il, hébété, en se relevant sur les cailloux.

— Pays de charogne ! lâcha Lefevre, essoufflé par l'effort, assis, les bras sur les genoux, contemplant le désastre et les frégates anglaises qui filaient leur chemin.

— Nos âmes de combattants ont été appelées sur ces terres, reprit Armand, étourdi de fatigue mais solennel. Nous avons sous les yeux le prix de la liberté. Le capitaine Anderson est mort et, j'en fais le serment, je ferai payer à ces Anglais le sacrifice de ce grand chef !

— J'en serai ! » hurla Lefevre, se redressant précipitamment, le poing levé.

Des badauds s'étaient approchés du rivage. Armand, Lefevre et deux des marins rescapés du *Morris* – Joseph et un nommé Nathan – reçurent quelques vêtements. Nathan parlait français. Il expliqua qu'il fallait se méfier des loyalistes, agents des Anglais, qui rôdaient sur la côte. Ils longèrent Woodland Beach, où ils acceptèrent l'aide de trois jeunes Noirs qui les menèrent au-delà des marécages vers une épaisse forêt. Armand pensa tout de suite aux esclaves qu'il avait vu embarquer à Saint-Malo sur les bateaux de l'armateur Meslé de Grandclos. Mais ceux-là étaient libres ; eux aussi voulaient rejoindre l'armée continentale.

Lefevre restait sur ses gardes. Ces trois hommes n'étaient-ils pas des espions à la solde des Anglais ? On racontait en effet que beaucoup d'esclaves avaient été libérés par les loyalistes. Armand, lui, s'émut de constater que leur destin, le sien, celui de Lefevre et celui de leurs compagnons de route, était commun. La vie avait fait de lui un noble marquis, de Lefevre un valet de chambre, et de leurs nouveaux camarades des esclaves aujourd'hui affranchis, pourtant ils allaient ensemble mener bataille. Chacun d'eux aurait, ainsi que tous les autres, à prouver ses mérites.

« Allons, Lefevre, ils ne te mangeront pas !

— Chef, qui te dit qu'ils ne sont pas des leurs ? Tu ne les connais pas !

— Ils ont choisi le camp de la liberté ! Ils sont des nôtres.

— Mais ils parlent comme les Anglais.

— Fichtre ! Tout le monde dans la contrée parle comme les Anglais ! Nous sommes parmi les premiers Français à venir gagner ici notre mérite. Tu verras, nous serons bientôt plus nombreux ! Beaucoup vont grossir nos rangs. Mais les pourceaux du Couesnon seront devant ! »

Armand s'enflamma d'un rire interminable devant Lefevre, piteux, qui décida d'apprendre l'anglais au plus vite. Plusieurs soirs de suite, il en travailla les rudiments, encouragé par ses compagnons de route. Quand ils arrivèrent à Philadelphie, il connaissait déjà les mots essentiels.

Nathan les mena jusqu'à un élégant bâtiment de briques, la Pennsylvania State House, où siégeait le Congrès continental. Avant de partir pour l'Amérique, Armand Tuffin de La Rouërie avait habilement joué de ses relations afin de se faire recommander auprès du Congrès. Thomas Morris, un marchand qui menait grande vie entre Londres, Nantes et Paris, avait un demi-frère, Robert Morris, homme d'affaires richissime né à Liverpool, proche de George Washington, et qui mettait son argent au service des nouveaux États-Unis. Par l'intermédiaire de Beaumarchais et l'entregent de son oncle Charles, le marquis de La Rouërie obtint de Thomas Morris un appui efficace auprès de son demi-frère.

Armand exigea de Lefevre qu'il s'habille comme lui, d'un élégant costume de flanelle fourni par un ami de Robert Morris, d'une chemise serrée à la taille et d'un ceinturon neuf. Il fallait faire bonne figure devant le Congrès qui avait déclaré un an plus tôt l'indépendance des treize colonies.

« Lefevre, tu ressembles à un colonel des gardes-françaises qui se rend à l'Opéra ! Ils vont d'ailleurs penser que c'est moi qui suis le valet de chambre », pouffa Armand.

Ventre-à-Terre prit l'air sérieux devant un gigantesque miroir placé dans l'entrée de la bâtisse.

« Chef, te souviens-tu de la Fouine ? Que diraient nos amis de Saint-Ouen s'ils me voyaient ? »

Il éclata de rire alors qu'Armand devenait grave.

« Je pense à eux, tu sais. La Fouine était un brave, qui n'a pas eu la chance de bien naître, mais qui nous aurait suivis jusqu'ici et plus loin encore. Que Dieu le garde. »

Les deux *gentlemen* avaient fière allure lorsqu'ils entrèrent dans la grande salle, scrutés par des dizaines de regards. Armand fut longuement interrogé et parla beaucoup, dans un anglais imparfait mais intelligible. Il raconta comment Lefevre avait vaillamment protégé le courrier de Benjamin Franklin, un courrier qu'ils venaient de donner au président de séance. Armand fut alors pris d'un doute : ici, on faisait peu de cas des privilèges de naissance, et il se sentit soudain ridicule d'arriver accompagné de son valet de chambre. Il se tourna vers l'intéressé, qui se demandait bien ce qu'on lui voulait, ne comprenant qu'un mot de temps en temps. Devant l'assemblée silencieuse, Armand le toisa, et son visage se figea dans un sourire ironique. Lefevre connaissait cet air de défi, qui accompagnait les envolées irrésistibles de son ami.

Le chef détacha chaque mot, comme pour mieux convaincre son assistance :

« *Mister Lefevre is a French soldier, a great soldier!* »

Un murmure d'approbation parcourut la salle, et un vieil homme s'adressa chaleureusement à lui dans un français étrange :

« Monsieur *la maquis de la Wouewie...*

— *Not "La Rouërie"! Not "marquis"! My name is Armand!* »

Armand ! Seul ce nom devait être retenu. Cet acte définitif marquait son refus d'exister aux yeux des autres par son rang ; désormais, ses qualités de chef prévalaient. Il traduisit pour Lefevre les décisions énoncées par le président de la séance :

« Il me charge de constituer une troupe de partisans... Je serai... colonel. Pas encore général, maugréa-t-il. Je devrai d'abord rencontrer le général en chef.

— Eh bien soit, colonel Armand, je suis ton soldat dévoué. Mais filons d'ici, on s'ennuie ferme dans ces salons.

— Attends donc ! Écoute-les... Tu seras... Tu seras... colonel ! Ils font de toi aussi un colonel ! »

Emporté par la gravité du moment, La Rouërie se garda bien de rire. Il réprima son humeur joyeuse, ainsi que la petite pointe de vexation que lui inspirait la subite promotion de son domestique. Il s'en voulut : Lefevre avait souvent fait preuve d'un grand courage.

« Ils reconnaissent tes mérites, et je les reconnais aussi, tu le sais. L'Amérique a besoin de toi et, ma foi, peut-être feras-tu un vénérable colonel ?

— Je ne veux pas de ces honneurs. Dis-leur donc qui je suis, à peine un soldat. Seulement un domestique. Et tu auras besoin de moi à tes côtés. C'est ma place, et nulle part ailleurs. »

Sans plus insister, Armand se lança dans une longue tirade, expliquant que Lefevre avait encore beaucoup à apprendre avant de commander une troupe.

Quelques jours plus tard, le nouveau colonel de l'armée d'Amérique fit une rencontre décisive. Chaque soldat, même la plus forte tête, a son héros, comme une figure de proue l'entraînant à la guerre contre vents et marées. Pour La Rouërie, ce fut George Washington. Nul autre personnage, fût-il roi de France, ne lui inspira jamais un tel respect.

L'événement eut lieu à Morristown, à la Jacob Arnold's Tavern, une haute bâtisse de deux étages où le général en chef de l'armée continentale venait d'installer son quartier général. Armand y fut accueilli par le lieutenant-colonel Alexander Hamilton. Alors qu'il s'apprêtait à le saluer en anglais, Hamilton l'apostropha dans un français presque parfait :

« Monsieur de La Rouërie, soyez le bienvenu ! Votre pays compte de grands philosophes qui m'ont éclairé dans mon combat contre les injustices et pour l'égalité. Je les relis chaque jour !

— C'est ce combat, monsieur, qui m'amène ici. J'ai traversé l'océan pour me battre à vos côtés.

— Le général en chef a entendu beaucoup de bien de vous. Il vous attend. »

Rien ni personne ne résistait à cet ambitieux de vingt et un ans, au regard franc et clair. Alexander Hamilton venait d'être choisi par George Washington comme aide de camp. Brillant et intrépide, le jeune lieutenant-colonel faisait preuve d'une belle autorité naturelle. La Rouërie comprit que le général en chef savait s'entourer.

L'émotion de l'officier breton monta d'un cran quand il vit dans l'entrée le portrait de Washington en uniforme de colonel du régiment de Virginie. Le regard noir, il semblait scruter l'horizon.

« Autrefois, il guettait les soldats de France pour les combattre, pensa-t-il. Aujourd'hui, il tient tête, seul, à tous les généraux anglais ! »

D'un signe de la main, Hamilton invita La Rouërie à passer derrière un immense rideau rouge qui cachait un bureau. Le Breton avança, et son regard se figea devant l'homme imposant qui le dépassait d'une tête. Son air bienveillant tranchait avec le portrait qui trônait sur le mur de l'entrée.

« Mes respects, mon général », lâcha-t-il, droit comme à la revue.

George Washington ne répondit pas tout de suite. Il scruta son visiteur, plantant ses yeux dans les siens, et prit le temps de le détailler des pieds à la tête. Puis il parla lentement :

« Colonel Armand, c'est bien cela ?

— Oui, mon général, c'est exact. Je viens de France pour vous servir.

— Votre nom me dit-on est… "marquis de La Rouërie". C'est bien cela ? répéta-t-il.

— Oui, mon général, mais je choisis d'être appelé par mon prénom.

— Tiens donc ! Et pourquoi ? »

Le visage de Washington s'assombrit, perplexe sur le souhait de son interlocuteur de cacher ses origines.

« Mon titre et mon patronyme disent mes privilèges de naissance. Mais c'est à la guerre que je veux gagner mes mérites. Je ne viens pas à vous pour quémander un traitement de faveur. Je viens à vous pour servir, là où vous m'ordonnerez de servir. »

George Washington, dont le visage semblait de cire, laissa percer un sourire.

« Cela confirme tout le bien qu'on m'a dit de vous », affirma-t-il en prenant sur son bureau une lettre. Armand reconnut le courrier qu'il lui avait adressé.

« Ainsi, vous avez servi dix ans dans les régiments du roi de France.

— Oui, mon général. Et j'étais destiné à commander un régiment de partisans lors d'une prochaine guerre. Ce sera ici, en Amérique, si vous m'en jugez digne.

— Vous souhaitez donc constituer un corps de quatre-vingts soldats. Eh bien, il y a par ici un certain nombre de Français qui ne comprennent pas l'anglais. Ils sont sûrement valeureux, mais leurs chefs parlent dans le vide ! Vous serez le mieux à même de les mener au combat. Il en ira donc ainsi, colonel Armand, je vous autorise à recruter jusqu'à deux cents hommes ! »

Alors qu'Armand, ravi, s'apprêtait à tourner les talons, le général en chef lui fit signe d'attendre et, à nouveau, sombra dans le silence, cherchant ses mots.

« Vous savez que j'ai combattu les Français autrefois ?

— Oui, mon général, rudement, je le sais.

— Vous m'avez écrit que vous vouliez, à mes côtés, perfectionner votre faible talent pour la guerre. C'est une formule pleine d'humilité, mais je vous crois au contraire doué pour la guerre. Sachez que je n'ai épargné aucun des Français que j'ai affrontés. Nos batailles ont été féroces. Pourtant, vous êtes là. Serais-je donc pardonné ?

— Nous avons un ennemi commun, et croyez-moi, je lui porte la même affection que celle que vous portiez aux Français. Plus encore que contre l'Anglais, j'entends combattre pour la liberté, pour l'égalité. Et cette lutte n'a pas de nationalité.

— Eh bien, soit ! Vous mènerez la guerre à mes côtés. Organisez votre corps de partisans. Il sera à l'épreuve d'ici à quelques jours. Et en première ligne ! »

32

Du haut des monts Watchung, par temps clair, la vue se perdait jusqu'à Staten Island. Les bourrelets boisés masquaient parfois la plaine, et George Washington passa de longues heures à étudier les crêtes et les bosquets. Son regard d'aigle guettait les Anglais et leur chef, sir William Howe, tapi entre les plaines.

« Ils attendent que je descende pour me ferrer », lança-t-il à lord Stirling, l'un de ses brigadiers généraux.

Stirling était un Écossais de New York à la tête dure et au sang chaud. En tant que chef du 1er régiment du New Jersey, il s'était distingué avec ses volontaires en capturant des marins anglais.

« Ils veulent nous mener vers la mer, estima Stirling. Howe attend notre mouvement pour lâcher les tuniques rouges de Cornwallis, qu'il vient de nommer major général.

— Et après il filera vers Philadelphie. Ce gredin de Cornwallis n'a que cela à l'esprit. C'est là que nous avons signé notre indépendance, c'est là qu'il veut nous pendre ! »

L'Anglais Howe avait renforcé ses troupes. Sur le littoral, ses agents avaient récupéré des marins et des déserteurs ; il alignait plus de douze mille hommes. George Washington était conscient de son infériorité numérique.

« Nous allons devoir bouger. Je veux être à l'abri d'une attaque anglaise quand nous lancerons la manœuvre.

— Howe et Cornwallis n'attendent que cela, ils n'attaqueront pas sur la hauteur.

— Howe est un renard, il veut me faire sortir du poulailler et nous faire descendre vers les crêtes. Stirling, attaquez son arrière, allez donc le harceler !

— À cette heure, Howe doit être trop occupé avec les dames de New York, sourit Stirling.

— C'est probable, ajouta Washington sans ciller, mais, s'il est trop occupé à New York, il a dans ces foutues collines les yeux du redoutable Charles Cornwallis. »

George Washington écouta Stirling expliquer sa manœuvre. Il entendait attaquer entre Plainfield et Scotch Plains.

« Attendez-vous à une sévère volte-face des Anglais, déclara Washington. Ils ont le nombre pour eux. Placez donc les partisans du colonel Armand au-devant. Je veux voir ce dont est capable ce Français. »

Armand n'avait pu réunir que quelques dizaines de soldats. Washington pensa d'abord rattacher sa troupe à celle du baron Dietrich von Ottendorf, un mercenaire allemand, brutal et maladroit, qu'une partie de ses hommes rechignait à suivre. Ottendorf était à la tête d'une bande d'individus dont certains servaient l'armée continentale dans le seul but de s'enrichir. Leurs victimes étaient systématiquement détroussées. Même des *insurgents*, ces colons qui combattaient les Anglais, avaient eu affaire à eux. Un officier d'Ottendorf s'opposait vivement à ces dérives : George Schaffner, sous-lieutenant, fut le premier à lâcher le mercenaire allemand pour rejoindre La Rouërie. Solide paysan de Pennsylvanie, Schaffner était un homme courageux et droit.

« Je quitte un bandit pour servir un officier de valeur, avait confié Schaffner en se plantant devant Armand.

— Cet Ottendorf raclerait le cadavre de son propre père ! J'ai besoin d'hommes de votre trempe pour bâtir ma légion.

— D'autres vont venir, soyez-en sûr. »

Armand en regroupa certains qui ressemblaient plus à des paysans partant aux labours qu'à des soldats d'élite. Quelques-uns n'avaient pas l'expérience du combat. Sa première décision fut donc d'exiger d'eux une discipline de fer.

« Je n'accepterai aucun écart de conduite, avait-il lancé, avec à ses côtés Lefevre, Schaffner et deux capitaines, le jeune Antoni Selin et John Paul Shott. Je ferai de vous une troupe d'élite, mais chacun de vous devra mériter son rang ! »

Les capitaines Selin et Shott acceptaient difficilement de servir sous les ordres de ce colonel français. Néanmoins, ils n'eurent pas longtemps à s'interroger sur ses capacités au commandement.

« Messieurs, vous combattrez sous mes ordres, et j'attends de vous une tenue irréprochable.

— Vous pouvez y compter », assura Selin alors que Shott se contentait d'un signe de tête.

George Washington avait vu juste : les troupes anglaises engagèrent une contre-attaque peu avant six heures du matin. Cornwallis et Vaughan menèrent chacun une colonne et foncèrent sur la ligne américaine. Stirling répliqua par une colonne d'attaque sur la crête de Short Hills, avec l'aide de La Rouërie et de ses hommes.

Armand sentit son cœur battre comme jamais. Il sortit du bois en tête et lança son cheval après que sa première ligne eut ouvert le feu. Lefevre le suivait de près, Schaffner emmenait sur le flanc un groupe de grenadiers. Armand eut le temps d'apercevoir Lefevre, couché sur sa monture, fonçant sur l'ennemi. Le feu anglais répliqua, et trois soldats tombèrent au sol. Armand hurla la charge. C'était enfin la guerre ! Son épée s'abattit sur un grenadier anglais, il la retira, frappa à nouveau. Les canons tonnaient, mais il était trop tard pour arrêter la colonne d'attaque. Armand crut un instant que les tuniques rouges se repliaient, mais c'était pour mieux contourner une mare boueuse.

La Rouërie s'était jeté dans la bataille au plus près de ses troupes. Il voulait être la pointe acérée de l'armée de Washington, le premier des partisans de Short Hills dont Cornwallis se souviendrait. Cependant, les Anglais étaient en nombre, marée rouge au mouvement incessant. Armand mit pied à terre, et un furieux corps à corps s'engagea entre deux bosquets. Les hommes tombaient. Il reconnut un pauvre bougre qu'il avait encouragé au moment de l'attaque, gisant le ventre percé et les yeux figés au ciel.

Les Britanniques eurent fort à faire, mais ils tenaient la victoire. Si les manœuvres de lord Stirling avaient permis à Washington de placer son armée sur les hauteurs, les Anglais freinés à Short Hills engagèrent un mouvement et poursuivirent les troupes de l'Écossais en direction de Westfield, emportant trois canons américains.

Les furieux Anglais s'éloignaient. Armand rassembla six hommes encore valides pour attaquer un groupe de sept tuniques rouges qui tentaient de dérober un canon.

« Nous le récupérerons, ou nous mourrons sur place ! » cria-t-il à l'adresse de ses soldats.

Un Anglais sentant la manœuvre se jeta sur Armand qui, d'un geste ample, le frappa de sa lame à deux reprises. L'assaillant s'écroula. Schaffner, Lefevre et deux des leurs s'emparèrent du canon. Armand exultait.

« Nous laissons sur le champ de bataille plusieurs de nos braves, mais nous remettrons ce canon au général Washington ! »

Une trentaine des partisans de La Rouërie moururent à Short Hills. Néanmoins, il fut rapporté au général en chef de l'armée continentale que rarement on avait vu un colonel s'engager si près de ses hommes à la pointe du combat.

33

George Washington savait jauger les hommes. Il comprit à Short Hills qu'il tenait avec La Rouërie un chef d'une autre trempe que le mercenaire Ottendorf. Et ce chef obtint de constituer une unité indépendante, l'Armand's Independent Corps, en rassemblant des volontaires, des déserteurs de l'armée de Howe en peine de rachat et quelques paysans de Pennsylvanie. Le capitaine Shott avait été fait prisonnier. Sous les ordres de La Rouërie, Selin garda le commandement de sa compagnie, mais La Rouërie préféra s'appuyer sur celui qui allait devenir son bras droit : Schaffner, qui serait bientôt capitaine. Depuis la défaite de Short Hills, le colonel se confiait à lui, l'âme sombre.

« Trente de mes hommes sont morts, autant sont prisonniers. J'ai failli !

— Non, vous avez protégé la retraite de Stirling et rapporté un canon, tenta Schaffner.

— Qu'importe ! J'ai honte de la tenue de certains de mes soldats, qui n'ont aucune conscience de ce qu'est l'art de la guerre. Des pochetrons, des voleurs que cette crapule d'Ottendorf a organisés comme une meute de chiens sauvages.

— Ceux-là, les pires de la troupe, ont déserté hier.

— Oui, et ils seront sévèrement punis. J'ai demandé pour eux le fouet au général en chef. Quant à Stirling, j'attends toujours qu'il reconnaisse notre sacrifice ! »

George Schaffner comprit qu'il faudrait d'autres batailles pour calmer la colère de La Rouërie. Plus d'une fois, il dit à Lefevre son admiration :

« À la pointe du combat, j'ai vu un grand chef !

— C'est un gars du Couesnon, s'amusa Lefevre.

— Le Couesnon ?

— Une rivière, loin d'ici, en ma douce Bretagne. »

La Rouërie et George Schaffner passèrent l'été à recruter et à équiper des partisans. Ce premier bataillon était encore de bric et de broc, mais son chef l'imaginait en légion redoutable et commença à s'endetter lourdement pour financer les équipements, les armes et les chevaux.

« Il nous faut des dragons, pestait le colonel Armand, plus de dragons, c'est la cavalerie qui sera décisive face aux tuniques rouges.

— Il faudra convaincre le général Washington. Il ne croit qu'aux fantassins et aux canons, soupira Schaffner.

— Il faut des chevaux ! Il faut des cavaliers vifs et rapides pour gagner la guerre ! Je le lui expliquerai et il m'écoutera.

— Servez-vous donc de La Fayette.

— La Fayette ? On me parle beaucoup de ce La Fayette, lâcha Armand, fronçant les sourcils. Qu'a-t-il fait ? Nous ne l'avons pas vu sur les hauteurs de Short Hills !

— Il a l'oreille du général en chef.

— Ah bon ? N'ai-je pas aussi l'oreille du général Washington ? J'ai traversé l'océan avant ce jeune La Fayette. Deux mois avant ! Que croyez-vous que j'ai entrepris en l'attendant ? Je me suis battu ! »

Devant l'air amusé de Schaffner, Armand s'en voulut de paraître vexé. Il éclata de rire, comme pour se rattraper.

« George, trouve-moi ce La Fayette, on verra s'il est capable de nous aider. »

La Fayette et La Rouërie firent connaissance à Morristown quelques jours plus tard. Hamilton, l'aide de camp de Washington, avait organisé un repas avec de nombreux officiers. Armand s'y présenta, flanqué de Schaffner. Ils virent arriver à eux un jeune homme élancé à l'abord froid et distant.

« Colonel Armand, vous êtes un individu pressé, et vous m'avez devancé en Amérique. Je ne suis que votre second…

— Vous n'avez, je crois, pris aucun retard. Vous voilà major général à vingt ans, je n'ai pas eu cet honneur ! Sachez, monsieur, que je serais fier de batailler à vos côtés.

— Vous serez nommé général sans tarder, si j'en crois ce que l'on raconte. Vous êtes un soldat redoutable, dont la noblesse bretonne peut être fière. C'est moi qui vous le dis, qui suis aussi de sang breton, par ma mère. »

Armand ne détestait pas les compliments. Mais ceux du marquis de La Fayette qui n'avait que dix-neuf ans le taraudaient : « N'y a-t-il pas là un peu d'ironie de sa part ? Qu'a-t-il de plus que moi pour être déjà major général ? Qu'ai-je de moins pour n'être que colonel ? » De La Fayette, il savait déjà qu'il était fortuné, qu'à ses seize ans, il avait épousé Mlle d'Ayen, de la riche famille des Noailles, qu'il était un officier brillant débarqué en Amérique le 13 juin, à South Inlet, « quand je menais déjà mes troupes sur les chemins de Short Hills… ».

Contre l'avis du roi et des siens, espionné en France par les Anglais, soutenu par Benjamin Franklin et ses amis, le jeune La Fayette avait traversé l'océan en faisant jurer à chacun de ses hommes de « vaincre ou périr ».

« C'est un gaillard, mais je le vaux ! » lança Armand à Lefevre, qui s'amusait encore des emportements de son chef.

La Rouërie et La Fayette se retrouvèrent le 24 août dans les rues de Philadelphie en liesse pour accueillir le défilé des troupes de George Washington. Armand gardait l'air sombre. Ses soldats alignés, habillés comme des paysans, n'avaient rien des fières armées du roi de France. Il avait beau les tester régulièrement lors d'accrochages avec les avant-postes anglais, ses recrues avaient encore beaucoup à apprendre. Il voulait une bataille, une vraie, pour y mener son corps de partisans et en faire un régiment redouté.

Elle eut lieu le long de la Brandywine River. Les Anglais de Howe devaient franchir le cours d'eau pour prendre Philadelphie. Les escarmouches éclatèrent dans la matinée du 11 septembre 1777. Les partisans de La Rouërie reçurent mission de protéger l'arrière-garde, face aux Anglais qui tentaient de passer la rivière.

Deux colonnes britanniques avancèrent sous une pluie fine. La première, dirigée par le lieutenant général allemand Wilhelm von Knyphausen, était constituée des fameux Hessois, ces mercenaires allemands à la solde des Anglais. La seconde était menée par Charles Cornwallis, vainqueur de Short Hills. Armand, en tête, hurla l'assaut à plusieurs reprises et, chaque fois, ils furent parmi les derniers à se replier sous l'orage qui grondait.

Les Anglais tenaient maintenant Philadelphie, que le Congrès continental dut quitter lui aussi. Malgré la défaite, Armand fut rassuré de voir que, sous sa conduite, ses partisans avaient réalisé quelques actions de groupe bien coordonnées. Mais une chose le taraudait. Il voulait être promu général, comme La Fayette. Washington l'avait-il oublié ?

« Messieurs, la troupe est presque en ordre. J'ai vu des soldats organisés, valeureux, et vous avez mené l'affaire avec intelligence.

— Nos morts sont tombés avec les honneurs, ajouta gravement Schaffner. Quelques-uns ont racheté leur conduite du temps passé avec Ottendorf, à voler des *insurgents* dont le seul tort avait été de leur avoir fait confiance. »

Le capitaine Senin parla d'un officier français grièvement blessé sur le bord de la rivière Brandywine.

« Ce M. de La Fayette est tombé crânement.

— La Fayette ? Est-il mort ? l'interrompit Armand.

— Non, sa jambe a été transpercée par une balle, et il a perdu beaucoup de sang.

— Washington lui en saura gré, réagit nerveusement le colonel. A-t-il eu le temps de prouver sa valeur au combat ? Oui, c'est donc un brave !

— Il aura la reconnaissance du général en chef, assura Schaffner.

— Nous l'aurons tous ! coupa La Rouërie sur un ton sec. Honneur à M. de La Fayette dont le sang a coulé ! Je veux bien de cet officier à mes côtés ! »

La troupe de La Rouërie fut rattachée à la légion de Pulaski, le nouveau général des unités de cavalerie de l'armée de Washington. Enfin, l'importance des dragons était reconnue ! Armand et ses cavaliers s'illustrèrent à Germantown le 4 octobre, quand Washington décida d'attaquer les troupes du général Howe, qui y avait installé sa garnison. Mais la bataille une nouvelle fois tourna à l'avantage des Anglais. Avant l'assaut, Lefevre présenta à Armand un jeune Breton du nom de Jezekael. Il arrivait du lac Huron pour rejoindre le premier bataillon de la légion de partisans.

« Je me place sous les ordres d'un fier soldat breton ! lança Jezekael, tout sourire, en saluant La Rouërie.

— Tu gagneras ici la gloire ou périras au combat. Je suis fier de commander des hommes tels que toi, Jezekael ! »

Howe veillait d'un œil jamais éteint et sentit venir l'attaque. Toujours aux avant-postes, les Bretons luttèrent vaillamment. À deux enjambées et sous les yeux de La Rouërie, Jezekael tomba sous le feu anglais. Armand, de rage, descendit de sa monture et se jeta dans la mêlée sanglante. Il se battit furieusement au-devant de ses hommes avant de remonter à cheval. Ils rejoignirent les cavaliers de Pulaski partis à l'assaut d'une colonne anglaise qui attaquait l'arrière-garde américaine. Les tuniques rouges durent interrompre leur charge. À nouveau, Armand, haranguant ses troupes, suscita l'admiration de ses officiers. Le soir, il réunit les survivants de son corps de partisans. Il appela à ses côtés Schaffner et Lefevre, son fidèle Ventre-à-Terre.

« Je vais vous conter l'histoire d'un brave dont les aïeux quittèrent autrefois notre Bretagne pour la Nouvelle-France. Il s'appelait Jezekael, soldat de la liberté ! Avec ses camarades, il est tombé lors de l'assaut de Germantown. Honneur à eux ! »

Une clameur s'éleva.

« Nous offrirons la victoire au général Washington ou nous périrons ! reprit Armand.

— Honneur aux Bretons ! » cria Lefevre.

Armand s'adressa à Schaffner :

« Tu vois, George, cette troupe prend forme. Elle fait corps ! Elle me suivra jusqu'à la mort !

— Il nous faut d'autres hommes, des chevaux, des armes et de l'argent pour les nourrir.

— Les nourrir ?

— Oui, l'hiver approche, et l'on manque déjà de tout. »

Comme seule réponse, Armand se tourna vers sa troupe. Face à lui, Lefevre vit son ami gagné par cette exaltation qui le transportait parfois. Le colonel Armand leva alors sa lame au ciel, laissant apparaître un bras ensanglanté, et lança à ses partisans :

« Nous n'aurons ni faim ni soif ! Et s'il le faut, nous boirons notre sang ! La Fouine et la Bourrique, à moi ! »

Lefevre serra l'épaule de George Schaffner en devinant quelques larmes dans les yeux d'Armand. L'émotion les gagna à la vue des blessés qui s'étaient regroupés autour de leur colonel.

Une grande nouvelle arriva les jours suivants : les tuniques rouges du général anglais John Burgoyne venaient de capituler à Saratoga. La victoire des généraux américains Horatio Gates et Benjamin Lincoln en Nouvelle-Angleterre fit souffler un vent d'optimisme dans les treize colonies.

Le 24 octobre, le colonel Armand et ses hommes furent engagés dans la défense de la petite forteresse de Red Bank, sur les rives de la Navesink River, au sud de New York. L'attaque anglaise fut repoussée. Qu'attendait Washington pour le nommer général ?

La Rouërie retrouva La Fayette au combat en novembre. Il fut à nouveau saisi par l'aplomb de cet officier de vingt ans qui lui parlait comme un père à son fils.

« Monsieur, on m'a dit de vous de fort belles choses !

— Quels mérites ai-je de plus que le major général que vous êtes ? Quelques années nous séparent et je ne suis que colonel !

— Les hommes ne parlent que de votre ardeur au combat. Vous serez général, n'en doutez pas ! J'ai besoin d'un appui tel que vous, d'une lame sûre et infaillible à mes côtés.

— Ma lame est au service du général en chef. Je veux vaincre ou périr. Guerroyons, monsieur, et laissons donc les Anglais conter les redoutables mérites de ceux qui les auront occis ! »

Armand devinait qu'aux yeux de George Washington, il avait affaire à rude concurrence. Et ce La Fayette ne manquait pas de moyens pour lever des troupes, ce qui lui donnait un avantage certain.

Les armées de Washington se préparaient à passer l'hiver sur les hauteurs de Valley Forge dans des conditions particulièrement rudes. Une mission de reconnaissance fut décidée et confiée à La Fayette, secondé par La Rouërie. Ils partirent ensemble à la tête de trois cents fusiliers de l'armée continentale et de quelques partisans vers les contrées du sud de Philadelphie, où Cornwallis avait regroupé ses troupes. Le Britannique avait déployé des mercenaires allemands pour garder les abords du camp dans le comté de Gloucester.

Armand n'aimait rien tant que ces manœuvres d'approche pour étudier le terrain ennemi, saisir la faille et guetter le moment propice à l'attaque. Il laissa La Fayette avec son aide de camp et fila en reconnaissance, flanqué de Lefevre et de Schaffner, qui le suivaient comme une ombre. Ils progressèrent dans la nuit jusqu'à sentir l'odeur de la fumée des feux anglais.

Au retour, Armand proposa à La Fayette une attaque surprise. Les Hessois furent saisis dans leur sommeil. Les fusiliers neutralisèrent les sentinelles les plus en vue, et un groupe de dragons emmené par le colonel Armand mena l'assaut. Il n'était pas question pour La Rouërie de laisser penser à son jeune major général qu'il était plus faible que lui au combat. Il fut le premier à affronter l'ennemi. S'il méprisait la jalousie, Armand était gagné par la hargne de n'être pas encore reconnu pour ses mérites. Entouré par une troupe de Hessois menaçants, il leur en fit payer le prix. Il frappa d'un bras vengeur, mais son cheval se cabra et fut touché à mort. Le colonel Armand n'eut que le temps de se jeter à terre. Lefevre se rangea à ses côtés. Les Hessois, incapables de réagir à la vivacité de l'attaque, eurent autant de morts que de blessés.

Ce fut au tour de La Fayette d'être impressionné. Il écrivit dès le lendemain au Congrès continental : « Je reconnais avec plaisir et gratitude ce que je dois au colonel Armand pour le zèle et la valeur qu'il a montrés dans cette occasion, où il se trouvait être l'officier le plus gradé. Après moi. »

Le coup de Gloucester fut salué dans les rangs de Washington. La Rouërie eut droit à des messages de félicitations du général en chef et du Congrès. Mais il eut à payer de sa poche l'achat d'un nouveau cheval. Et dut accepter une rude nouvelle : La Fayette était nommé lieutenant général.

34

De rage, Armand de La Rouërie se jeta à corps perdu dans les batailles de White Marsh. Il avait rejoint les troupes du général polonais de la cavalerie américaine Casimir Pulaski, qui redescendaient vers Baltimore. Le 5 décembre, suivi de ses cavaliers, il affronta les Anglais qui tentaient un débordement. Le lendemain, avec ses fantassins, il fut de ceux qui repoussèrent les ennemis défaits. Mais les pertes furent terribles. Près d'une trentaine de ses hommes moururent à ses côtés. De ces deux jours de combats, Armand ressortit très affecté. Ses cavaliers n'étaient pas assez nombreux, et ses fantassins manquaient d'entraînement. Était-il condamné à voir tomber ses hommes, américains, allemands, français, qui le suivaient avec tant de confiance ?

« Ne suis-je qu'un piètre chef ? C'est à moi de mourir !

— Que ferions-nous d'un chef mort ? lui répondit sèchement Lefevre.

— Ce Stirling, notre général, méprise ses troupes de partisans. Quand ses soldats meurent, il ne pense qu'à sa gloire ! Il me faut des dragons, et encore des dragons. Cette guerre se gagnera à cheval ! »

L'hiver à Valley Forge fut long, noir et cruel. Les douze mille partisans de l'armée de Washington arrivèrent en processions interminables, vêtus de guenilles plus que d'uniformes, les pieds dans la neige. Des femmes et des enfants amenèrent un peu d'humanité. Chaque soir, on allait rendre des corps à la terre, en longeant la Schuylkill River, figée dans la glace. La maladie, les blessures et la faim firent plus de deux mille victimes. Les officiers tentaient d'ordonner l'immense campement qui gangrenait le plateau et les vallons bordés de froides collines. Les cahutes en bois n'étaient que « des petites casernes guère plus gaies que des cachots », comme l'écrivit La Fayette à Adrienne, sa femme.

« Qu'ils étaient doux, les marais de notre Couesnon, lança Armand de La Rouërie à Lefevre, qui bougonnait en s'affairant à organiser leurs tentes.

— Nos compagnons n'ont pas à regretter d'être restés au pays.

— Ils seront fiers de nous, Ventre-à-Terre ! Nous gagnons notre gloire ici, dans le bourbier de Valley Forge.

— Morbleu ! Il sera bon de retourner combattre les Anglais loin de cet endroit où nous pourrions bien crever de faim. »

Le soir, devant le feu, Armand devisait longuement avec Schaffner, son capitaine américain, maudissant ses supérieurs.

« Connaissez-vous Conway ? Un général félon qui insulte Washington à chaque occasion… »

Pendant des mois, il écrivit de nombreux courriers livrant ses états d'âme au général en chef, qui lisait toujours avec intérêt les mots de ce colonel français à l'âme rebelle. Washington s'en était ouvert à La Fayette et à son ami le baron de Kalb – Johann de Kalb, fils d'un paysan allemand devenu baron, après avoir vaillamment servi le roi de France, et que ce dernier venait de nommer major général de l'armée continentale.

« Ce colonel Armand a la tête dure, et on le dit très volontaire, souligna de Kalb.

— Il l'est en effet, fier aussi, mais ne supporte pas l'autorité, réagit Washington.

— Il vous sera fidèle jusqu'à la mort, répliqua Hamilton, son aide de camp. Quant au général Conway, il a la langue aussi pendue que fourchue, ainsi que disent les Français.

— Conway est un de mes officiers, toutefois je le considère comme mon ennemi. La Rouërie a raison ! Conway quittera mes régiments. J'attends mon heure, mais je n'oublierai aucune de ses infamies à mon égard. Même quand j'ai le dos tourné, j'entends tout ! »

À Thérèse de La Bélinaye, sa mère, et à son oncle Charles, Armand racontait ses faits d'armes et les dures conditions de vie des soldats de la liberté. Il se garda bien de décrire le flamboyant La Fayette, n'évoquant que ses propres mérites. Il devinait que ses lettres nourrissaient déjà sa légende dans le pays de Fougères, sans doute aussi dans les rangs des officiers du roi de France. Parfois, son ancien amour, Adélaïde, occupait ses pensées. Elle devait mener grande vie à Paris. Et leur fils Armand, dans le château de Saint-Ouen, apprenait-il à se battre ? Il écrivit aussi à Thérèse de Moëlien, l'imaginant à cheval sur les chemins de Bretagne. Elle songeait peut-être à son cousin tant admiré, regrettant de ne pouvoir être à ses côtés, en Amérique.

« Ma Thérèse, je pense à vous chaque jour. Nous avons ici le privilège de mener ce combat, nous serons dignes de vos espoirs. Je reviendrai à vous vainqueur ou je mourrai en Amérique. »

« Ne mourez pas, répondait-elle, de lourds nuages s'amoncellent au-dessus de la Bretagne. Qui défendra nos libertés, si ce n'est vous ? »

Des mois passèrent. Au sortir de l'hiver, le Congrès, tenant compte des actes de bravoure d'Armand de La Rouërie et de ses partisans, l'autorisa à lever une légion de plus de quatre cent cinquante hommes.

« Deux fois plus qu'à notre arrivée ! Lefevre, nos mérites sont enfin reconnus ! »

Il l'écrivit à sa mère et à l'oncle Charles. « J'ai avec moi les capitaines Marckle, Schaffner, un brave, Sigoigne et de Bert, qui sont de solides officiers, et mon fidèle Lefevre. » Mais il exprimait peu le regret qui le taraudait : celui de n'être pas encore général. L'orgueilleuse Thérèse de La Bélinaye aurait peut-être vu dans cette vexation la preuve que son fils « qui n'écoute jamais que lui » n'avait pas su répondre aux attentes de George Washington.

Le printemps vint éclaircir l'enfer gelé de Valley Forge. Il fut décidé qu'à l'été, le corps franc du colonel Armand s'approcherait des environs de New York. Là-bas, le général Scott avait besoin de troupes légères, rapides, capables de percées silencieuses et foudroyantes, de nuit comme de jour – des hordes de loups, à l'affût et clandestines. Les raids éclairs, c'était la spécialité de La Rouërie et de ses partisans.

« Vous aurez là une lame farouche pour aiguillonner l'Anglais, avait lancé George Washington à Scott, qui tenait le nord-ouest de New York. Avec Henry Lee, vous aurez une redoutable paire !

— Grâce à ces deux-là, nous tiendrons Neutral Ground, avait répondu Scott. Je connais Lee, pas ce colonel Armand, un chef de bande dont on me dit qu'il veut devenir général.

— Un fichu Français qui n'a pas attendu d'être envoyé par son roi pour nous rejoindre. Il est loyal ! Mais gardez-le à l'œil. C'est un orgueilleux. Il ne supporte que mon autorité !

— Me voilà prévenu… » déclara simplement Scott.

Henry Lee, troisième du nom, était un brillant officier de cavalerie tout juste nommé major. Âgé de vingt-deux ans, issu d'une bonne famille du comté de Prince William, en Virginie, il était proche du clan Washington. Le regard franc, la mâchoire autoritaire, il aurait pu plaire à Armand, qui reconnut immédiatement en lui un cavalier très agile et un chef efficace. Sa « Lee's Legion » était composée de fantassins et de cavaliers entraînés. Mais quelque chose dans l'éclat de ses yeux suscita la méfiance de La Rouërie.

« Nous ne serons pas moins valeureux que les soldats du major Lee, avertit Armand à l'adresse de ses officiers. J'attends de vous une troupe en ordre de combat, correctement vêtue, rangée et valeureuse.

— D'où vient son surnom ? interrogea Ventre-à-Terre, qui rapporta que les hommes de Henry Lee appelaient leur chef "Light-Horse Harry".

— C'est l'un des meilleurs cavaliers de Virginie, témoigna le capitaine Schaffner. Sa troupe est rapide comme l'éclair.

— Ils seront trop lents ! trancha Armand. Nous serons plus rapides que l'éclair. Ces bandes de chiens d'Anglais qui s'aventurent à Neutral Ground vont goûter ma lame avant celle du major Lee ! »

Pendant de nombreux mois, les soldats d'Armand sillonnèrent Neutral Ground, s'enfonçant dans les chemins de traverse, aux aguets, lançant l'escarmouche ou contrant les raids ennemis. Ce pays de marais et de sentiers balayés par les vents, d'étendues d'herbes folles, de vallons épais et boisés séparait la division du général Scott des légions anglaises. Des paysans, quelques marins et d'anciens esclaves vivaient là dans la crainte permanente des luttes meurtrières menées par les *Queen's rangers* anglais qui remontaient de l'île de Manhattan ou par des partisans de l'armée continentale.

Les chefs anglais Simcoe et le cruel Banastre Tarleton menaient la vie dure aux troupes de Washington. C'étaient des officiers aguerris, capables de coups d'éclat des plus audacieux. Mais il en était un que les habitants de Neutral Ground craignaient par-dessus tout : Baremore, un major américain vendu aux Anglais et qui détroussait sans compter.

« Ce traître de Baremore me rendra gorge, avait dit La Rouërie à Schaffner. Les Anglais l'utilisent, mais il se laissera aussi bien soudoyer par nous. Ce brigand volerait sa propre mère. Il est à moi, George, tu entends, à moi !

— Trouvons-le avant Lee. Parce que celui qui débarrassera ce pays de Baremore sera célébré du New Jersey à la Virginie », répondit Schaffner.

Aucun sentier de Neutral Ground n'eut plus de secrets pour les bataillons de « Light-Horse Harry » et du colonel Armand. La Rouërie, à l'affût, guettait l'Anglais de jour comme de nuit. Il pistait Simcoe, Tarleton et surtout le mauvais Baremore, dont les mercenaires faisaient chaque semaine de nouvelles victimes.

Mais il veillait aussi à l'orgueilleux « Light-Horse Harry », qui venait de s'illustrer à la bataille de Paulus Hook et écrivait sa légende dans la lumière, ne lui laissant que l'ombre.

Armand saisit sa chance le jour où il chassa John Graves Simcoe. Ce colonel anglais, fils d'un capitaine de la Royal Navy qui s'était illustré face aux Français lors du siège de Louisbourg, était un farouche combattant. Simcoe était connu pour achever ses ennemis à la baïonnette, comme lors de la bataille de Stockbridge un an plus tôt, où ses hommes, sans pitié, avaient massacré une quarantaine d'Indiens mohicans.

Ce jour d'octobre 1779, Simcoe et sa troupe tendirent des embuscades dans le New Jersey. Le matin, ils attaquèrent des réserves de denrées dans une église à Finderne. L'après-midi, ils progressèrent jusqu'au palais de justice du comté de Somerset, où ils libérèrent des loyalistes. Simcoe mena ensuite ses hommes à vive allure pour rejoindre la Rariton Bay à South Amboy. Des bateaux de vivres étaient au mouillage, et leur destruction aurait porté un coup dur aux troupes américaines. Mais il baissa la garde. Dans un chemin qui longeait le fleuve, il ralentit le pas à la vue d'un groupe de paysans dont la charrette s'était renversée. Il leur cria de s'écarter avant d'arrêter sa monture. Il aimait sentir la crainte chez ses interlocuteurs. Il leur parlait alors avec bonhomie pour susciter l'admiration. Il n'eut pas à le faire ce jour-là.

« Maintenant ! Maintenant ! »

Le cri jaillit par deux fois, et les paysans se jetèrent sur Simcoe, ficelé en un instant et couché sur le ventre, à dos de cheval. Il entendit des rires et reconnut quelques paroles en français. Un homme s'était approché et proposa de l'aider à s'asseoir, une fois ses mains liées.

« Colonel Simcoe, l'heure est venue pour vous de rendre vos hommages au général George Washington ! Et vous lui transmettrez ceux de M. de Fontevieux que voici, et de M. Lefevre que voilà ! »

Ledit Fontevieux, un lieutenant de vingt ans, petit de taille et d'une grande élégance, salua Simcoe avec déférence. Celui-ci jura en anglais. Il était fait comme un rat, prisonnier d'un foutu Français qui parlait beaucoup, et se prit même à rire quand un de ses soldats ajouta avec l'accent de Pennsylvanie :

« Colonel Simcoe, vous êtes l'invité du colonel Armand, qui vous fera la conversation jusqu'à Croton où il réside. Vous n'imaginez pas comme ces Français sont bavards. »

La Rouërie tenait Simcoe, qu'il présenta au général Scott accompagné par le major Henry Lee. Scott eut des mots chaleureux. Pas Lee. Ce dernier fixa La Rouërie, le visage impassible, la mâchoire serrée, sans laisser percevoir la moindre émotion. Et il tourna les talons. En le suivant des yeux, le colonel Armand grommela quelques mots en français à l'adresse de Schaffner :

« Maintenant, George, je veux Baremore ! »

35

Une vingtaine de chevaux à la file, emportés dans un galop furieux, soufflaient dans la nuit noire. La lune était pâle, et les cavaliers distinguaient la masse sombre des bosquets et des coteaux.

Les nuits précédentes, à plusieurs reprises, Armand s'était enfoncé dans les lignes anglaises. Seul. Il avait repéré chacune des collines, chacun des chemins qui surplombaient l'Hudson River. La Rouërie s'était constitué un réseau d'informateurs – des déserteurs retournés, de pauvres hères qui cheminaient d'un village à l'autre, racontant les nouvelles.

Un matin, l'un d'eux lui confia un précieux renseignement, qu'il détenait lui-même d'un Mohican qui avait croisé des soldats anglais. D'abord, Armand ne dit rien à personne. Mais un soir à Tarrytown, debout au coin du feu, les yeux perdus dans les flammes, il se confia longuement à Lefevre :

« Je sais où est le terrier de Baremore. Je vais le sortir de son trou et tu en seras. Je te veux à mes côtés, comme quand nous chassions l'ennemi dans la forêt de Bazouges. Te souviens-tu de nos rêves ? Nous y sommes ! Ventre-à-Terre, je pense à eux, toi aussi sans doute. Te rappelles-tu Joseph ? Et P'tit-Chouin… ? »

Lefevre écouta sans répondre, la tête ailleurs. Il porta ses mains à la bouche, et l'on entendit le chat-huant sur les rives de l'Hudson. Armand rit joyeusement et se laissa emporter par l'exaltation.

« Morbleu ! C'est la guerre, mon ami ! Ils sont là, ils nous regardent ! Et la Bourrique… Écoute-la… Je l'entends… Elle me nargue… "Tu n'es qu'un coquet"… »

Il s'arrêta, pensif.

« Ai-je jamais souffert comme elle a souffert ? Je te le dis, Ventre-à-Terre, nous allons nous jeter dans la bataille : nous vaincrons ou nous mourrons ! Je constituerai le groupe au matin. Et nous mènerons l'assaut la nuit prochaine. À la Fouine ! »

Le lendemain, au réveil, Armand détailla le plan qu'il avait en tête : longer l'Hudson River vers Manhattan, passer les lignes anglaises, tenir les arrières et emmener une cohorte de dragons jusqu'à Morrisania.

« Tu en seras ! lança-t-il à Schaffner. Oui, tu en seras, George, et tu montreras au général en chef qu'il doit te faire major. Tu en seras toi aussi, Fontevieux ! »

Armand avait tôt remarqué, à force de combattre à ses côtés, la lame fine et intrépide du jeune lieutenant, qui parlait aussi bien l'allemand que l'anglais et le français, ce qui était pratique pour s'adresser à cette troupe bigarrée.

« Tu en seras, John Sharp ! Et toi, Vaudoré ! Et toi, Reynolds ! Duchene, tu en seras aussi ! Et Laffety ! »

Le soir du 6 novembre, les partisans prirent la direction de Manhattan et franchirent secrètement les lignes anglaises. Au milieu de la nuit, le colonel Armand fit arrêter ses fantassins et prit la tête du groupe de dragons. Les vingt-deux cavaliers s'enfoncèrent d'encore plus de deux lieues en zone hostile, d'abord au galop, puis au pas jusqu'à l'approche du gîte d'un certain Alderman Leggett. C'est là que se mussaient Baremore et sa bande.

« Nous n'arriverons pas comme des furieux, avait prévenu Armand. Nous contournerons sa cache à la manière des renards. Nous aurons les oreilles fines, les yeux grands ouverts et la lame retenue. Je ne veux pas un coup de feu. Je veux frapper tel l'éclair qui surprend et s'efface dans la nuit. »

Armand fut le premier à s'approcher de la maison où dormaient Baremore et ses hommes. Une pluie fine caressait les charpentes de bois. Pour rien au monde La Rouërie n'aurait laissé quiconque franchir avant lui le seuil de la tanière. D'un geste, dans la pénombre, il imposa le silence absolu à ses hommes massés près de l'entrée de la demeure. Il goûta un instant l'excitation d'avant la bataille. Il avait à sa portée celui qui terrorisait les populations de la région. Il allait s'en saisir, ou peut-être mourir. On apporta une torche, et la figure d'Armand apparut à ses soldats. La bouche crispée, il riait en silence. On donna l'assaut. La porte céda sans difficulté. Le colonel et ses partisans se jetèrent sur les quelques individus qu'ils entendaient ronfler de l'extérieur. Ils furent saisis, bâillonnés, encordés dans le plus grand silence. La torche balaya les visages ahuris, et parmi eux apparut celui, haineux, de Baremore.

De rage, Armand lui tira vigoureusement les cheveux et prononça les seules paroles qu'on entendit alors :

« Je te tiens ! Tu me suis ! Baremore, tu paieras pour tes crimes. »

Schaffner s'était avancé face à Baremore, lame à la main, le regard froid et menaçant.

« Nous devrions le pendre. De tous ceux d'ici vendus aux Anglais, c'est le pire, parce qu'il les trahit autant qu'il nous trahit. Cette vermine tuerait son frère pour le voler.

— Il sera jugé, trancha Armand. Sa peine sera terrible, car elle sera juste. »

Sur ces mots, il se dressa sur son destrier, prit un air grave et regarda longuement chacun de ses hommes. Il tonna, d'un ordre clair :

« Qu'aucun de vous ne se saisisse du moindre objet, de la moindre pièce, du moindre des petits trésors de M. Baremore, car nous sommes les loyaux et fiers soldats du général Washington. Nous sommes des braves ! »

Ils galopèrent sans retenue pour franchir au plus vite les lignes ennemies. À Hastings, face à l'Hudson large comme un lac, un cri s'éleva. Exalté comme il ne l'était qu'en de rares occasions, Armand se tenait debout sur sa monture, pour crier sa joie et sa fierté à ses hommes.

« Il recommence, lâcha Lefevre dans un grand rire.

— Par mon général en chef, par mon roi et par ma foi, voici la meilleure troupe de l'armée continentale ! »

Le retour à Tarrytown fut glorieux. Armand et ses hommes furent acclamés jusqu'à Croton, où ils avaient leurs arrières. Dans toute la région, l'arrestation de l'infâme Baremore provoqua un profond soulagement au sein de la population ; La Rouërie y gagna une stature de héros. Plusieurs généraux américains, à commencer par Washington, saluèrent l'exploit. Henry Lee, le fameux « Light-Horse Harry », le détesta plus que jamais. Et sa haine ne cessa de s'intensifier. Quelques semaines plus tard, Armand de La Rouërie franchit à nouveau les lignes anglaises à la tête d'un groupe de cavaliers. Ils filèrent le soir tombé jusqu'à Morrisania et capturèrent l'un des capitaines de Baremore et deux de ses hommes de main.

D'orgueil et de rage, Armand soigna son entrée devant le général Scott. Il attendit que le silence se fasse et s'adressa à son chef, qui venait de le féliciter une nouvelle fois :

« On m'avait dit que, d'ici à Morrisania, j'avais plus de chances de croiser votre major Lee que la troupe de Baremore. Je n'ai trouvé que ces trois lascars, des bandits de grand chemin. Ils sont vos prisonniers, mon général, et je suis votre dévoué serviteur. »

Armand se tourna alors vers ses soldats. Son visage martial se détendit soudain en un lumineux sourire. Prenant un air faussement inquiet, il s'adressa à eux, serrés les uns contre les autres, Schaffner et Fontevieux au premier rang :

« Mes amis, l'un de vous peut-il me dire où se cache le fameux "Light-Horse Harry" ? Peut-être court-il toujours à notre recherche d'ici à Morrisania ? »

Un immense éclat de rire fusa alors que Scott fusillait Armand du regard. À deux pas de lui, Henry Lee venait d'apparaître, livide, l'épée au fourreau, mais la main sur le pommeau.

36

« Armand de La Rouërie se serait enfui !

— Armand de La Rouërie ne s'est jamais enfui !

— Mon général, c'est Lee qui l'affirme !

— Lee ? Henry Lee était-il à Camden ? Non ! Qu'il se taise ! Je n'en crois pas un mot ! »

Aux côtés d'un George Washington au visage figé mais à la lèvre tremblante, d'une colère qu'on ne lui connaissait pas, Alexander Hamilton fixait incrédule le jeune lieutenant qui apportait les nouvelles du désastre. Au nord de Camden, en Caroline du Sud, dans la chaleur écrasante de ce mois d'août 1780, l'Anglais Cornwallis venait de mettre en déroute l'armée de Washington.

« Comment Lee peut-il affirmer une chose pareille ? interrogea Hamilton.

— Il s'est confié au général John Stark, qui m'a rapporté ses propos, justifia crânement le lieutenant.

— Je connais cette tête dure de La Rouërie, tonna Washington. Et je connais ce fichu Lee. Ces deux-là se détestent ! Pendant ce temps, mon armée est à terre ! Combien de mes officiers et de mes soldats sont-ils tombés ? Combien se meurent ce soir dans les geôles anglaises ? Et j'ai à vous annoncer une mort, de celles qui me déchirent le cœur tant elles sont injustes, une mort inutile car elle est celle d'un brave qui avait tant à faire. Cette mort… »

Il s'arrêta, respira longuement, et un silence glacial envahit la pièce. Le regard blême du grand George Washington sondait l'au-delà, et aucun de ceux qui ce jour-là l'entouraient n'oublierait de sa vie ce moment où l'émotion fit vaciller le roc.

« Notre belle Amérique indépendante s'est évanouie à Camden ! Cette mort que je dois vous annoncer est celle de mon ami monsieur le major général Johann de Kalb, qui a si vaillamment lutté à la tête des braves du Maryland et du Delaware. Il est tombé sous les baïonnettes ennemies.

— De Kalb est mort ? » répéta Hamilton, le regard rivé au sol.

Le général en chef répondit lentement, de façon solennelle :

« Oui, de Kalb est mort. Loin de son pays de Bayreuth. Ce grand soldat est venu jusqu'à nous, prêt à mourir pour les treize colonies. Il a donné à notre terre d'Amérique tout ce qu'un homme peut donner. Jusqu'à sa vie ! Prisonnier de Cornwallis, il a regardé ses geôliers dans les yeux jusqu'à son dernier souffle. Et, je le sais, Cornwallis a demandé que les honneurs lui soient rendus, car on honore toujours ses ennemis quand ils sont de grands soldats. »

George Washington lâcha-t-il une larme ? Plus d'un le crut, mais aucun ne la vit.

« C'est à de Kalb que j'aurais dû confier notre armée de Camden. Lui aurait su éviter ce désastre dont il a été victime !

— Vous l'avez confiée au général Horatio Gates, le vainqueur de Saratoga, et personne ne peut vous en faire le reproche. Le général Gates avait notre confiance à tous », risqua Hamilton, le seul des officiers présents qui osait encore prendre la parole.

Washington fixa longuement Alexander Hamilton, qu'il aimait comme un fils, et l'on sut qu'une irrémédiable sentence allait être prononcée. Sa voix ne trembla pas. Il ne dit que trois mots :

« Gates a failli ! »

Plus qu'une défaite, les combats de Camden furent une humiliation pour l'armée de Washington. Des centaines de soldats du général Horatio Gates furent faits prisonniers ou s'enfuirent afin d'échapper au massacre. Les autres tombèrent le long de la Great Wagon Road, que les Anglais de Cornwallis transformèrent en route de la mort.

À l'issue de la bataille tragique, dans la remontée jusqu'au Warren County, en Caroline du Nord, Armand Tuffin de La Rouërie sillonna un long chemin de croix, de honte et de larmes. Il avait à ses côtés le fidèle George Schaffner, muré dans le silence et couvert de sang séché, ainsi que l'infatigable Fontevieux, qui dans les combats d'une violence inouïe n'avait pas lâché son chef d'une semelle. Derrière lui, deux capitaines, Sharp et Le Brun de Bellecour, menaient les derniers survivants. Mais Lefevre n'était plus là. Avant d'échapper de justesse aux baïonnettes anglaises, Armand l'avait cherché, désespérément.

« Ventre-à-Terre, cours-tu encore ? »

Combien de fois, durant ce douloureux trajet, les yeux perdus dans les étoiles, Armand interrogea-t-il son ami disparu ? Dormait-il dans les geôles de Cornwallis ou gisait-il sous la boue de Camden, le corps dix fois percé par les armes anglaises ?

« Où es-tu donc, Lefevre ? As-tu rejoint la Fouine et ma foutue bourrique ? »

Schaffner et Fontevieux voyaient leur colonel sombrer chaque soir un peu plus.

« Je pleure mes amis de Bretagne, leur confia-t-il un jour, le bras appuyé à un gigantesque tulipier de Virginie, perclus de fatigue.

— La bataille a été rude, Armand, dit doucement Fontevieux. Beaucoup de nos hommes sont tombés et, si Lefevre est encore à Camden, dis-toi que c'est là que ses rêves l'ont mené. La terre d'Amérique est un beau linceul pour les braves qui ont traversé l'océan.

— J'avais sa confiance et il avait la mienne. Nous avons tant lutté, l'un près de l'autre. Et nous avons tant ri… »

Le front contre l'écorce abîmée du vieil arbre, il fondit en larmes, bafouillant quelques paroles que Schaffner s'efforça de comprendre :

« À Camden, j'ai bu mon sang… Oui, j'ai bu mon sang, fichue bourrique. Mais j'ai été défait…

— Que dis-tu là ?

— Je me parle…

— Tu te parles de quoi ? Ce n'est pas ta défaite, Armand. C'est celle de Gates, qui a pris nos chevaux pour tirer ses canons du bourbier.

— Gates n'a écouté personne et encore moins ses officiers…

— Pourquoi a-t-il mis devant nous ses miliciens virginiens affamés ?

— Morbleu ! J'entendais leurs boyaux tordus se vider avant l'assaut.

— Ils se sont enfuis comme des lapins au premier feu anglais.

— Les généraux de ton pays se moquent de la cavalerie, George. S'ils veulent gagner la guerre, il leur faut des dragons, encore des dragons, et pas pour des tombereaux !

— C'est parce que tu lui as dit cette vérité que Gates ne t'aime pas, Armand.

— Je sais. Il va chercher à désigner des fautifs, et nous en serons, sois-en sûr. »

La Rouërie voyait juste. Gates, Lee et d'autres tentèrent de salir sa réputation. Mais Gates fut relevé de son commandement, et « Light-Horse Harry » comprit bien assez tôt qu'il ne convaincrait jamais George Washington que le colonel Armand était un lâche.

Un soir qu'il devisait avec Alexander Hamilton, son aide de camp, le général en chef décida de recommander au Congrès ces deux hommes turbulents, La Rouërie et « Light-Horse Harry ».

« Vous savez, Alexander, le colonel Armand est un officier de grand mérite. Il l'a maintes fois prouvé. Il n'a peur de rien ni de personne. De plus, il est étranger, de haut rang, et il a consenti d'immenses sacrifices financiers pour se battre à mes côtés.

— Il vous faudra convaincre le major Lee…

— Le major Henry Lee sait reconnaître les grands soldats. Il est lui-même l'un de mes meilleurs officiers de cavalerie. Seulement voilà, l'âme humaine est ainsi faite : ces deux-là sont l'eau et le feu. Ils se jalousent ! Je vais les flatter auprès du Congrès. Dans la flatterie, à laquelle ils sont sensibles, ils se retrouveront. Vous verrez, Alexander.

— Aujourd'hui, le colonel Armand n'a plus d'unité. Sa légion est détruite.

— Il faut demander au Congrès de lui trouver des hommes et du matériel.

— Et des chevaux.

— Des chevaux ! Il n'a que cette requête à la bouche. Des chevaux ! Il en veut toujours plus. La totalité de mes écuries ne suffirait pas à le contenter !

— Il harcèle déjà le Congrès ! Il dit partout que, si on ne lui fournit pas de quoi faire la guerre, il repartira en France chercher ce dont il a besoin pour se battre.

— Eh bien, qu'il y aille ! Mais bon sang, de quel bois cette fichue tête de mule de Français est-elle faite ? »

37

Meurtrie par le long silence de son fils après le désastre de Camden, Thérèse de La Bélinaye, pour une fois, écouta son frère Charles.

« Écrivez donc à M. Franklin. C'est un ami du royaume de France. Si lui n'a point de nouvelles de notre Armand, qui pourra nous dire ce qu'il est devenu ?

— Cette bataille de Camden me hante. Les journaux de Paris précisent qu'il était sous les ordres d'un certain Gates. Mais l'armée de ce général est en déroute. Combien sont-ils morts ? Combien sont-ils prisonniers ? Suis-je à nouveau dans le deuil ?

— Il aura su se tirer d'affaire, il a toujours résisté à tout.

— Mon cœur ne supporterait pas sa mort.

— Ne vous lamentez point. Écrivez ! »

Thérèse, sous les regards inquiets de ses sœurs et de Charles, s'assit à la lourde table où le vicomte de La Bélinaye prenait place autrefois, quand il faisait les comptes de ses domaines en sa demeure de Fougères. Les yeux humides, elle caressa du bout des doigts le bel encrier en faïence.

« Mon cœur de mère ne peut exprimer l'inquiétude qui l'étreint… »

Plusieurs fois, elle ratura nerveusement les quelques mots couchés sur le papier épais.

« Une mère dont l'inquiétude ne peut s'exprimer supplie M. Franklin de bien vouloir lui apprendre le sort de son fils aîné dont elle est sans nouvelle depuis l'affaire de Camden… »

La plume de Thérèse racontait à l'encre noire les tourments de son âme. Ils s'entremêlaient à l'instar des *nueys* au-dessus du

Couesnon. Charles se voulait rassurant, mais masquait mal son pressentiment. Il s'en était ouvert à Renée, qui tentait comme elle pouvait de sécher les larmes de sa sœur.

« Lui, si prompt à raconter ses glorieux faits d'armes… Pourquoi ce silence depuis des mois ? S'il n'est pas mort, il doit être dans une profonde détresse, ou croupir dans les geôles anglaises.

— Sa destinée n'est-elle pas depuis toujours de mal finir ? jugea l'austère Renée.

— Soyez juste, Renée ! Ce garçon est fantasque, mais ne manque pas de courage.

— Il n'a jamais tenu en place. Qu'est-il allé chercher là-bas qu'il n'avait pas ici ? Il finira au diable…

— Il nous reviendra couvert de gloire. Je le sais, je l'attends ! l'interrompit Thérèse de Moëlien qui passait.

— Fadaises et balivernes ! » trancha Renée, provoquant la fureur de sa nièce.

Au château de Saint-Ouen, rongée par l'inquiétude, Thérèse attendit de longues semaines une hypothétique missive de Benjamin Franklin. Elle allait prendre à nouveau le deuil quand ses tourments trouvèrent enfin une réponse. C'est Armand lui-même qui la lui apporta.

En Amérique, il s'était enfoncé dans la dépression, se gardant d'écrire quoi que ce soit à sa famille.

« J'entends d'ici mes tantes me maudire s'il me prenait l'envie de leur raconter nos défaites et l'état pitoyable de ma troupe. »

Sa légion le catastrophait. Trop d'hommes étaient morts, ou avaient fui on ne sait où. Les rescapés erraient du matin au soir. Un vent de fronde soufflait au sein de l'armée de Washington, qui manquait de tout. Des soldats affamés et sans le sou désertaient.

Tourmenté, Armand prit la plume, mais pour écrire à Washington. À Camden, il avait perdu les courriers du général en chef. Il les portait toujours sur lui et ne manquait jamais l'occasion de les relire le soir, devant le feu, pour se réchauffer l'âme.

« À Camden, l'ennemi s'est emparé de ma fortune la plus précieuse : les lettres et les certificats que Votre Excellence a bien voulu me donner pour récompenser mes services et ma conduite… »

Sans les preuves écrites de la reconnaissance de Washington, qui allait encore croire en ses mérites ?

« Morbleu, le général George Washington est mon seul ami dans ce pays ! lança-t-il à Schaffner, cassant sa plume dans un geste d'énervement.

— Oublierais-tu tes officiers fidèles ? répondit Schaffner en sortant de sa poche quatre plumes tenues par un fil.

— Il attend de moi de l'aide, et que puis-je faire avec ma troupe défaite ?

— Il compte surtout sur Rochambeau. Quand tes amis français viendront-ils à notre rescousse ? »

Six mille Français avec à leur tête le lieutenant général de Rochambeau avaient débarqué à Newport l'été précédent, envoyés par le roi. Mais ils étaient retenus dans le Rhode Island pour protéger la flotte française menacée par les Britanniques. Aucun renfort n'était à espérer de ce côté.

« Rochambeau ? Qu'a-t-il entrepris depuis qu'il est arrivé en Amérique ? Les soldats du roi de France surveillent la côte quand nous nous battons du New Jersey à la Caroline du Sud. Où était-il, Rochambeau, lorsque nous versions notre sang à Camden ? Le général en chef compte plus sur moi que sur M. de Rochambeau. Bon… peut-être aussi sur La Fayette », admit-il.

Chaque soir, les officiers du colonel Armand dressaient l'état des troupes. Et chaque soir, l'évidence s'imposait un peu plus : sa légion n'était plus qu'une bande affamée et perdue. La Rouërie décida de retourner à Philadelphie, que les Anglais avaient abandonnée pour sécuriser New York. Là-bas, la vie avait repris. Le Congrès était revenu, et des journaux racontaient les épisodes de la guerre. Il emmena Schaffner qui, depuis la disparition de Lefevre, lui tenait lieu d'aide de camp. Les semaines passant, Armand sentait ses forces faiblir. Tout allait de mal en pis.

« Le Congrès va te promettre toute l'aide du monde, mais il est asséché, ruiné ! l'avertit Schaffner.

— Depuis que Lefevre n'est plus là, rien ne me réussit. Je sombre, George. Ton pays m'est bien ingrat. »

À Philadelphie, ils visitèrent dès leur arrivée le jardin botanique ; le soir, Armand fut pris de vomissements, de maux de tête et de fièvre. Il délira pendant deux jours avant de retrouver ses esprits. Il resta alité près d'un mois. À son chevet, George Schaffner assista à ce qu'il interpréta d'abord comme une longue agonie. Néanmoins, il garda espoir, malgré l'air sombre du médecin qui croyait à quelque maladie inconnue.

« Ses vieux démons le hantent, pensa-t-il. Il va à leur devant, se noie dans leur regard de feu et finira par revenir parmi les vivants. Cet homme-là aime caresser la mort », avait-il glissé à Fontevieux un soir où Armand semblait agoniser.

Mais la mort n'en voulait pas encore. Schaffner avait souvent vu Armand sombrer avant de renaître. Alors, il guetta le moment de la résurrection, celui où Armand de La Rouërie bondirait à la surface après avoir touché le fond du puits.

Une nuit, après plus de quatre semaines au chevet du colonel, Schaffner fut réveillé en sursaut. Dans sa chambre, Armand avait hurlé quelque chose d'incompréhensible. George le trouva debout, prêt au combat.

« Je vais porter ma requête au Congrès. Dès ce matin !

— Il n'aura pas plus d'argent à te donner qu'il y a un mois, je le crains.

— Eh bien, si le Congrès n'a plus de quoi nourrir ses soldats, j'irai moi-même chercher le nécessaire.

— Et où vas-tu donc trouver fortune dans ce foutu pays ?

— En France ! Oui, je repars en France, mais tu me reverras ! J'apporterai de quoi reconstituer ma légion. Oui, je paierai ce qu'il faut. La liberté n'a pas de prix ! Si j'ai encore quelques biens, ils sont à l'Amérique ! »

« Le voilà revenu… » pensa Schaffner.

38

« Mon neveu, vous voilà chevalier de Saint-Louis ! »

Le colonel Charles de La Bélinaye, commandant du régiment de Condé, ne riait plus. Il plastronnait dans son bel uniforme blanc aux revers et collet ventre de biche. Tête haute, menton en avant, il clama si fort la devise de l'ordre royal et militaire de Saint-Louis que tout Fougères dut l'entendre :

« *Bellicae virtutis praemium!* »

« La récompense du courage militaire » ! Voilà ce que l'on fêtait sur la grand-place de la haute ville, où le peuple s'était pressé dès le matin pour ne rien rater de l'événement. Face à son oncle, le jeune officier au teint buriné et aux traits abîmés faisait l'objet de toutes les attentions. Il se tenait droit comme la tour Mélusine, enserré dans son habit bleu nuit de l'armée d'Amérique. Son visage amaigri gardait trace d'une blessure, sans doute celle d'une furieuse bataille contre les Anglais. Charles de La Bélinaye eut beau élever la voix et bomber le torse, le soleil breton ce matin-là ne brillait que pour son neveu, Armand de La Rouërie, colonel de l'armée continentale du général George Washington, héros de la guerre en Amérique, revenu au pays le temps d'une fête mémorable en son honneur.

Le marquis de Ségur, nouveau secrétaire d'État à la Guerre, avait confié à Charles de La Bélinaye le soin de lui faire prêter serment, de lui porter l'accolade et de lui remettre la croix au ruban couleur de feu.

« Voilà qui est fait, mon neveu, dit Charles en lui tapotant l'épaule.

— Je vous dois tant, mon oncle. Vous savez l'affection que j'ai pour vous. Recevoir cet insigne de vos mains est un honneur ! »

Charles ne le contredit pas.

« Sois-en digne, sinon ta mère va me bannir », dit-il, et il partit d'un grand rire.

Autour d'Armand, on se pressait. Louis de La Haye-Saint-Hilaire, qui n'avait pas quatorze ans, accompagnait son père. Sa marraine, Thérèse de La Rouërie, lui fit toucher des doigts la croix de Saint-Louis sur le plastron de son aîné. Elle fit de même avec un enfant aux cheveux longs et châtains d'à peine dix ans, qui eut l'air intimidé quand le héros lui caressa la tête.

« Cette croix te reviendra à ma mort, mon fils, mais elle saluera d'abord le général George Washington.

— Vous parlez déjà de repartir, risqua Thérèse de La Rouërie, le fixant d'un regard dur.

— Il me tarde de me battre en terre américaine. Ma légion m'attend, et là-bas, mère, sachez-le, je vaincrai ou je mourrai.

— Il ne changera donc jamais, souffla Thérèse à Bonne Marie de Bois-Février, qu'on avait conviée à la fête.

— Ne vous inquiétez pas pour votre aîné. Soyez-en fière, ma Thérèse.

— Merci, Bonne Marie, son père serait heureux ! Mais que de tourments…

— Oubliez-les !

— Je l'ai cru mort dans cette affreuse bataille de Camden. »

Seule peut-être, Thérèse de La Rouërie était capable de situer Camden-la-Sanglante sur la carte des treize colonies qu'elle avait tant scrutée. À Fougères, on ignorait la déroute en Caroline du Sud ; en revanche, la légende d'Armand filait son train. Elle racontait l'assaut de Westchester et l'arrestation de Baremore, celle du chef anglais Simcoe et les actions de guérilla du colonel fougerais et de ses partisans. Un océan tout entier n'avait pas suffi à calmer le vent de gloire qui soufflait sur le colonel Armand. Les officiers revenaient dans leurs familles avec les récits qu'on colportait à Paris sur ceux qui se battaient en Amérique.

« Comme il est lointain, se dit Thérèse, tenant toujours la main du jeune Armand. A-t-il seulement prêté attention à son fils ? »

Gagnée d'un noir pressentiment, elle garda cette réflexion pour elle.

Tôt le matin, Armand de La Rouërie avait quitté la grande demeure fougeraise où ses tantes s'apprêtaient à recevoir. Il avait du mal à rester entre ces murs qui lui rappelaient tant son grand-père absent. Il était descendu à cheval jusqu'aux douves, avait contourné Saint-Sulpice avant de remonter au pas vers Saint-Léonard. Il avait aperçu des passants et des marchands qui ressemblaient à ceux qu'il croisait quinze ans plus tôt. Il les avait à peine regardés. Ses pensées étaient ailleurs, vers Schaffner, Fontevieux, Ternant et tous les autres.

« N'ai-je donc rien d'autre à faire que m'ennuyer ici ? » avait-il songé.

Devant le parvis de Saint-Léonard, un mendiant avait tendu sa sébile. Il était allé à lui, espérant retrouver Marie, mais ce n'était pas elle. Le vieil homme avait récupéré les quelques pièces et l'avait salué d'un sourire qui avait fait apparaître des chicots pleins de morve et de sang.

« Ne connais-tu point la Bourrique ?

— La bourrique ? Y en a beaucoup, des bourriques, avait-il ricané.

— Une mendiante, comme toi, prénommée Marie et qu'on appelait "la Bourrique".

— Je ne connais pas cette Bourrique-là… » avait conclu le vagabond, semblant chercher dans ses souvenirs.

« Elle m'attend… avait pensé Armand. Elle est là-bas, elle aussi, chicanant sans cesse et me maudissant parce qu'elle croit que j'ai fui… Fichue bourrique, tu es de mes soldats… »

Il était revenu de Versailles un mois plus tôt. On lui avait fait de belles promesses, que le roi reconnaîtrait ses mérites à son retour définitif en France. Il avait oublié le duel presque à mort avec le comte de Bourbon-Busset, qui avait valu à Armand d'être chassé des gardes royales. En lui accordant d'entrer dans l'ordre de Saint-Louis, le souverain prouvait sa mansuétude. Néanmoins, La Rouërie n'avait pas obtenu d'argent pour reconstituer une légion.

« Je n'aurai rien, lâcha-t-il à son oncle, parce que le roi croit peut-être que Rochambeau sera plus efficace que moi. Enfin, je n'ai pas attendu Rochambeau pour me battre en Amérique !

— Je connais bien le maréchal de Biron, qui m'a confirmé avoir soutenu ta demande. Alors peut-être...

— Je sais cela ! Le maréchal de Biron a fait ce qu'il fallait. Mais Montbarrey, à qui le ministre Ségur a succédé, n'a rien voulu entendre. Ségur vient de prendre sa charge, il ne reniera pas les décisions de son prédécesseur. Je n'obtiendrai rien. Ou plutôt... »

Il réfléchit un instant.

« Ou plutôt ?

— J'ai emprunté cinquante mille francs à cinq pour cent d'intérêt.

— C'est une somme ! Qui va te garantir cela ? »

Charles de La Bélinaye afficha un air sombre, sentant venir l'orage.

« Je mettrai nos terres en gage, Saint-Ouen et les alentours.

— Que dis-tu ? C'est insensé !

— Ma décision est prise !

— Et ma sœur, ta mère, veux-tu la faire mourir ?

— Ce choix m'appartient.

— Ne compte pas sur moi pour le lui dire, éructa Charles.

— Je m'en chargerai. Mère comprendra.

— Elle ne comprendra rien du tout !

— Me croyez-vous assez sot pour prendre un risque non mesuré ?

— Eh bien, explique-moi ce que tu feras pour te remplumer quand tu n'auras plus un sou ?

— J'ai mon idée... »

Thérèse de La Rouërie comprit à demi-mot qu'elle n'avait rien à dire. Devant la façade de l'hôtel de La Bélinaye, son fils planta dans les yeux de sa mère son regard intensément noir.

« Je l'ai décidé. Il en sera ainsi !

— Et nos gens ? Que vont-ils devenir ? gémit-elle.

— Ils vont poursuivre leur labeur et garder ce domaine. Je reviendrai glorieux, mère. Je vais servir en Amérique l'honneur de notre roi, de notre Bretagne et de notre famille ! Sa Majesté m'en saura gré. »

Blême, elle écouta son fils, écrasant son mouchoir et ravalant ses larmes.

39

Les longues colonnes des soldats de Washington avaient longé le Potomac jusqu'à Fredericksburg et franchi la Rappahannock River. Elles s'extirpèrent ensuite des marécages et rejoignirent Williamsburg à la mi-septembre. Parmi elles, le colonel Armand, ses officiers et les cavaliers de La Fayette.

Cette fois, Rochambeau arriva avant la bataille. Ses troupes réunies à Annapolis embarquèrent sur les navires du comte de Grasse pour descendre la profonde baie de Chesapeake. On vit alors le flot ininterrompu d'uniformes blancs à l'approche de Yorktown, où Cornwallis s'était mussé après avoir ravagé la Caroline du Sud. Il était pris au piège.

« Enfin, les Français sont là pour l'assaut ! » lança Schaffner, aussitôt rabroué par son chef :

« Ils étaient déjà là ! Depuis plus de quatre ans, tu en croises tous les jours, des Français, non ?

— Mais c'est l'armée de ton pays, Armand. N'a-t-elle pas belle allure ?

— Ceux-là arrivent bien tard. Où étaient-ils quand nous nous battions à Camden ? »

La Rouërie était d'une humeur de chien. Son séjour de six mois en France n'avait pas effacé l'humiliation de la défaite subie en Caroline du Sud.

« Si cet idiot de Gates m'avait écouté au lieu de voler mes chevaux, nous n'en serions pas là. Tous ces généraux prétentieux n'écoutent qu'eux-mêmes.

— Et on voudrait nous faire porter le chapeau !

— Qu'un seul de ces bons à rien de généraux américains prétende que nous avons fui à Camden et il mourra en duel, m'entends-tu, George ? J'en fais le serment, sur la tête de mon cher Lefevre !

— Gardons nos forces, souffla Fontevieux, qui regardait, pensif, s'étirer la longue colonne des soldats de Rochambeau. La bataille s'annonce.

— Nous n'avons plus assez d'hommes à aligner ! s'écria Armand. J'ai rapporté de France un bateau plein de selles de cuir, de sabres de hussard et de pistolets, des bottes et des casques à plumet. Mais je n'ai personne à qui les donner !

— Pourquoi le roi de France n'a-t-il pas voulu te laisser reconstituer une troupe avec tous les déserteurs ? interrogea Schaffner. Ces pauvres bougres ont besoin de se faire botter le cul par un chef qui saura en faire de vrais soldats ! Nous les aurions menés à l'assaut des redoutes de Yorktown.

— Le roi a mis son armée sous les ordres du comte de Rochambeau. Il ne va pas se dédire. Rochambeau veut commander tout l'effectif français. Il entend que ses colonnes devancent les unités américaines lors de l'assaut.

— Tu seras heureux alors si le drapeau de ton roi est le premier planté dans le cul de Cornwallis ?

— Non. J'y serai avant lui !

— Que veux-tu dire par là ? interrogea Fontevieux. Tu crois que nous pourrons devancer la grande armée du roi Louis ? Nous avons suivi La Fayette en ton absence, et nos rangs se sont encore éclaircis.

— C'est vrai. Quel âne vous a donc menés à la bataille ? Ternant prisonnier, Le Brun prisonnier, de Bert prisonnier ! Il était temps que je revienne, ou vous auriez fini vous aussi dans les cachots de Cornwallis.

— Mais tu es revenu. Allons-nous assister à la bataille de Yorktown le fessier posé sur un promontoire ?

— Ça non, George ! Je verrai Washington demain. Puisque nous n'avons plus qu'un morceau de légion, je demande que nous, officiers de la première heure, soyons placés en tête de la colonne d'attaque américaine. Nous serons le fer de la lance qui frappera Cornwallis !

— Et nous enfoncerons la redoute avant les Français de Rochambeau », ajouta Fontevieux, en frappant l'épaule du capitaine Schaffner.

Les trois hommes devisaient à l'ombre d'un grand tulipier de Virginie. Armand reprit, après un long silence :

« Moi, La Fayette, et nous tous, sommes des parias aux yeux des officiers de Rochambeau. Ils se croient la seule véritable armée. Pourtant, qui a ouvert le chemin ? C'est moi ! C'est La Fayette et de Gimat, son aide de camp ! C'est Lefevre ! C'est toi, George Schaffner ! Et toi, Fontevieux, qui te bats comme un beau diable à mes côtés. Et nos vieux partisans, des chiens fous qui ne lâchent rien, aux guêtres de boue mais au courage infernal.

— Deux armées, l'une française, l'autre américaine, vont attaquer les redoutes de Cornwallis, résuma Schaffner. Que les meilleurs gagnent !

— Tu sais, George, ce M. de Rochambeau est un grand général. Il a eu l'œil fin en dissuadant Washington d'attaquer Manhattan. Il a bien vu que c'est ici, à Yorktown, que tout va se jouer. Mais ce qu'il n'a pas deviné, c'est que nous serons dans les redoutes de Cornwallis avant lui. Et il sera joliment cocu ! »

Armand fut pris d'un rire interminable. George Schaffner, quant à lui, adressa une moue amusée à Fontevieux.

Le lendemain, La Rouërie obtint de Washington l'assurance qu'avec ses hommes ils braveraient la mort au-devant de la colonne d'attaque américaine.

Une bonne nouvelle fut commentée par l'assemblée des officiers américains et français réunis autour du général Washington et du comte de Rochambeau. La marine française, sous les ordres du comte de Grasse, fermait la baie de Chesapeake : plus aucun navire anglais ne pouvait venir en aide à Cornwallis.

« Je salue le comte de Grasse, dont la hardiesse et le génie de la guerre vont servir notre victoire », dit lentement Washington, dans un silence de plomb.

Le comte de Rochambeau, qui avait longuement et chaleureusement salué le général en chef de l'armée continentale, approuva. À ses côtés se tenait le trop fier lieutenant-colonel William de Deux-Ponts, dont on annonça qu'il allait prendre la tête de la première troupe d'assaut française. Armand ne lui adressa aucun regard. Rochambeau, son adjoint, le baron de Vioménil, et l'intendant en chef, Benoît-Joseph de Tarlé, présentèrent l'ensemble du dispositif. Vint le tour de Washington.

« M. Alexander Hamilton emmènera nos soldats.

— Je prendrai la tête de l'une de nos deux colonnes d'assaut, précisa Hamilton, invité par Washington à exposer son plan. J'ai demandé au colonel de Gimat d'emmener l'autre colonne. Le colonel Armand et ses hommes ouvriront sa route. »

Ce dernier sentit tous les regards se tourner vers lui. Sa réputation de forte tête et ses coups d'éclat lui valaient le respect de beaucoup de soldats. Mais, parfois, des officiers le raillaient, ainsi que ses partisans qui menaient leurs actions de guérilla en marge des troupes régulières. On les traitait de paysans affamés, de sauvages assoiffés de sang.

Le comte de Rochambeau, solide général à l'élégance raffinée, salua Armand d'un sourire appuyé, prenant à témoin son officier de liaison, le major de Chastellux.

« Voici le fameux colonel Armand ! C'est donc vous. Je connais vos actes de bravoure. Vous avez bien servi notre roi. »

La Rouërie goûta cet instant et n'écouta plus rien des présentations. Il était déjà dans l'action.

« J'irai à la mort le cœur léger, pensa-t-il. Monsieur de Rochambeau, je mourrai à Yorktown si je n'entre pas le premier dans les fortins de Cornwallis. »

Une dizaine de redoutes formaient le dispositif défensif de l'Anglais Cornwallis. Le 28 septembre 1781 au crépuscule, l'armée de Rochambeau était en position. Les régiments des Antilles s'étirèrent avant ceux de métropole. La nuit passa sans mouvement perceptible de l'ennemi, qui se terrait. Le lendemain, Washington et Rochambeau, avec plusieurs officiers dont l'ingénieur français

Quérenet de La Combe, reconnurent les lieux, inspectant les unités d'assaut qui attendaient l'heure.

« Les redoutes anglaises comptent quatre-vingt-cinq canons répartis en seize batteries, expliqua Quérenet de La Combe.

— Vos commandos, monsieur de La Fayette, devront agir comme l'éclair, ordonna Washington, qui semblait pensif.

— Nos troupes mèneront l'assaut dans les règles. Notre attaque sera minutieuse, coordonnée », répliqua Rochambeau.

De part et d'autre, on scrutait chaque geste de l'ennemi. La nuit suivante, l'Anglais Cornwallis, constatant la solidité de la tenaille française et américaine, abandonna une petite colline où se tenait son poste avancé. Il replia son dispositif pour le consolider à l'arrière. Le 3 octobre, un premier et vif combat confronta les cavaliers à Gloucester, sur la rive opposée de la York River.

Au fil des jours, Français et Anglais ajustèrent leur position avant que s'impose une évidence : à l'est de la zone, deux redoutes fermaient l'accès entre la York River et l'étroite route de Hampton. Il était impératif de commencer l'assaut là.

D'un commun accord, Washington et Rochambeau décidèrent que chacune de leurs armées attaquerait l'une des deux redoutes. Côté français, quatre cents grenadiers et chasseurs emmenés par William de Deux-Ponts se mirent en place. Côté américain, le colonel Alexander Hamilton disposa sa première colonne d'assaut.

Armand de La Rouërie était en tenue de combat, entouré de quelques Cherokees armés de fines lames. Comme eux, il s'était grimé. Son visage noir était de cire. Il entrait dans l'introspection qui précède l'ultime bataille. Celle qui enferme le guerrier dans la solitude. Il avait à ses côtés Fontevieux, pâle comme la mort, et Schaffner, immobile tel un roc. Armand l'avait souhaité : Gimat les plaça avec de pauvres bougres, tout au-devant de l'attaque. Elle eut lieu le 14 octobre, à huit heures du soir.

« Suis-moi, maudite bourrique, si tu en es capable », pensa-t-il au moment de l'assaut.

C'est ainsi qu'il voulait mourir.

40

La bête n'avait pas bougé d'un poil. Ses yeux jaune pâle et immobiles lui donnaient l'air d'un chien au repos. Mais ses oreilles et son museau en pointe en faisaient bien un loup. Chastellux eut un mouvement de recul. La présence à ses côtés d'un colonel au teint buriné et au visage sec, les doigts caressant le pelage de l'animal, ne suffit pas à rassurer l'officier de liaison de Rochambeau, qui se pinça les lèvres.

« N'ayez crainte, je lui apprends à marcher droit et, croyez-moi, il se fera tuer si je le lui demande. »

Chastellux trouva fort présomptueux le colonel Armand, qui salua ses deux invités d'un sourire désarmant, semblant ignorer leur appréhension. Mais il ne l'ignorait pas, heureux même d'en jouer, car elle nourrissait sa légende.

« Votre chien ? Est-ce… un loup ? Si oui, vous savez en effet dompter les caractères sauvages !

— C'en est un, je vous l'assure. Il n'a pas un an, l'âge où les caractères se tordent encore, lorsque la main du maître est ferme.

— Elle l'est, assurément. Le général Cornwallis en sait quelque chose ! »

Chastellux se laissa aller, lui aussi, à sourire, pour donner le change. À ses côtés, l'autre homme n'avait pas cillé, ignorant superbement le loup mais dévisageant son maître de pied en cap. La redingote parfaitement ajustée, grand et mince, il fixait Armand avec insistance. Enivré des retombées de son exploit sur la redoute de Yorktown, La Rouërie voulut y voir une marque d'admiration. Thomas Jefferson, ancien gouverneur de Virginie qu'accompagnait François-Jean de Chastellux, savait mesurer ses mots et ses élans d'âme. Armand eut droit à un coup de menton appuyé.

« Colonel Armand, si votre fichu caractère est un trait courant de votre vieux pays, je veux bien qu'avant ce soir vous me parliez de nouveau de la France.

— Monsieur Jefferson, c'est un honneur de vous recevoir ! »

D'un geste de la main, La Rouërie invita les deux hommes à passer sa légion en revue. Il avait exigé une parade exemplaire. Ses hôtes étaient de ceux qui devinent au premier coup d'œil l'excellence d'une troupe. Près de deux cents cavaliers et un bataillon d'infanterie de cent cinquante individus, parfaitement alignés, présentèrent les armes.

« Nous étions moins de dix pour attaquer Yorktown, et aucun n'a failli... tint à rappeler Armand. Voilà aujourd'hui la légion reconstituée. Ici, à Charlottesville. Ces soldats viennent de je ne sais où, mais ils ont trouvé un régiment solide qui reprendra le chemin des combats.

— Cette brigade est en bon ordre, colonel, j'en témoignerai auprès du général en chef, qui n'oubliera pas votre engagement à Yorktown.

— Monsieur Jefferson, le combat n'est pas terminé. On m'aide, mais insuffisamment. J'ai dû me battre pour obtenir tous ces chevaux. Quand votre Congrès comprendra-t-il enfin que c'est avec une cavalerie digne de ce nom que se gagnent les guerres ?

— Vous me l'avez déjà dit hier. Je vois que vous tenez ferme à ce qui vous importe. »

La veille, Armand avait été reçu à Monticello, sur les hauteurs de Charlottesville, où Thomas Jefferson avait entrepris de construire sa demeure treize années plus tôt. Pendant plus de deux heures, La Rouërie avait écouté avec un vif intérêt l'ancien gouverneur de Virginie discourir sur les beaux-arts et l'architecture italienne du grand Andrea Palladio, dont il s'inspirait pour l'aménagement. François-Jean de Chastellux, qui avait décidé de parcourir l'Amérique pour mieux la connaître, y était hébergé quelques jours.

Armand fut impressionné par l'érudition de Jefferson. Mais il voulait surtout l'entendre sur les grands principes de liberté qui l'avaient inspiré quand il avait rédigé la Déclaration d'indépendance. Lors du dîner qu'il organisa ce jour-là avec ses officiers dans son quartier général de Charlottesville, il fit coucher son loup à ses pieds, imposa le silence et leva son verre.

« M. Jefferson nous fait l'honneur de sa visite, avec M. de Chastellux, qui est un soutien solide pour le général de Rochambeau. M. Jefferson va nous entreprendre sur la liberté, qui est le motif de notre combat. »

L'intéressé leva son verre à son tour.

« Colonel Armand, je suis heureux de venir vous saluer et de saluer vos brillants officiers. Votre comportement à Yorktown a été admirable. Sans troupe mais avec seulement quelques soldats, vous avez été placé au-devant de l'une des deux colonnes d'attaque commandées par le major Hamilton. C'est vous le premier officier "américain" à avoir mis le pied dans la redoute numéro 10. »

Armand gonfla son plastron et, la mâchoire serrée, fit une moue d'approbation.

« J'avais avec moi les capitaines Legouge, Bedkin, et aussi Olney, qui fut blessé de plusieurs coups de baïonnette. Nous l'avons heureusement sauvé. Et Fontevieux, ici présent !

— Voilà ce qu'est la liberté. Un bien sacré qui inspire aux hommes comme vous les plus grands sacrifices, lâcha Jefferson, balayant l'assemblée des yeux d'un air martial.

— Et c'est pour cette liberté que nous mourrons, ici, ou à New York, ou à Boston, car c'est ce que nous avons choisi. Parlez-nous de ces libertés, et de la tyrannie à laquelle vous avez fait obstacle.

— Monsieur, nous affirmons comme vérité que tous les hommes sont créés égaux, qu'ils sont doués par le Créateur de certains droits inaliénables. Nous affirmons que parmi ces droits se trouvent la vie, la liberté et la recherche du bonheur.

L'Angleterre a voulu nous maintenir sous le joug. Nous nous sommes dégagés de tout lien d'obéissance envers la couronne de Grande-Bretagne. »

Un tonnerre d'applaudissements, lancé par Armand, salua les propos de Thomas Jefferson.

« Vous avez toute notre admiration, monsieur Jefferson. Votre cause est juste, la tyrannie britannique, le despotisme doivent être combattus.

— C'est bien le despotisme du roi George que nous avons combattu. Ce n'est point le souverain lui-même. Ce sont ses lois absurdes, ses taxes à n'en plus finir, et les inégalités entre les citoyens de la Couronne.

— L'impôt ne devrait être collecté que lorsqu'il est nécessaire, comme l'a écrit le grand philosophe Edmund Burke.

— Vous lisez les écrits de M. Burke ? interrogea Thomas Jefferson.

— Oui, et j'ai de l'estime pour cet Anglais.

— Mais beaucoup sont estimables !

— Il a su décrire les manquements de son peuple. Je le cite : "Nous ne semblons plus ce peuple désireux, curieux, jaloux, fougueux, que nous avons été autrefois." Eh bien, c'est très juste.

— Maintenant que nous avons conquis notre indépendance, les hommes de ce pays naissent égaux. Et ils n'ont plus de roi, c'est cela, la vérité !

— Plus de roi, en effet… ajouta Armand, songeur. Le despotisme est source d'injustice partout où il apparaît. Nous connaissons ce problème dans ma Bretagne où je suis né, le despotisme non pas du roi mais de ses ministres. Ceux-là décident pour lui et voudraient décider aussi du sort des provinces…

— Mais le roi l'accepte, l'interrompit Jefferson.

— Le roi ? Le roi est faible, voilà la vérité.

— S'il était fort, il déciderait de tout, seul.

— Le pouvoir absolu n'est pas ce que nous défendons, croyez-le. Le roi, notre roi bien-aimé, doit entendre ses provinces ; là réside le fond de notre pensée. »

Jefferson prenait visiblement plaisir à pousser Armand dans ses retranchements. On vida un autre verre, et son visage s'illumina d'un sourire quand La Rouërie évoqua le « roi bien-aimé ».

« Le roi de France mérite notre reconnaissance. Son armée, celle de M. de Rochambeau et la fière marine française commandée par le comte de Grasse, a vaillamment combattu pour les nouveaux États-Unis d'Amérique. Des états unis et indépendants lorsque le roi d'Angleterre prétendait nous maintenir sous le joug. Nous n'avons plus que faire de ce roi-là !

— Fichtre, si le souverain n'est plus en mesure de défendre le bien de ses sujets, à quoi sert-il, en effet ? Mais nous croyons en sa bonté d'âme. Nous croyons qu'il saura entendre ses provinces se lever quand elles se lèveront. Les libertés de la Bretagne, monsieur Jefferson, sont les mêmes libertés que celles que nous défendons ici dans les marécages de la Virginie !

— Je ne connais point votre Bretagne, mais je bois à ceux de Bretagne qui sont venus jusqu'aux treize colonies pour combattre les Anglais. »

On but donc à nouveau.

« Notre chef s'enflamme, souffla Schaffner, se tournant goguenard vers Fontevieux.

— Méfions-nous qu'il ne reparte ce soir à l'assaut des redoutes de Yorktown. »

Un joyeux brouhaha gagna l'assemblée. François-Jean de Chastellux, qui tenait à ce que l'on n'oublie pas l'action décisive de Rochambeau, en rappela les épisodes les plus glorieux et, sans doute pour donner le change, leva son verre au général de La Fayette.

« La Fayette ? La Fayette, avez-vous dit ? Mais où est-il donc à cette heure ? s'écria Armand, dont la voix portait plus fort au fur et à mesure que les pichets se vidaient.

— Voilà la charge ! Sabre au clair ! Tiens bon, mon ami George, notre chef repart au combat », s'esclaffa Fontevieux.

La Fayette avait regagné la France depuis plusieurs mois, couvert de gloire, laissant sa légende mûrir en terre américaine.

Armand s'irritait facilement que l'on parle tant de ce général quand lui-même était encore à quémander des chevaux, des armes et des hommes pour mener d'autres batailles.

« Parlons plutôt de son aide de camp, monsieur de Gimat. Un grand soldat, celui-là ! Lorsque j'ai bondi dans la redoute de Yorktown, ma lame en avant, j'ai vu M. de Gimat tomber sous le feu ennemi. Dieu soit loué, il n'est pas mort. Mais croyez bien qu'il n'était pas sur son cheval à guetter la victoire sur les hauteurs ! Il était à mes côtés, sabre au clair ! »

Après le départ de ses hôtes, Armand poursuivit sur sa lancée. Les pichets furent alignés de nouveau et vidés comme à la parade.

« La Fayette... s'écria-t-il encore en prenant à témoin ses officiers. On ne me parle que de lui. Je ne suis pas l'un des hommes les plus riches du royaume de France, mais cela ferait-il de moi un mauvais général ? Schaffner, mon ami George, je te vois sourire, ferais-je un mauvais général ?

— Tu seras général. Oui, tu seras général ! »

Schaffner qui riait encore leva son verre, et l'assemblée s'enflamma.

La Rouërie poursuivit son monologue, titubant à l'instar des autres.

« Je n'ai pas donné le nom de George Washington à mon fils comme l'a fait La Fayette. Non, le mien s'appelle Armand... »

Hanté par ses démons, La Rouërie n'avait guère de temps pour penser à son fils, qu'il avait toujours regardé d'un air étonné, comme s'il était l'enfant d'un autre, et qui lui ressemblait si peu. Et qu'avait-il hérité de sa mère, Adélaïde, qu'il avait tant aimée, avant de prendre en horreur son fort caractère ?

Après un long silence, songeur, il reprit :

« Armand... Armand... C'est un joli nom... Mais que deviendra-t-il ? »

Ce n'était déjà plus à son fils qu'il pensait alors.

41

Saisie d'une main ferme, la scie filait droit. Le petit homme qui la tenait impressionnait par la précision de son geste. Et quand il alignait ses lames affûtées, les posant délicatement auprès du feu comme si elles étaient de verre, son regard perçant appelait au silence. Les cris venaient ensuite, lorsque, en dix coups de scie, il coupait bras et jambes.

John Gottlieb Morris, chirurgien de la légion des partisans d'Armand de La Rouërie, avait connu l'enfer de Camden. Beaucoup de pauvres hères, massacrés pendant la bataille, avaient expiré alors que « Gottlieb » tentait de suturer leurs plaies béantes. Armand voyait en lui le gardien des dernières volontés de ses soldats sacrifiés. Il vouait un respect sans faille à cet esprit fin, capable de décider en un éclair ce qui pouvait sauver un homme à l'agonie.

Luthérien de Redekin, un village prussien du nord de Magdebourg, John Gottlieb Morris était arrivé en Amérique à la fin de l'année 1776, quelques mois avant Armand. Il était un partisan de la première heure, ce qui lui valait de la part de son colonel un surplus de considération.

Chaque jour, le chirurgien rédigeait un rapport. Il écrivait après s'être couvert des heures durant du sang des blessés qu'il essayait de sauver, expurgeant ainsi la tension extrême qu'il mettait à l'ouvrage.

« John Gottlieb gratouille ! » lançait parfois La Rouërie sur un ton léger, en le voyant concentré sur sa table de travail.

À Charlottesville, des prisonniers avaient fini par revenir, comme Ternant, qui reprit son rang d'officier en second, et les capitaines Le Brun et de Bert. Mais Ventre-à-Terre manquait toujours à l'appel.

« Mon bon Lefevre… Perdu je ne sais où, loin du Couesnon. Et mon cœur saigne.

— Il est plus sûrement parti cultiver les terres grasses du Kentucky, rétorquait Schaffner. S'il était mort à Camden, nous l'aurions su.

— Je n'ai pas su prendre soin d'eux.

— De qui ?

— Je me parle… »

En silence, Armand se perdait sur les chemins qui longeaient la Rivanna River. Posté sous la ramure des tulipiers, il observait sa légion à l'exercice, au loin, sous le commandement de Ternant. Quelquefois, la culpabilité laissait place au doute et à la colère. Plusieurs chevaux étaient morts de maladie. Armand avait à nouveau écrit à Washington pour demander qu'on les remplace, en vain. Surtout, il vivait comme une injustice de n'être pas encore brigadier général.

Dans le courant de l'été 1782, il reçut l'ordre de rejoindre York, en Pennsylvanie. Schaffner se félicita de retrouver ses terres natales. Mais il prévint son colonel :

« Méfie-toi des rustauds de Pennsylvanie.

— Pourquoi donc ?

— J'en connais plus d'un qui nous regardera de travers, bien avant York et Lancaster. Ceux-là n'aiment pas qu'on piétine leur prairie.

— Tes pourceaux de cousins ôteront leurs chapeaux sous les naseaux de nos chevaux, crois-moi ! »

Face à ses officiers hilares, Armand retrouvait son entrain. Cependant, lorsque la troupe entama sa longue marche vers le nord, il comprit que Schaffner avait vu juste. Sa légion était une cohorte de cavaliers chevronnés, mais aussi de soldats perdus, anciens prisonniers ou déserteurs, qui trouvaient là tout simplement de quoi manger. Sept d'entre eux s'enfuirent au cinquième jour de marche et se dissimulèrent parmi les roches noyées dans la végétation du côté d'Aston. De Bert mena la chasse, et trois furent repris.

« Ces trois-là jureront fidélité au Congrès national ou seront jugés en cour martiale, lança Armand en jetant un regard froid aux hommes qu'on avait mis aux fers. Laissez les autres courir. Nous ne gagnerons pas la guerre avec des chiens sauvages. »

S'il fut magnanime, c'est parce qu'il en voulait plus à ceux qui le privaient des moyens nécessaires pour équiper sa troupe qu'à ces pauvres hères affamés. Les premiers incidents sérieux se déroulèrent à Staunton, d'où l'on devait remonter vers de sombres vallées qui menaient à Winchester. Plusieurs bagarres éclatèrent avec des habitants qui redoutaient l'arrivée massive des soldats. Lorsqu'il apprit que deux de ses hommes avaient volé un paysan, Armand entra dans une fureur noire et mit son bataillon en rangs serrés à l'entrée du village.

« Je paierai de mes sous chacune de vos fautes, mais, je le jure, s'il faut en pendre deux, je le ferai. »

La menace porta ses fruits. L'ordre fut rétabli, mais la cour martiale dut se réunir. C'est à John Gottlieb Morris qu'Armand en confia la présidence. Quand il jugeait comme quand il soignait, le chirurgien visait juste. Et le colonel croyait en cette justice-là.

Chaque jour, Gottlieb Morris faisait le décompte des malades et le lui communiquait :

« Dix-huit. Trois de plus qu'hier.

— Répare-les comme tu peux ! Je connais un rude châtelain en Bretagne qui me les remettrait sur pied avec seulement des herbes folles. »

Gottlieb restait stoïque. Il savait faire la part des choses quand les sages paroles du colonel laissaient place à des emportements. La légion s'éloigna cahin-caha de Staunton et remonta vers le nord de la Virginie. Une bagarre éclata dans une taverne de Winchester. Le capitaine Bedkin, l'un des héros de Yorktown, défendit l'honneur de la troupe face à quelques ivrognes.

Sur les chemins de Virginie, les regards se figeaient à la vue de la longue colonne. À l'orée des villages, on ramassait les gamins qui traînaient, et les habitants détournaient la tête quand l'un des soldats leur adressait un mot. Fontevieux était le plus entreprenant. Le petit officier, qui suivait son colonel comme son ombre, avait le contact facile et une belle éloquence.

« Tu sauras les amadouer », disait Armand.

Mais il fallait plus que des paroles élégantes pour convaincre les fermiers. À plusieurs reprises, Schaffner s'interposa afin d'empêcher son colonel de corriger lui-même des habitants qui hurlaient de voir la légion piétiner leurs terres.

Le combat manquait à La Rouërie. L'inactivité le désespérait. Un soir, il invita son ami George Schaffner dans une taverne. Les deux hommes noyèrent leur ennui en jouant. Mais ils perdirent gros.

La longue marche jusqu'à York faillit mal tourner à l'approche de Snickers Gap, une ancienne voie amérindienne qui reliait le comté de Loudoun à la vallée de Shenandoah. Armand avait prévu que ses partisans traverseraient la Shenandoah River en empruntant le ferry qu'exploitait Edward Snickers. Ce dernier était un riche propriétaire connu de George Washington et qui possédait les terres alentour. Il avait un fils, William Snickers, capitaine orgueilleux à la langue bien pendue.

Armand apprit un soir dans une taverne que le jeune Snickers insultait sa troupe, rapportant les rumeurs que ses ennemis colportaient depuis la bataille de Camden. Ce soir de décembre 1782, La Rouërie entra dans une rage folle.

« Je tuerai cet homme méprisable !

— Si tu le tues, crois-tu que son père nous laissera traverser la Shenandoah River ? s'esclaffa le solide Schaffner après avoir vidé d'un trait son pichet.

— Je dirai à cet Edward Snickers que son fils est un âne bâté. Et que lui-même, que l'on dit véreux en affaires, devrait se pendre de honte d'être le géniteur d'une telle fripouille ! »

L'assemblée des officiers d'Armand fut secouée de rire. Mais la porte de la taverne se referma derrière deux connaissances de William Snickers, qui s'en allèrent discrètement lui raconter les propos tenus. Deux jours plus tard, dans un pamphlet, William Snickers s'indignait du comportement des partisans du colonel Armand, laissant entendre qu'il n'y avait guère plus à attendre d'une troupe constituée de déserteurs et de pochetrons. Quand le capitaine Bedkin rapporta un exemplaire du feuillet qu'on affichait dans les lieux publics depuis le matin, Armand réunit immédiatement les officiers devant sa tente, rabrouant sèchement son jeune loup qui tournait autour de lui nerveusement.

« Notre honneur est sali, l'un de nous deux mourra !

— Allons le corriger, proposa Schaffner, que l'épisode paraissait amuser. Il viendra à genoux implorer ta grâce.

— J'ai croisé des hommes de Snickers. Plusieurs semblaient offusqués de ses propos », témoigna de Bert.

Armand s'adressa à son second, le lieutenant-colonel Ternant, qui parla d'un ton grave :

« Nous sommes traînés dans la boue. Snickers nous a salis et a sali ceux des nôtres tombés au combat.

— Merci, John, lâcha sèchement Armand. Approuves-tu le duel ?

— J'approuve le duel !

— Le duel ! »

D'une seule voix, les officiers saluèrent la décision. Seul Gottlieb se tut.

« Vous n'approuvez pas, John Gottlieb ?

— Ce jeune Snickers ne vaut pas une demi-balle de plomb. Va-t-il falloir que je vous répare, vous aussi ?

— Me crois-tu donc manchot ? Vois mon pistolet, il n'a jamais tremblé ! »

Gottlieb paraissait dépité. Armand, qui appréciait la grande sagesse de son chirurgien, fut pris d'un doute. Il interrogea du regard ses officiers, mais aucun ne dit mot. Il se posa lourdement à sa table de travail et cracha uniquement, de colère, un « Morbleu ! ». Sa plume griffa nerveusement le papier.

« Puisque vos amis, qui eux se respectent, ne prennent pas votre parti, ou n'osent pas le prendre ouvertement, je suis réduit à vous combattre, vous qui êtes vil, et le fils d'un homme poursuivi pour faux... »

Il écrivit un long message, fixant le rendez-vous à deux pas du traversier de Harpers, là où la Shenandoah River se jette dans le Potomac.

« Je suis en marche vers le nord et arriverai le 21... Je vous attendrai le 22 à huit heures du matin, mais, s'il vous est impossible d'y être à l'heure convenue, sachez que j'y demeurerai jusqu'au 23, à dix heures... »

Le duel eut lieu le 22. Du haut des monts escarpés du Maryland, on apercevait les collines boisées de Virginie, enserrées par le Potomac et la rivière Shenandoah jusqu'à Harpers Ferry. Le lent va-et-vient du traversier rassurait les voyageurs harassés qui faisaient halte sur les hauteurs avant de descendre jusqu'au fleuve. Armand arriva peu avant huit heures. Il arrêta son cheval à quelques mètres de l'embarcadère, accompagné de deux lieutenants, Fontevieux et Coutoures, un jeune cavalier au visage sec et buriné, désigné pour seconder son colonel lors du duel. Schaffner, de Bert et Sharp se tenaient à l'arrière. Au loin, Gottlieb, le visage fermé, cachait mal son irritation.

Un capitaine les attendait. C'était Jonas Morris, du 1er régiment du Maryland, qu'Armand avait appelé comme témoin. Le traversier approcha. Jonas Morris et le jeune Coutoures embarquèrent. Ils revinrent deux heures plus tard.

« Nous avons parlementé avec le major Willis, que Snickers a choisi comme second. Il a aussi avec lui le général Morgan.

— Cette vieille fripouille de Morgan ! » s'écria Armand.

Le témoin réfléchit un instant avant de répondre :

« Le duel aura bien lieu, mais, avant d'en arriver aux dernières extrémités, ne peut-on régler autrement la question ? Si M. Snickers consent à retirer ses propos, par exemple ?

— Capitaine Morris, dites-lui donc que j'ai là tous mes officiers dont l'honneur a été blessé. Le duel aura lieu !

— Je connais ce major Willis, souffla Schaffner à de Bert.

— Et qui est ce général Morgan ?

— Un ancien de l'armée de Greene. C'est lui le plus gradé aujourd'hui. Cette racaille de Snickers pense sans doute impressionner La Rouërie. »

Le traversier dut s'éloigner et revenir à deux reprises, tant les palabres s'éternisaient. Lorsqu'il se présenta une troisième fois, le capitaine Snickers fut le premier à descendre. Schaffner s'en amusa d'un rire silencieux. Coutoures et Willis parlementèrent à l'écart. Chacun des deux camps voulait imposer à l'autre ses conditions. Quand Coutoures s'approchait d'Armand pour rendre compte, ce dernier approuvait ou refusait d'un signe de tête. Sans même jeter un regard au capitaine Snickers, il se plaça à plus de dix pas de lui.

Chacun leva son pistolet, tira une fois, puis une autre, et rien ne se produisit. Pourquoi Armand jeta-t-il un œil vers Gottlieb qui, froidement, vérifiait que le sang ne coulait toujours pas ? De nouveau, Willis et Coutoures conversèrent. Snickers était prêt à une concession pour mettre fin au duel. Pour seule réponse, La Rouërie tapota sa crosse de bois.

« Je prends mon pistolet. Prenez le vôtre ! »

Ils se défièrent encore, dans un silence pesant, scrutés par vingt paires d'yeux. Deux coups de feu claquèrent sur le quai d'Harpers Ferry, mais il y eut plus de bruit que de sang. Snickers souffla quelques mots à l'oreille de Willis, qui vint rendre compte à Coutoures.

« M. Snickers retirera ses propos si l'on en reste là. »

C'est alors que Schaffner s'interposa.

« J'ai été blessé, et tous ici l'avons été, comme notre colonel. Que les pistolets parlent !

— Foutu Schaffner, tais-toi donc ! »

John Gottlieb Morris, blême, s'était approché. Son regard perçant fusillait le major Schaffner. Pour n'être entendu que de lui, il lui parla d'une voix basse et ferme :

« Maudit Pennsylvanien, que cherches-tu donc ? Nous avons besoin de notre colonel, qui est trop fier pour poser son arme. Tu le sais ! Tête de bois ! »

À quelques mètres, Armand ignorait superbement la scène. Si le combat devait cesser, cela ne viendrait pas de lui. Morgan se dirigea vers lui.

« Colonel, savez-vous qui vous parle ? Je suis un officier général et vous me devez obéissance. Cet affrontement n'a que trop duré. »

L'intéressé le toisa, prenant le temps d'inspirer longuement et lui adressant un sourire plein d'ironie.

« Je sais que vous êtes officier général. Mais vous n'ignorez pas qu'en acceptant ce duel et en vous portant aux côtés de cet homme… »

Il pointa Snickers du doigt.

« … vous avez jeté votre autorité aux orties. Laissez donc mes valeureux officiers décider de ce que je dois faire de mon pistolet : le poser, ou l'armer à nouveau. »

Il se passa près d'une heure avant qu'un accord soit trouvé. Snickers s'engagea à retirer son pamphlet et John Gottlieb Morris retrouva son calme.

« Dieu merci, vous êtes sauf », souffla-t-il à La Rouërie, qui ne lui donna pas l'occasion de finir sa phrase :

« C'est notre honneur qui est sauf ! »

Alors que Gottlieb allait s'éloigner, Armand se reprit :

« Votre attention et votre courage m'honorent, *sir* ! »

42

Jamais la baie de Chesapeake ne lui avait paru aussi profonde. Les bosquets sombres percés d'un lointain trait de lumière, les criques où le soleil matinal livrait combat aux brumes tenaces lui contaient l'histoire d'un pays – une histoire dont on ne pouvait deviner la fin.

Le navire venait de lever l'ancre et s'éloignait lentement des grèves enfiévrées de Baltimore. L'officier supérieur, qu'on avait laissé seul sur le gaillard d'avant, porta son regard sur chacun des arbres aux troncs meurtris par les batailles. Perdu dans ses pensées, il scrutait les forêts qui s'alignaient jusqu'à l'horizon. Des régiments d'oies brunes faisaient le siège des marécages qui s'étendaient à bâbord. La guerre s'était tue depuis longtemps. On n'entendait que l'eau épousant l'étrave, le chant des cordages et le bois fatigué du *Comte d'Estaing* que le vent portait vers le large.

« Monsieur… Général… Le capitaine me charge…

— Qui es-tu donc ? »

Sans même lui jeter un regard, l'officier avait interrompu sèchement l'intrus. Son visage cuit par le soleil était marqué d'une balafre, et ses yeux ne quittaient pas les embouchures, comme s'ils y devinaient des ennemis cachés.

« Je suis Hébert… Matelot Alexis Hébert.

— Hébert ? Que me veux-tu donc, matelot Hébert ? »

Le général dévisagea son interlocuteur, qui ravala sa salive.

« Le capitaine vous demande, ainsi que vos hommes ; il a, je crois, sorti quelques pichets en votre honneur.

— L'honneur… Dans ce cas, je te suis.

— Vos hommes…

— Mes hommes ? Ils vont venir d'eux-mêmes. Si le vin est tiré, ils trouveront le chemin de l'abreuvoir, crois-moi ! »

L'officier rit à peine de ses mots, visiblement occupé par d'autres problèmes. Il suivit le matelot jusqu'à la dunette et saisit le capot de la grande échelle. Le capitaine l'attendait en contrebas, à l'entrée de sa cabine.

« Capitaine, ce navire me semble fort bien tenu. J'y ai mis mes derniers officiers et tout mon fatras.

— Général, vous mener jusqu'à Nantes est un honneur ! »

Le général scruta l'individu massif au regard bonhomme qui se tenait devant lui.

« Mes arbres et mes tulipiers de Virginie dans des caisses en bois ne vous incommodent pas ?

— Pourquoi donc ? C'est un peu de la terre d'Amérique que nous rapportons en France.

— Ces platanes m'ont été offerts par George Washington. Chacun d'eux trouvera sa place – en ma Bretagne !

— J'en prendrai soin comme de mes propres matelots !

— D'où venez-vous, capitaine ?

— De Cherbourg…

— Les mers furieuses de La Hague font de solides marins, je vois.

— J'y navigue depuis mes douze ans, entre Jersey et Guernesey. Capitaine Michel Noël, de Carteret ! »

Un groupe d'hommes surgit dans la cabine. Le premier, maigre et petit, contrastait avec son voisin, qui dominait l'assemblée d'une tête. Le général lança les présentations :

« Fontevieux, Schaffner, de Bert… »

Le capitaine Noël leva sa tasse.

« Honneur au général Armand ! »

On but à grandes lampées, et les langues se délièrent. À la porte, le matelot attendait les ordres. Armand l'apostropha :

« Si ton capitaine l'autorise, matelot Hébert, viens donc prendre ton pichet. »

Ce dernier s'approcha sur un signe de tête du capitaine. La Rouërie, l'œil malicieux, l'interrompit :

« Mais avant, je t'en prie, va chercher mon valet de chambre, qui dort dans sa cage de bois. »

Les officiers s'esclaffèrent. Hébert se mit à rire lui aussi, mais se garda de bouger.

« Votre valet de chambre ? Il a mordu le matelot Landry lorsqu'il a approché sa main. »

Puis il sortit et revint un peu plus tard accompagné du fameux valet de chambre : un singe gris, qui sauta d'une épaule à l'autre et s'arrêta sur celle du général.

« Vois-tu, Hébert, Charles ne mord pas, mais il est joueur. Et je ris d'avance de la tête de mes tantes quand je vais leur présenter mon soldat. »

Armand avait retrouvé un temps son humeur joyeuse. Le capitaine Noël voulut en savoir plus sur les batailles qu'il avait connues.

« Racontez-nous donc la dernière.

— La dernière ? Je l'ai menée devant le Congrès pour qu'aucun de mes hommes ne reparte le ventre vide. Soyez certain que chacun a eu sa part. De l'argent, des terres, et la reconnaissance qui leur est due. »

Les officiers acquiescèrent, levant de nouveau leur verre « en reconnaissance au général Armand ».

« J'ai payé chaque dette, j'ai remboursé ce qui devait l'être, et j'ai pleuré quand il a fallu dissoudre ma légion de valeureux partisans. On ne m'a nommé général qu'une fois la guerre finie, mais le colonel que j'étais a fait ce qu'il avait à faire, au service du meilleur des chefs, le général George Washington !

— Au général George Washington ! »

Le ton était grave. Armand poursuivit son monologue dans un silence impressionnant :

« Oui, au général George Washington, et au capitaine James Anderson ! Lui nous a menés de Nantes jusqu'au Delaware, avec mon fidèle Lefevre qui mourut je ne sais où... Anderson ! J'entends encore l'énorme canonnade au moment où il préféra périr plutôt que de livrer sa poudre à l'ennemi. »

La Rouërie se tut quelques minutes, le regard figé, noir et triste.

« Je rentre en mon pays... sans le sou. Mais le devoir accompli. J'ai vu mourir des braves, j'ai vu ce que la liberté souffle au cœur des hommes les plus ordinaires. Elle les élève, elle en fait des héros capables de défier des montagnes, elle les conduit à tous les sacrifices... Jusqu'à boire leur sang pour se battre encore... »

Schaffner ne riait plus. Ce discours, il l'avait parfois entendu au soir des plus funestes batailles. « Que dis-tu là ? » demandait-il alors au colonel Armand. « Je me parle », lui répondait-il sans plus d'explications.

Le *Comte d'Estaing* longea les rives de Virginie jusqu'au soir, où il quitta la baie de Chesapeake. De la dunette, le général et ses hommes regardèrent au loin l'embouchure de la York River. Armand imagina sa glorieuse redoute endormie dans le silence. Trop de récents amusements dans les beaux quartiers de Philadelphie, lors des fêtes majestueuses données par le chevalier de La Luzerne, ambassadeur de France aux États-Unis, ou dans les tavernes, avaient affaibli l'ardeur guerrière d'Armand de La Rouërie. Il pensa à Anne, Peggy et quelques autres, ces femmes qu'il avait aimées furieusement ou secrètement, entre batailles et duels.

Plusieurs fois, il s'était interrogé : devait-il rester dans l'armée des Provinces-Unies d'Amérique ou rentrer en France ? Finalement, il avait décidé de rejoindre la Bretagne. Washington avait adressé à son ami Rochambeau une lettre de recommandation en faveur du brigadier général de La Rouërie : « La disposition de votre souverain à récompenser les services braves et méritoires, la justice de votre gouvernement me persuadent qu'il recevra en France les honneurs qu'il a si bien mérités... »

Le *Comte d'Estaing* appareilla de Baltimore et traversa la baie de Chesapeake jusqu'à Norfolk, d'où il fila vers l'océan. Armand avait repris sa place sur le gaillard d'avant, seul avec Charles, son singe qui quelquefois quittait son épaule pour s'agripper à un mât. Il revenait toujours, d'une épaule à l'autre, jetant un regard méfiant vers l'horizon nocturne où de lourds nuages s'amoncelaient.

Souvent, La Rouërie pensait au chevalier de Kerléan, prisonnier au Mont-Saint-Michel et qui dut plus d'un jour rêver des étendues marines. « J'ai tout vu de l'océan, songeait alors Armand, je peux mourir. »

Le voyage fut long, parfois tempétueux. L'après-midi du 23 août 1784, Armand et ses officiers mirent pied à terre sur le quai de Nantes. L'orage grondait dans le ciel breton.

43

Thérèse de La Bélinaye, marquise de La Rouërie, passa du rire aux larmes. Elle eut d'abord l'immense joie de serrer son aîné dans ses bras. Le seul de ses trois fils à être parti faire la guerre était aujourd'hui le seul à avoir survécu. Trop souvent, le croyant mort, elle avait sombré dans le désespoir. Chaque fois, une lettre d'Amérique ou un courrier de son frère Charles, très en cour à Paris et bien renseigné, l'avait rassurée.

La nouvelle du retour d'Armand de La Rouërie gronda comme le mascaret remontant le Couesnon. Quand il arriva de Nantes après huit semaines sur l'océan, sa mère défaillit, remercia Dieu et se signa trois fois, une fois pour chacun de ses garçons. Dans les paroisses et sur les chemins, on ne parlait que de l'enfant du pays revenu avec un drôle d'animal, un singe qui l'accompagnait sur son cheval bai. On racontait qu'un colosse le suivait pas à pas, un major américain qui parlait à peine français. On vint de partout pour apercevoir le bel uniforme bleu nuit du général de l'armée de George Washington.

Il y eut à Fougères une fête mémorable dans la haute ville. Le héros d'Amérique fut accueilli par les autorités. La pieuse Thérèse succomba au péché d'orgueil. Armand avait tressé la crinière de son destrier. Il traversa la foule, son singe baptisé « Charles, tel mon oncle » sur les genoux, terrorisé par les rires et les cris de curiosité. Sa mère, avec fierté, lisait l'admiration sur le visage des badauds.

Mais la joie de Thérèse de La Bélinaye fut de courte durée. Armand revenait d'Amérique couvert de dettes autant que de gloire. Elle tenta bien d'aborder le sujet avec lui, mais il entra dans une rage folle. Ses reproches le rabaissaient à ce qu'il ne supportait plus d'être : un général sans armée et sans le sou. Il détourna le regard, intéressé uniquement par l'autre Thérèse, la jeune Moëlien, sa cousine. Cette grande fille aux longs cheveux bruns et aux yeux d'un bleu intense captait l'attention, mais s'en souciait peu. En quelques jours, son caractère rude dressa une barricade infranchissable entre son cousin et ceux qui essayaient de l'approcher.

« Laissez donc notre général respirer ! »

Elle conspua plus d'une comtesse bravache le serrant de trop près et se fit l'avocate furieuse du héros auprès de sa tante.

« Il s'est battu comme un damné. Que personne ne lui reproche de s'être ruiné pour sa cause. C'est pour cela qu'il est général !

— Que sais-tu donc de la vie, ma pauvre nièce, pour ignorer ainsi mon tracas ?

— Ne soyez pas injuste. Regardez comme tous vos gens se pressent autour de lui. Vous savez combien grand-père serait heureux de voir cela !

— Il verrait surtout nos terres placées en gage ! Dieu merci, la mort l'en a protégé. »

Thérèse de La Bélinaye pleurait, s'isolant de tous pendant qu'Armand plastronnait, suivi de sa cousine, de Schaffner qui ne le quittait pas d'un pouce et de Charles, son singe espiègle. Plus loin, un garçon observait la scène avec détachement. Le jeune Armand eut droit au regard appuyé de son père, qui lui passa la main dans les cheveux, l'examina avec attention, avant de l'envoyer s'occuper de sa « pauvre grand-mère ».

Le soir venu, saoulé de paroles, le général de La Rouërie se sentait las, lui aussi. Les soucis d'argent s'accumulaient. Il s'en était ouvert à George Schaffner, dont l'optimisme indécrottable balayait toutes les tracasseries.

« Regarde-les, si fiers de toi. Que veux-tu de plus ?

— Je vais devoir rembourser mes dettes, et, crois-moi, mon bel uniforme et ma coquetterie n'y suffiront pas.

— Fais comme chez nous, en Pennsylvanie : si tu as faim, creuse la terre avec tes doigts nus !

— Bougre d'âne, tu ferais mieux de me conseiller d'épouser une riche marquise.

— Alors, remise ta triste mine. Les marquises veulent des sourires ! »

Thérèse de La Bélinaye se mit justement en tête de marier son fils – mais pas avec sa cousine ! Une idée la taraudait, et elle s'employa à la faire aboutir. Assailli d'invitations par toutes les familles nobles des environs, le général Armand balaya d'un revers de main les plus intéressées, mais, sur l'insistance de sa mère qu'il écoutait parfois, perdu dans ses tourments, il accepta de rendre visite à la très riche marquise de Saint-Brice en son château de la Motte. Le marquis de Saint-Brice, capitaine de cavalerie, était mort un an plus tôt. Elle vivait là avec ses filles, son gendre le marquis Leloup de Chasseloir et une armée de domestiques.

Armand se souvenait de Louise, la plus jeune fille de la famille, qu'il avait connue enfant. Une vingtaine d'années plus tôt, on les avait réunis pour le baptême de la cloche de l'église de Saint-Ouen. Il se rappelait la scène : elle, si menue dans sa robe blanche, et, plus loin sur la place, sa troupe avec au milieu Ventre-à-Terre... Qu'étaient-ils tous devenus ? Revoir Louise lui rappellerait ces jours heureux. Alors il la revit.

Pour une fois, Armand et sa mère étaient tombés d'accord. Même sa cousine Thérèse ne trouva rien à y redire. Épouser la jeune marquise Louise Guérin de La Grasserie de Saint-Brice, baronne de Sens et de La Chatière, châtelaine de Saint-Étienne et du Rocher-Portail, s'apparentait à une bonne fortune.

L'affaire n'était pas gagnée, car la marquise de Saint-Brice pensait donner sa fille à un autre prétendant. Et elle connaissait la réputation sulfureuse de l'aîné des La Rouërie. Mais elle dut écouter Louise, qu'Armand écouta lui aussi. Celle-ci, pâle, chétive et de santé fragile, avait un caractère affirmé. La première, elle entreprit le jeune homme.

« On veut décidément nous marier depuis notre enfance.

— Oui, je nous vois encore à Saint-Ouen, quand…

— Qu'avez-vous fait depuis tout ce temps ? »

Elle l'avait interrompu presque sèchement.

« Je me suis battu et…

— Voilà donc, vous allez me parler de guerre du matin au soir ! »

Pour toute réponse, il l'observa avec son plus beau sourire.

« Je vais devoir vous mériter… »

Elle éclata de rire.

« Que pourrais-je, moi, vous raconter ? Je hais la guerre, qui m'a pris mon père.

— La guerre n'est pas belle à voir. Mais c'est la raison pour laquelle on la fait qu'il faut admirer.

— Je crois encore l'entendre, quand il me disait qu'il me marierait à un général.

— Me voilà…

— Oui, vous voilà… »

Tous deux marchèrent des matinées entières. Lorsque Louise s'essoufflait, Armand prenait prétexte pour s'arrêter de quelques branches folles qui étouffaient les jeunes troncs et qu'il fallait tailler. Il apprit ainsi à ralentir son pas, à oublier un peu les rudes batailles dans les Provinces-Unies. Et à écouter Louise.

« Je me sens prisonnière, lui dit-elle un jour.

— Prisonnière ? Ce domaine est une bien douce prison. Et… prisonnière de qui, dites-moi ?

— Vous ne me comprenez pas. Les filles ne vont pas en Amérique, elles ne font qu'attendre, et on se soucie peu de ce qu'elles ressentent. Elles attendent qu'on les épouse, elles attendent que la guerre vole leur mari ou que les fièvres emportent leurs enfants. Y avez-vous seulement songé ?

— Certes, non. Enfin… voudriez-vous qu'on emmène les femmes à la guerre ?

— Je vous l'ai dit, je hais la guerre.

— C'est mieux ainsi », bougonna-t-il.

Louise, qui aimait pousser Armand dans ses retranchements, se mit à rire.

« Racontez-moi donc l'Amérique. Mais dites-moi tout, et pas uniquement ce que veulent entendre tous ces gens qui vous font la cour. Dites-moi ce que vous n'avez dit à personne. »

Il lui raconta tout, de l'explosion du navire du brave capitaine James Anderson à l'attaque de la redoute de Yorktown. Plus il en disait, plus elle voulait en savoir. Il la revit et la revit encore, touché de cette complicité naissante et heureux du large sourire de cette femme qu'il désirait définitivement épouser.

Il eut alors une idée : il revint de Saint-Ouen avec un domestique et une grosse calèche pleine d'arbres soigneusement enserrés dans des paquets crottés.

« Ces arbres ont traversé l'océan. Ils viennent d'Amérique et m'ont été offerts par George Washington lui-même. Je veux les mettre en terre ici, pour vous, ma Louise. »

Deux platanes furent plantés de part et d'autre du pont de pierre qui franchissait la douve. Deux tulipiers trouvèrent une place au soleil au milieu du parc, là où Louise, ravie, décida qu'ils prendraient racine.

Le mariage fut célébré le 27 décembre 1785 dans la chapelle Saint-Catherine devant la motte féodale, près du porche flanqué de ses deux tours carrées. La fierté des lieux rappelait à tous que la puissante seigneurie s'étendait sur trente paroisses.

La chapelle était trop petite pour accueillir la foule. Les calèches se succédaient, et les grandes cheminées étaient bourrées du meilleur bois. De Fougères et de Rennes, les comtes et les comtesses se pressaient à la Motte pour assister au mariage du héros de la guerre d'Indépendance américaine avec l'une des plus riches héritières de Haute-Bretagne.

Chacun enfila son bel uniforme, mais un officier fut admiré plus que les autres : le major américain Georges Schaffner était apprêté comme à la parade. Son français hésitant et sa stature suscitaient une grande curiosité. Armand avait aussi à ses côtés un brillant officier de vingt ans, son cousin Louis du Pontavice, dont le père possédait le manoir voisin de la branche. Le général appréciait la compagnie de ce jeune homme à l'allure impeccable, qui lui rappelait son fidèle Fontevieux envolé vers ses terres natales. Thérèse de Moëlien, parlant sans cesse de batailles et d'Amérique, fut la première à féliciter les nouveaux époux. George Washington avait répondu à l'invitation reçue de la part d'Armand. Posé sur les nappes de la bibliothèque, entre deux chandeliers, le message du chef des Provinces-Unies fut étudié par tous les invités : « Le moindre de mes regrets de ne pouvoir venir en France ne sera pas de manquer la participation à votre bonheur… » lut-on à haute voix. Et l'on rit des cabrioles du petit singe américain que, pour l'occasion, on avait enfermé dans l'orangerie.

Thérèse de La Bélinaye était arrivée à ses fins, mais ce mariage frisquet et ensoleillé qu'elle avait tant souhaité ne suffit pas à apaiser ses états d'âme. Elle s'inquiéta pour Louise, qui toussait beaucoup, et en parla à Armand dès le soir des noces.

« J'ai fait venir le meilleur des médecins, Valentin Chevetel, de Bazouges, dont le père a soigné le comte de Chateaubriand et que m'a chaudement recommandé M. de Noyan. Il prendra soin de ma Louise. »

Trois jours plus tard, une calèche étincelante faisait son entrée sous le porche de la Motte. L'homme svelte qui en descendit replaça son chapeau de soie et tira sur le tissu de sa redingote couleur d'automne. Il était de ceux qui aiment être remarqués sans tarder. Son visage fin au regard profond, ses chaussures à boucles dorées parfaitement cirées et sa posture droite comme un « I » respiraient l'élégance et le raffinement.

Valentin Chevetel bénéficiait de la belle réputation de son père, médecin à l'œil aguerri. Et il avait incontestablement hérité du don paternel. On disait à Bazouges que « les chiens ne font pas des chats » et qu'un fils de docteur était forcément un bon médecin. Les Chevetel aimaient la haute compagnie, et aucune des belles demeures jusqu'à Saint-Malo ne leur était inconnue.

Armand franchit le perron à balustres sans lâcher son invité du regard.

« On m'a parlé de vous jusqu'à Paris. Je sais votre talent.

— Monsieur, soyez assuré que tout sera fait pour guérir la faiblesse persistante de votre dame. Mais il faut m'en dire plus.

— Vous en dire plus ? »

Armand percevait dans les yeux ténébreux du médecin une grande intelligence. Mais elle ne suffirait pas à le convaincre de lui confier sa Louise.

« Parlez-moi des symptômes. De la toux ? De la fièvre ? De la langueur, peut-être ? Pour bien soigner, il faut connaître. Je verrai votre dame ensuite. »

Le docteur aperçut alors George Schaffner sortant de l'orangerie. Sans même qu'on le lui ait présenté, Valentin Chevetel le salua dans un anglais parfait.

Armand fronça les sourcils, se pinça les lèvres et observa le médecin de la tête aux pieds.

« Ce freluquet est un gaillard », pensa-t-il.

44

Chaque soir, Armand rejoignait Louise. La lueur des flammes agitait les hauts murs, et le froid guidait les époux l'un vers l'autre. Il la fixait de ses yeux noirs et s'amusait de la gêner. Elle trouvait que tout allait trop vite et fuyait son regard insistant. Des ombres curieuses léchaient leur visage quand le feu sautillait.

« Vous ressemblez à votre loup, s'amusait-elle. Qu'est-il devenu ? »

Il lui parlait de l'Amérique des heures durant. Elle le pressait de questions, ses cheveux blonds en bataille. Elle évitait ainsi de s'abandonner tout de suite. Lui était curieux d'elle. Elle l'étonnait par ses vives reparties, ses reproches lorsqu'il passait trop vite d'une bataille à l'autre. Elle voulait tout connaître, savoir chaque minute de ses combats. Il s'amusait de sa curiosité, caressait ce corps frêle et fragile trop souvent secoué de mauvaise toux. Elle finissait par se détendre, presque endormie. Elle s'épuisait chaque jour un peu plus.

L'état de Louise s'aggrava dès la fin de janvier. Assaillie de fatigue, saoulée de cette odeur de fumée humide qui envahissait le château, elle grelottait. Les sorties jusqu'à Saint-Brice furent espacées ; les domestiques firent ronfler les cheminées nuit et jour. Armand faisait appeler Valentin Chevetel au moindre signe d'affaiblissement de sa bien-aimée.

« Restez donc là, répétait-il, de plus en plus insistant, ne voulant rien entendre quand le médecin lui parlait de ses autres patients. Votre place est au chevet de Madame, et je vous paierai comme vous ne l'avez jamais été ! »

Valentin Chevetel ne se fit guère prier. Très vite, il eut ses habitudes au château de Saint-Ouen, goûta la progression de ses revenus et apprécia l'amabilité de son hôte. Il racontait partout qu'il était l'ami du héros d'Amérique. Ce qui lui valait l'admiration de nobles vaniteux, impatients d'être reçus à la table du général. Et Valentin Chevetel aimait faire briller les regards. Armand Tuffin de La Rouërie avait fini par apprécier la présence de cet homme cultivé, avec qui il s'entretenait de questions philosophiques et politiques. Ils débattaient sans fin des libertés chèrement acquises. Ils riaient ensemble de ce cardinal de Rohan, embastillé, qui avait cru cautionner l'achat d'un collier pour la reine et s'était fait berner par des escrocs. Ils en venaient alors aux affaires du parlement de Bretagne. Le vieux procureur de La Chalotais, mort l'été précédent, avait installé son fils à sa place.

« Valentin, croyez-vous que le fils possède la même grandeur d'âme que le père ?

— Son âme est honorable, lâchait le médecin sans s'aventurer plus loin sur le terrain glissant des débats politiques qui agitaient la noblesse de Haute-Bretagne.

— Cela ne suffira pas ! C'est un faible, et même un incapable. »

Armand se lançait alors dans de longues diatribes, persuadé qu'un jour prochain les prérogatives du parlement breton seraient encore une fois menacées par Paris. Une nouvelle tempête grondait en effet dans les rangs des magistrats. Les ministres entendaient conduire une réforme des droits perçus sur le tabac. Ni le parlement ni les états de Bretagne n'en voulaient, bien heureux que rien ne puisse se faire sans leur consentement.

Ce privilège, les ministres avaient résolu de le mettre à bas. Pour Armand, le danger avait un nom : Bertrand de Molleville, le nouvel intendant de Bretagne.

« Molleville a été placé là pour faire plier notre parlement, pour lui imposer les choses par la force. Vous verrez, Valentin, il sera le bras armé des félons. »

Son interlocuteur tardait à répondre, mesurant d'autant plus ses mots que La Rouërie s'enflammait. Il écoutait, retenait tout et avait des pensées qu'il gardait pour lui. Il restait ainsi pour Armand un confident d'autant plus apprécié qu'il ne l'interrompait jamais. Sauf ce jour de la fin du mois d'avril, quand le marquis voulut s'en prendre à l'intendant de Molleville, dont il avait eu des nouvelles, arrivées tout droit du parlement de Rennes.

« Monsieur, parlons plutôt de votre dame. Son souffle est court, ses poumons de plus en plus fatigués, et je vois sa langueur persistante. Elle est gravement affectée.

— Que faut-il faire ? La marquise de Saint-Brice m'affirme que, chaque année, Louise retrouve une meilleure santé au cœur de l'été.

— Ce n'est pas l'été qui soignera Madame. Peut-être les eaux chaudes des Pyrénées.

— Les Pyrénées ? Il faut l'y mener, alors. Les eaux chaudes ne viendront pas jusqu'à nous ! »

Armand serait bien parti le soir même, tant l'état de Louise l'émouvait. Il monta l'escalier de pierre pour rejoindre sa femme dans l'une des grandes chambres. Elle était allongée, inerte, sur un drap de velours rouge, ses cheveux blonds attachés, pâle comme la mort, mais fut étonnamment vive quand elle rejeta l'idée saugrenue de quitter le domaine.

Armand tenta de la raisonner, en vain. Au début du mois de mars, la toux sembla faiblir. Il s'accrocha alors à l'espoir qu'avec les beaux jours son épouse retrouverait son allant. Il oublia l'idée d'aller jusqu'à Cauterets et cessa d'en parler à Louise. Il fit venir Valentin Chevetel pour constater un début de guérison, mais le médecin hocha simplement la tête. Il s'irrita presque de l'emballement excessif du mari qui prenait ses désirs pour des réalités et ne modifia pas son diagnostic, au grand dam de son interlocuteur.

S'il se faisait réellement du souci pour sa femme, le général Armand s'inquiétait aussi pour sa carrière. Chaque semaine le rendait plus nerveux. La maladie de Louise le tenait éloigné de Paris, où il avait pourtant fort à faire. Il se donnait quelques semaines avant d'y retourner plaider sa cause et être fait général des armées royales. Avec la recommandation de Washington, du marquis de Chastellux qu'il avait connu en Amérique et même du ministre, le roi finirait bien par lui confier un régiment de cavalerie. Tel était son destin. Il comptait aussi poursuivre sa route au-delà de la capitale, jusqu'en Prusse.

« J'ai vu en Amérique combien les Prussiens sont maîtres dans l'art de la préparation au combat. J'irai à leur rencontre, le major Schaffner à mes côtés. Il a besoin de parfaire ses connaissances militaires. »

Mais l'état de Louise empira en avril. La famille se regroupa à Saint-Ouen. Armand ne dormait plus, veillant sa femme nuit et jour.

« N'attendez pas trop, lui souffla le jeune médecin.

— Mais elle ne veut rien entendre. Vais-je l'emmener de force à Cauterets ? »

Valentin Chevetel, qui pressentait le pire, tenta à nouveau de convaincre sa patiente, lui expliquant longuement combien les eaux chaudes des Pyrénées pouvaient agir contre le mal. Abattue, elle l'écouta, mais il fallut l'insistance de son amie Thérèse de Moëlien pour la faire céder. Elle resta ferme sur un point : il était hors de question qu'Armand l'accompagne.

« Depuis des mois, vous me parlez de votre voyage en Prusse. Allez-y comme vous l'avez prévu et venez me raconter vos aventures.

— Je reste à vos côtés.

— Vous ne tiendrez pas en place à mes côtés !

— Ce voyage en Prusse ne compte pas tant que vous...

— Suffit, Armand ! Je ne serai pas celle qui vous empêchera de vivre. »

Elle avait prononcé cette phrase d'une voix tremblante. Elle s'arrêta un instant, toussa encore et fournit un véritable effort pour ajouter ces quelques mots, dans un souffle :

« Au nom de l'affection que je vous porte... »

L'émotion gagna Armand. Il lui prit la main, et ils restèrent ainsi de longues minutes. Louise, somnolente, finit par s'endormir.

« Valentin, mon ami, c'est sur vous que je compte. Je vous paierai généreusement. Vous savoir à ses côtés me rassure. Vous prendrez soin d'elle jusqu'à Cauterets, je vous fais confiance pour cela.

— Il en sera ainsi. »

Le départ fut fixé au deuxième dimanche du mois de juin. Traverser le royaume n'était pas sans danger. Soucieuse, la mère d'Armand avait elle-même désigné les deux dames de compagnie qui veilleraient sur Louise et son médecin. Un cocher de Saint-Ouen et un autre du domaine de la Motte se relaieraient. L'un d'eux avait déjà rejoint Bordeaux et connaissait les meilleures auberges.

L'imposante berline fut réaménagée, et Armand choisit pour la tirer ses deux plus solides carrossiers. Le départ de Louise le plongea dans un profond désarroi. Accompagné de George Schaffner, il emmena sa femme et son équipage à Rennes, où le magistrat Jacques de Farcy les accueillit en son hôtel de Cuillé. Le lendemain matin, après une nuit sans sommeil, Louise adressa à son mari un dernier baiser. Elle lui parla de son voyage en Prusse. Appuyée au bras de son docteur, elle avait le sourire. La berline s'éloigna sur le grand chemin de Nantes. Armand versa des larmes quand elle disparut derrière une colline boisée.

Pendant des semaines, il attendit des nouvelles, maugréant contre les pluies incessantes, courroucé quand les travaux n'avançaient pas assez vite sur le domaine. Il emmena alors chasser sa cousine Thérèse, Schaffner et Louis du Pontavice, revenu de garnison. La Rouërie avait tout de suite remarqué le tempérament de fer et les talents de cavalier de son lointain cousin, qui servait aux écoles royales militaires. Ils coururent le pays du Couesnon, les bois et les forêts, mais rien n'apaisait l'humeur maussade du maître des lieux. Sa mère, qui ne supportait plus son fils, s'était installée à Fougères. Charles, son singe, était devenu son compagnon de solitude, et il l'emmenait souvent sur la croupe de son destrier. Le départ pour Paris était prévu pour la fin du mois d'août. Jusqu'à ce qu'arrivent enfin des nouvelles de Louise.

Armand ouvrit le courrier fébrilement. Il reconnaissait l'écriture élégante de Valentin Chevetel. Il s'éloigna : Thérèse et George le virent marcher jusqu'au fossé qui fermait la cour. Il leur tournait le dos et lisait, immobile. Ils le virent s'asseoir sur l'herbe grasse. Sa main balaya son chapeau, qui tomba au sol. Il caressa ses cheveux. Thérèse s'approcha, elle avait deviné et s'assit à ses côtés. Elle lui prit l'épaule. Il pleurait.

« Ma Louise… »

Louise était morte en arrivant à Cauterets le 18 juillet et y avait été enterrée. Valentin Chevetel était sur le chemin du retour.

45

Apeurés, les deux faux-sauniers bondirent dans un taillis en lisière des bois. Ce fut d'abord un roulement sourd et lointain. Terrés au creux de la végétation épaisse, ils écoutèrent, le cœur battant. Des cavaliers approchaient.

« Des gabelous ! souffla l'un d'eux.

— Ou de mauvais démons… »

Un rayon de lune blafard caressait les cimes de la vieille forêt de Passais, mais on n'y voyait goutte. Trois hommes au grand galop frôlèrent les bosquets et s'engagèrent dans le chemin menant à Domfront. Les deux sauniers attendirent quelques minutes avant d'oser bouger. Il y eut alors un long hennissement, probablement le cri de douleur d'un cheval qui s'était cabré et était tombé lourdement au sol. Les sauniers entendirent aussitôt le bruit de lames qui s'entrechoquaient. On se battait à moins de mille pieds de leur tanière. Il y eut encore des hurlements, une lointaine bousculade suivie d'un pesant silence, puis à nouveau le roulement de cavaliers s'éloignant dans la nuit.

À une lieue de là, à Ortaire, avant d'entrer à Domfront, se trouvait une auberge connue de tous les cochers, les marchands de passage et les mendiants. Elle était tenue par les frères Brault, qui servaient à boire et à manger à toute heure, si bien qu'ils avaient vent des nouvelles avant tout le monde. Ce soir-là, l'auberge ne désemplit pas, et personne ne fut surpris de voir arriver à vive allure trois cavaliers. L'un d'eux poussa la porte avec une telle brutalité qu'elle heurta le mur. Il ôta son chapeau, et les pochetrons affalés près du foyer crurent voir le diable et même l'entendre quand il se mit à hurler :

« Y a-t-il ici un chien des bois qui voudrait encore s'en prendre à mon destrier ? »

Les têtes se levèrent en silence. L'homme avait de longs cheveux noirs, le regard terrible, des éclats de boue sur le visage. Sa redingote couleur de terre était tachée de sang frais. Il s'approcha de chacune des tables, dévisageant les buveurs qui le fixaient d'un air incrédule. Un autre cavalier s'approcha lui aussi et posa sa main sur le bras du diable. Il prononça quelques mots que personne ne comprit. Le troisième était resté sur le pas de la porte. Il semblait beaucoup plus jeune et salua l'assistance avec respect. Son plastron, sa veste serrée et sa culotte élégante ne trompaient pas : c'était un officier du roi. L'affaire était sérieuse.

L'un des frères Brault fut prié de témoigner, mais aucun voyageur blessé n'avait franchi le pas de sa demeure.

« J'ai embroché l'un d'eux. S'il passe ta porte, saisis-le et appelle la garde de Domfront ! »

Le diable avait parlé avec une froide autorité. Le jeune officier se dirigea vers lui après avoir inspecté la grande pièce enfumée.

« Général, il n'est pas là. Ils ont dû s'enfoncer dans la forêt après nous avoir attaqués.

— Les loups se chargeront de cette charogne. Mangeons et dormons. On m'attend à Paris. »

La nuit fut brève. Le « général » s'était levé d'une humeur ténébreuse. Il remercia les deux frères qui avaient nettoyé sa redingote.

« Tendez l'oreille, je reviendrai. Vous me direz si on a trouvé quelque part aux alentours le cadavre d'un voleur de chevaux. »

Il les salua d'un mystérieux « Mon cœur saigne encore ».

Les trois cavaliers repartirent avant le lever du soleil. Armand de La Rouërie, George Schaffner et Louis du Pontavice arrivèrent à Paris trois jours plus tard. Capitaine d'infanterie au régiment d'Armagnac, de quinze ans plus jeune que La Rouërie, Louis du Pontavice vouait à son « cousin général » une admiration sans bornes. Il voulut même rentrer en Bretagne pour le servir, mais Armand l'en dissuada.

« Ton régiment t'attend. Apprends plutôt à mener tes hommes au combat. »

Charles de La Bélinaye les accueillit dans son hôtel du faubourg Saint-Honoré. Dès le lendemain, ils retrouvèrent Maurice de La Bélinaye à l'étage du Procope. Un sixième homme se joignit à eux, qu'Armand salua longuement, mais sans sourire.

« J'espère, Valentin, que Paris vous a fait bel accueil. »

Toute la personne du docteur Chevetel, de sa chevelure impeccablement taillée à son élégant velours bleu nuit, semblait le confirmer. La capitale lui allait comme un gant. Il avait en quelques mois repéré les salons, les tables et les assemblées où il fallait être connu. Recommandé par La Rouërie, il avait intégré la maison du comte de Provence, frère du roi. Armand mettait toujours un point d'honneur à récompenser ses fidèles, sans en oublier aucun. Il n'avait quitté l'Amérique qu'après s'être assuré que chacun de ses hommes, jusqu'au dernier, trouverait une terre à travailler, quelques sous ou l'assurance d'un bateau pour rentrer au pays.

Le jeune docteur lui avait fait le long récit du dernier voyage de Louise. Il l'avait veillée, avait prié avec elle et l'avait accompagnée jusqu'à sa mise en terre. Il lui rappelait souvent avec quelle dignité et quel courage sa femme avait affronté la mort. Mais il ne put jamais apaiser son mari, car celui-ci était inconsolable.

Depuis l'annonce du décès de Louise, La Rouërie traînait sa peine. De vieux démons le hantaient jour et nuit. On l'assaillait de toute part. L'attaque nocturne dans la forêt de Passais était un signe de cette menace. C'est lui qu'on avait cherché à tuer. Son âme nourrissait une fureur qu'il retenait encore, se raccrochant à l'espoir de commander bientôt une troupe de cavaliers d'élite. Voilà pourquoi il était à Paris : avec Schaffner, car il aurait besoin d'un second de confiance ; avec son cousin Louis du Pontavice, jeune et brillant officier qui rejoignait sa garnison à Soissons et qu'il ferait nommer à ses côtés ; avec son oncle Maurice, fier officier de cavalerie, qui lui avait appris à tenir ses chevaux et à tirer d'eux le meilleur.

Maurice, ce soir-là, ne répondit pas aux reparties de Charles, qui comme à son habitude tentait de détendre l'atmosphère. D'humeur noire, Armand pesta contre « la saleté repoussante des rues de Paris ». Il laissa Louis du Pontavice raconter l'assaut en forêt de Passais, assurant toutefois qu'à son retour il s'y arrêterait, « des fois que les coquins y rôderaient encore ». Schaffner, qui maîtrisait peu la langue française, se taisait. Il ne connaissait que trop bien les humeurs sombres d'Armand. Elles passeraient avec le jour. Valentin Chevetel raconta comment, pour aller à Cauterets, il avait choisi les grands chemins, plus sûrs que les sentiers de traverse.

« Tu l'as veillée avec soin, je le sais… »

En prononçant ces mots, Armand, gagné par l'émotion, se leva pour respirer l'air froid des fossés Saint-Germain. Maurice l'accompagna.

« Tu la cherches encore ?

— Qui donc ? Ma Louise ne reviendra plus…

— Ta mendiante, te souviens-tu ? Tu la cherches encore, comme tu cherches tes soldats morts, comme tu cherches Louise depuis qu'elle t'a quitté…

— Pourquoi me dites-vous tout cela ?

— La mort, tu l'as affrontée comme aucun d'entre nous. Ne la laisse pas te cerner, prends ton commandement !

— Quel commandement ? J'attends qu'on consente au nom du roi à me confier un régiment de cavaliers. Rien ne vient. Washington m'a reconnu général, mais ici, rien ! »

Rien. Pendant des semaines. Jusqu'à ce qu'enfin, quelques jours plus tard, on transmette à La Rouërie la proposition de Sa Majesté. Seule la cavalerie comptait à ses yeux. Il l'avait maintes fois répété à George Washington, qui avait fini par se le tenir pour dit. Il espérait sa troupe de grenadiers à cheval pour en faire un bataillon d'élite dont le roi serait fier. Mais ni les mots élogieux de Washington, ni ceux de l'ambassadeur de France aux

États-Unis adressés au ministre de la Guerre, ni l'entregent de Charles de La Bélinaye dans les salons parisiens n'eurent d'effet : le général des Provinces-Unies d'Amérique fut prié de prendre le commandement d'un régiment de chasseurs à pied, avec le simple grade de colonel. Les honneurs étaient allés à ceux qui étaient rentrés d'Amérique bien avant lui. Il pensa à La Fayette, et son regard s'assombrit.

« Moi ? Colonel d'un régiment à pied ? Vais-je devoir subir le sourire narquois du général du Motier de La Fayette, qui m'expliquera la manœuvre des grenadiers du roi ? Pour qui me prend-on ? »

Lui-même colonel d'infanterie, Charles de La Bélinaye, blême, perçut l'irrépressible colère de son neveu, devant un George Schaffner incrédule.

« Armand, le ministre ne désespère pas de…

— C'est un félon ! Un coquin comme tous les autres. Notre roi est faible et entouré de canailles. On ne veut plus de moi…

— La parole d'un ministre…

— Les ministres ? Ce sont eux qui veulent museler nos libertés en Bretagne. Je les y attends ! J'y mènerai le combat ! »

46

Une sourde colère gagnait un royaume de France endetté jusqu'au cou. À Paris, devant l'ampleur des déficits, Louis XVI avait sèchement renvoyé Calonne, son ministre des Finances de plus en plus impopulaire. Les parlements des provinces refusaient d'entendre parler d'emprunts. Le roi avait nommé Loménie de Brienne, l'ennemi intime de Calonne, pour remettre de l'ordre dans son administration, combler les déficits et faire rentrer l'impôt. Les Bretons allaient bientôt avoir de ses nouvelles.

Pendant que, dans les villes, les sociétés de pensée discouraient sur l'inégalité des taxes, les bourgeois s'en prenaient à l'absolutisme royal et au train de vie de la Cour, les parlements des provinces au despotisme ministériel. Peu entendaient encore le petit peuple des campagnes et des villes qui lorgnait son reste de pain en maudissant le monde.

À Rennes, le parlement de Bretagne était à nouveau en ébullition. Les esprits s'échauffaient comme vingt ans plus tôt, quand le procureur de La Chalotais et ses magistrats s'étaient élevés contre l'impôt royal. La menace rôdait toujours. Les robes rouges en étaient maintenant certaines : Loménie de Brienne cherchait à mettre fin aux privilèges de la province, inscrits dans le traité d'union de la Bretagne à la France signé en 1532, et qui empêchait notamment qu'un nouvel impôt ne soit prélevé sans l'accord des états de Bretagne.

Armand de La Rouërie ruminait sa colère. Les rumeurs sur les réformes à venir le rendaient fou de rage. Prostré sur ses terres depuis des mois, George Schaffner et Thérèse de Moëlien à ses côtés, il avait réorganisé le domaine et s'ennuyait ferme. Ne tenant plus en place, il partit aux nouvelles de Rennes à Saint-Malo, chez les marchands qui revenaient de Paris ou à la table des magistrats du parlement. On l'invitait à raconter ses exploits en Amérique, lui n'évoquait que les coquins de Paris qui voulaient s'en prendre aux libertés bretonnes. Plus on lui parlait de la guerre d'Indépendance des Provinces-Unies d'Amérique, plus il mesurait sa déchéance. « Là-bas, j'étais général », soufflait-il souvent à sa cousine Thérèse, qui le sommait alors de se ressaisir.

« Regardez comme nos gens vous admirent ! D'autres batailles arrivent, vous me le répétez chaque jour. »

Le 5 mai 1788, lors d'une séance houleuse, le parlement breton rendit un arrêt s'opposant par avance à toute tentative de réforme. La Rouërie décida alors de rejoindre Rennes, où s'annonçait pour le 10 une réunion solennelle. Il partit au petit matin. Lancé au galop derrière le « général » Armand, Louis du Pontavice, de retour de garnison, précédait Thérèse de Moëlien et George Schaffner, en uniforme américain.

Thérèse avait fière allure, cheveux noirs au vent, portant crânement ses épaulettes dorées. On l'admirait et elle le savait. Elle aurait volontiers sabré quiconque aurait oublié de se retourner sur son passage. D'un fort tempérament, elle en voulait à Dieu de n'être pas officier du roi.

Ils s'arrêtèrent à trois lieues de Rennes pour faire boire les chevaux. Thérèse, George et Louis devisèrent de longues minutes. Elle s'était mis en tête d'apprendre à George les mots qui l'aideraient à briller en bonne compagnie. Il faisait l'effort, ânonnait. Elle s'en amusait.

Armand n'avait pas desserré les dents depuis le départ. Le soir précédent, il était revenu à la nuit tombée, le regard ombrageux, sans dire un mot sauf à ses domestiques pour qu'ils préparent les montures avant le lever du soleil. Ses noires pensées tournaient en boucle et le ramenaient à un fait qui s'était produit quelques heures plus tôt. Un événement inattendu dont il se souviendrait jusqu'à sa mort.

La veille, la chasse avait duré de l'aube jusqu'au soir. Un cerf dix-cors avait mené un rude combat pendant des heures. Avant la nuit, quand on avait rentré les chiens, Armand était parti seul avec son cheval courir la campagne pour vérifier que les veneurs avaient respecté ses consignes. Ils devaient éviter les zones de récolte, avertir les paysans qui craignaient de voir les chasses abîmer les terres. Armand avait discuté longuement avec des gardes-chasse, puis lancé son destrier au galop jusqu'au Rocher-Portail – l'autre château des Guérin de Saint-Brice, à une demi-lieue de la Motte. Une fois sur la hauteur surplombant l'imposante demeure, il avait mis pied à terre. Il avait attaché sa monture à un vieux chêne et marché jusqu'à la grande allée. Une cousine de Jacques de Farcy habitait là. Elle y vivait avec une de ses lointaines parentes. Le cavalier n'avait pas voulu les apeurer par une visite trop tardive. Il était resté à distance, avait fermé les yeux et s'était imaginé au bras de Louise comme l'an passé, à la découverte des jardins qui s'étendaient à l'arrière du domaine. Il allait repartir l'âme en peine quand il avait senti une présence. Il s'était retourné, main sur l'épée. Un homme se tenait debout, à deux pas de lui, la figure éclairée par le soleil rasant. Son cœur s'était mis à battre comme jamais. Non pas de crainte – il ne craignait personne –, mais parce que le regard de l'intrus était de ceux qui marquent les esprits. Le temps avait fatigué ces iris, presque éteints, néanmoins Armand avait reconnu tout de suite le vieil homme au visage décharné, appuyé sur un bâton de châtaignier. Il portait une redingote soignée et un chapeau qui avait dû recevoir bien des pluies tant il était vieilli. La Rouërie avait été bouleversé. Il l'avait observé longuement, cherchant ses mots.

« Ainsi, tu es encore de ce monde… »

L'homme avait serré d'une main ferme son bâton comme pour se donner du courage. Il avait parlé d'une voix faible :

« Et toi, donc ! Tu pourrais être mort dix fois…

— Sais-tu d'où je viens ?

— Tout le pays le raconte. Tu es un général d'Amérique !

— Mon vieux Sans-Chagrin, je ne t'ai pas oublié.

— Moi non plus, je ne t'ai pas oublié. »

Le mendiant n'avait plus d'âge. Il ressemblait au tronc d'un chêne têtard centenaire descendu de son talus.

« Où est ton gîte ? Vas-tu dormir dans les bois ?

— Mme de Farcy est une bonne âme. Je lui rapporte les nouvelles, et son domestique m'ouvre les écuries.

— Ne lui dis pas que tu m'as vu. Je reviendrai après m'être annoncé. »

Pour seule réponse, Sans-Chagrin avait soulevé son bâton et posé son doigt noueux sur ses lèvres.

« Te souviens-tu de Kerléan, Armand ?

— J'ai souvent songé à ton ami quand j'étais en Amérique. Crois-moi, j'ai mieux que lui connu la liberté ! »

Sans-Chagrin avait dodeliné de la tête, les yeux à terre, comme s'il essayait d'imaginer l'Amérique dans les herbes humides du Rocher-Portail.

« Dis-moi, vieil homme, j'ai souvenir autrefois d'une mendiante de ta connaissance. Elle disait s'appeler "la Bourrique".

— Une mendiante ? Qu'a donc à faire un général d'une mendiante… La Bourrique ? J'ai bien souvenir d'une pauvre fille…

— Elle avait des cheveux de feu.

— Oui… Pour sûr, ça me revient maintenant. »

Il avait fermé les paupières, comme pour trier ses pensées.

« Une bougresse ! Oh, elle a disparu depuis longtemps.

— Je ne l'ai jamais oubliée. Elle ne doit plus être de ce monde… »

La canne de Sans-Chagrin avait battu l'air.

« P'têt ben bourdée dans la feuigière et dévorée par les loups ! »

Armand avait froncé les sourcils, jetant un œil sévère à son interlocuteur. Tout le monde avait oublié cette pauvresse dure au mal. Sauf lui. Pas un seul jour de bataille dans les Provinces-Unies d'Amérique il ne l'avait oubliée. Elle courait dans ses rêves, son bâton levé, et la Fouine à ses trousses.

« Le temps se gâte… »

Sans-Chagrin s'était rappelé à lui. Il avait des nouvelles à porter à la dame de Farcy.

« Oh oui, le temps se gâte, tu entends des choses ?

— J'écoute ceux qui causent, et sur mes chemins on ne me parle que du malheur. La mort rôde, Armand. Elle rôde ! »

Le vieil homme lui avait tourné le dos et avait repris sa marche. La Rouërie était rentré au pas, muré dans ses pensées.

47

« Rennes est un volcan prêt à vomir le feu ! Mes amis, nous arrivons à point. »

Armand s'éveilla subitement en franchissant la porte Saint-Georges. Une agitation inhabituelle régnait à ses abords.

« Pendons Thiard et Molleville ! »

Les deux commissaires du roi, Thiard le chef militaire de Rennes et Molleville l'intendant, l'homme de main du ministre des Finances Brienne, étaient hués par ceux qui se dirigeaient vers le parlement. On courait, on criait, on chahutait. Un vent d'émeute à décorner les bœufs soufflait dans les rues de la vieille ville. Après avoir confié leurs chevaux aux écuries de Jacques de Farcy, à l'hôtel de Cuillé, Armand, George, Thérèse et Louis filèrent vers le lieu de rassemblement. Un groupe d'étudiants en droit accourut à leur rencontre. L'un des plus hardis déclina son nom : il s'appelait Moreau et tenait à saluer « les héros de la liberté en Amérique ». Armand lui tapa sur l'épaule, flatté, et prit la parole comme devant ses partisans :

« Messieurs, Thiard est une âme faible qui préfère discourir dans les salons que faire la guerre. C'est Molleville qu'il faut serrer. C'est lui qui, aujourd'hui, va tenter d'imposer la loi des félons à notre parlement. Mes amis, l'heure est grave ! Levons-nous ! »

Il avait retrouvé sa superbe et envoya un rude coup de main dans le dos de George Schaffner.

« Il ne me manque que mon fidèle Fontevieux pour partir à la guerre ! »

Le courageux Fontevieux, celui qui au combat n'avait jamais reculé, ses pas dans ceux de La Rouërie, avait rejoint le bataillon des chasseurs du Gévaudan.

Les cris redoublèrent, mais c'est Armand et son major américain qu'on acclamait. Thérèse rougit de plaisir quand la troupe s'élança vers la place Louis-le-Grand. Armand marchait à pas de géant, Schaffner à ses côtés ouvrant la voie à coups d'épaule, Pontavice à l'arrière le suivant comme son ombre, accompagné de Thérèse, les yeux levés vers la statue de Louis XIV que la foule ignorait.

« Armand ! Le roi, ils lui tournent le dos !

— Mon amie, allez donc ! Ce n'est pas au roi qu'ils en veulent, mais à tous les coquins qui l'entourent.

— Mais c'est le roi !

— C'est la liberté ! La liberté, madame, que Molleville veut corrompre. »

Au pied de l'imposante bâtisse, Armand hurla encore, ordonnant au solide Schaffner de montrer le chemin jusqu'à l'intérieur du palais. Il y entra comme un furieux.

« Arrière, mes amis, laissez-moi passer. J'arrêterai Molleville de mon épée s'il le faut.

— Joignons nos lames, monsieur de La Rouërie ! »

Qui l'apostrophait ainsi, d'une voix de stentor qui résonna sous les arcanes du parlement breton ? Armand se souvenait de ce timbre. Il n'eut pas à creuser longtemps sa mémoire : l'individu de haute taille qui se planta devant lui avec son regard d'aigle était de ceux dont on n'oublie jamais avoir croisé la route. Noyan ! Le neveu de La Chalotais qu'il avait visité dans ses jardins de La Mancellière vingt-quatre ans plus tôt. Ses cheveux avaient blanchi, ses épaules étaient voûtées, mais il restait l'homme fier et autoritaire d'autrefois.

« Monsieur de Noyan, vous ne m'en voulez donc pas d'avoir taillé votre tignasse ? »

Noyan éclata de rire.

« Entre ici, général Armand ! Nous avons besoin de pistolets et d'épées affûtées. Écoute : j'entends feu mon oncle hurler dans les charpentes !

— Puisque vous êtes ici, le sieur de Kersalaün ne doit pas être bien loin.

— Ni lui ni son fils, à qui j'ai donné ma fille. Ils sont sous la robe rouge des magistrats, enfermés là-haut, et attendent de pied ferme cet infâme corbeau de Molleville. »

Devant le parlement et dans la salle des pas perdus, les militaires s'efforçaient de contenir la foule.

« Qu'est-ce que cette troupe haineuse… » tenta Thérèse de Moëlien, non de peur mais de colère d'être ainsi noyée dans la masse.

Un brusque mouvement l'interrompit. Un groupe armé de bâtons forçait les portes. Les soldats s'interposaient.

« Ils vont tirer ! hurla Thérèse.

— Ne craignez rien, dit Louis du Pontavice. Ils ne tireront pas avec les baguettes fourrées dans les canons.

— Ce n'est pas encore la guerre, ma douce Thérèse », dit son cousin.

Vexée, celle-ci pensa qu'on la croyait faible. Elle se reprit.

« C'est là-haut que va se jouer la bataille, allons à l'étage. »

Armand les avait précédés, déjà aux côtés du comte de Noyan. Schaffner et Pontavice serraient Thérèse de près. Un murmure gagna les escaliers quand Molleville, tout habillé de noir, arriva accompagné du comte de Thiard pour rejoindre les magistrats réunis en séance. Mais ils eurent beau tambouriner à la porte, elle resta close. La tension était palpable. Thiard jetait des regards tout autour de lui, comme pour trouver un visage compatissant. Molleville, impassible, n'avait d'yeux que pour la porte fermée devant lui.

« Ouvrez, par ordre du roi ! »

La voix de Thiard portait peu. On entendit un ricanement.

« Nous n'avons que faire des envoyés de Brienne et de Lamoignon, cet infâme garde des Sceaux. Dites à ces deux scélérats de venir eux-mêmes ! »

Armand crut reconnaître le ton caverneux du vieux comte de Kersalaün. Le chahut se propagea.

« Les Bretons ne se feront pas plumer sans se battre ! »

Cette fois, c'est Noyan qui avait crié. À ses côtés, Armand fixait Molleville. L'intendant le dévisagea de pied en cap, lorgnant son plastron avec mépris. Depuis des jours et des semaines, La Rouërie attendait ce moment.

« La liberté, monsieur, je me suis battu pour elle en Amérique. Je me battrai pour elle ici même.

— Qui êtes-vous donc, monsieur, pour oser défier les commissaires du roi ? lança Molleville en retour.

— Vive le général Armand ! »

Dans l'escalier, la foule lui avait répondu d'un air menaçant, et cent paires d'yeux virent Armand s'approcher de Molleville, prêt à le toucher, quand Thiard frappa de nouveau du poing sur la double porte.

« Je suis le commandant en chef de la Bretagne, et si vous n'ouvrez pas, mes hommes s'en chargeront ! »

On entendit des voix, des murmures et des pas. Il y eut sans doute un conciliabule, et la porte finalement s'entrebâilla. Thiard et Molleville furent accueillis dans un silence de mort.

« Monsieur de Noyan, gardons l'ennemi à vue, souffla Armand, George, Thérèse et Louis à ses côtés.

— Molleville, ce traître, et Thiard, ce vieux hibou hypocrite. Il faut tenir ! »

La porte se referma sur les commissaires du roi. La séance s'éternisa. On discerna alors le timbre froid de Molleville alignant les principes et lisant les édits. De l'extérieur, on percevait mal ce qui se tramait. Mais, quand le président de l'assemblée prit la parole pour crier « les protestations et la douleur de la cour à la lecture des lois nouvelles », tout le monde comprit que les choses avaient mal tourné.

Un premier groupe sortit précipitamment et annonça à la cantonade que les magistrats bretons s'étaient vu signifier le pire. Leur parlement, ainsi que tous les autres, perdait une bonne partie de ses prérogatives ; on leur retirait leur droit de remontrance qui leur permettait de contester les lois et les lettres patentes du roi. Armand blêmit, et Noyan éructa. Dans l'escalier et dans la salle des pas perdus, on entendit des cris de colère, qui très vite gagnèrent la place du parlement et les rues de Rennes.

Jacques de Farcy surgit à son tour, pâle comme la mort, avec à ses côtés Sébastien de Moëlien, le père de Thérèse, qui, d'émotion, lui saisit le bras.

« Qu'ont-ils osé faire ?

— Ma fille, c'est un jour maudit.

— Que veut donc le roi ?

— Ce qu'il veut ? Mais est-il encore capable de vouloir quelque chose ? »

Schaffner sur le perron n'en revint pas quand il leva les yeux, la main posée sur sa ceinture qui tenait le fourreau d'une dague. Des bâtons étaient dressés. Des pierres volaient jusque sur le granit des hauts murs. Jacques de Farcy tenta de calmer quelques acharnés qui crachaient sur les soldats du comte de Thiard.

« Messieurs, c'est ici un lieu de justice ! Notre peine est immense, mais regardons notre roi ! Il nous entendra ! »

Armand de La Rouërie sentit monter dans ses veines le feu précédant l'assaut. Ceux qui venaient d'imposer leur loi aux magistrats de Bretagne étaient ceux-là mêmes qui l'avaient méprisé à son retour d'Amérique. Ceux qui avaient voulu faire de lui un colonel à pied, lui, le général de la fière cavalerie du grand George Washington ! L'épée en l'air, il harangua la foule :

« À notre roi ! À notre Bretagne ! À nos libertés ! »

Le plus proche de lui, l'encourageant par les cris de ralliement, était le jeune Moreau, entouré des étudiants en droit que ce chahut exaltait.

Louis du Pontavice gardait l'œil grave, car il devait assurer la sécurité de son héros. Qui sait si, dans un accès de folie, l'un des plus acharnés n'allait pas trouer le plastron du général Armand qui hurlait comme un beau diable sur le pavé ? George Schaffner protégeait Thérèse et son père, qui allaient d'un magistrat à l'autre pour s'entendre raconter leur effroi, leur colère et leur haine.

« À notre roi ! »

Le doigt pointé en direction du marbre du grand Louis, défiant les cieux sur son destrier géant, La Rouërie cria de nouveau. Mais c'est alors qu'une énorme clameur monta de la rue, à l'avant du couvent des Cordeliers. Des soldats s'étaient massés pour protéger la sortie des commissaires du roi. Des pierres volaient. Une forêt de bâtons balayait le ciel. On entendit le hennissement des chevaux. La foule hurlante se mit en mouvement, pourchassant le convoi qui tentait d'emmener Thiard et Molleville jusqu'à l'hôtel de Blossac, la demeure du commandant de Bretagne.

Armand, Schaffner, Thérèse et Louis s'engagèrent dans une rue de traverse pour se retrouver au-devant de l'assemblée. La berline qui ouvrait le convoi fut mise en travers de la rue, Thiard et Molleville en descendirent et franchirent à pied et en toute hâte le haut portail orné du blason des La Bourdonnaye. Les pierres atteignaient leurs pieds.

Alors que le bataillon de garde repoussait vivement le peuple qui cherchait à entrer dans la demeure, Armand, qui avait compris qu'il fallait maintenant contenir la colère ambiante, proposa un ralliement vers la rue aux Dames.

« À la porte Mordelaise ! »

Il emmena son groupe plus loin, à l'arrière, jusqu'à la porte charretière qu'encadraient deux tours massives. C'est par là que les chalands et les paysans qui remontaient de Bourg-l'Évêque pénétraient dans la ville. Quelques mendiants tendaient leur sébile, et Armand invita sa troupe désordonnée à se montrer généreuse.

Il prit place sur un tombereau qu'on avait approché de la porte piétonne. Il sentit alors un vent d'Amérique souffler. Il hurla à perdre haleine :

« Mes amis, ici même, devant cette enceinte glorieuse, comtes de Rennes et ducs de Bretagne prêtaient serment ! Mes amis, ici même, leur serment disait que chacun d'eux défendrait jusqu'à la mort les droits et libertés de la Bretagne ! »

La clameur gronda. Armand aperçut Thérèse qui haranguait la foule, son père à ses côtés. Il vit deux hommes lever leurs chapeaux en sa direction : le comte de Noyan, les cheveux blancs balayés par le vent, était comme appuyé à l'imposante stature du comte de Kersalaün. Tant de bruit empêcha La Rouërie d'entendre ce que le premier confiait au second. Mais il le dit si fort que Thérèse et Pontavice en eurent la gorge nouée :

« Voilà un chef qui se lève !

— Mes amis, à notre tour, faisons le serment… »

Armand continuait de hurler, la main droite plaquée sur son plastron.

« Sur l'aigle blanc des Cincinnati, je fais ce même serment ! »

Après lui, ils crièrent les yeux rivés à la muraille :

« À notre roi ! À notre Bretagne ! »

48

Partout en Bretagne, les dîners s'achevaient dans les cris et les clameurs. Le vin aidant, on pendait d'avance Molleville « le tartuffe », Thiard « le niais », Brienne et Lamoignon « les ministres félons ». À Rennes, l'arrêt des activités du parlement avait renvoyé chez eux tous ceux qui y gagnaient leur pitance ; l'économie de la ville en pâtissait. Une colère sourde montait des faubourgs. Elle se répandait dans les ruelles, les échoppes, les salons et les offices. Les badauds et les marchands se querellaient plus qu'à l'habitude. Partout, on jurait contre les despotes et les profiteurs, on crachait sur le perron des hôtels particuliers du commandant de Bretagne et de l'intendant. La fin du printemps annonçait l'orage, et personne ne s'étonna de voir des bataillons entiers de soldats envahir les rues de Rennes semaine après semaine. De Paris, les ministres gardaient sur la Bretagne l'œil inquiet qu'on jette au ciel zébré d'éclairs.

Dans le bas de la place Louis-le-Grand, le café de l'Union était un bouillant chaudron. Moreau y avait sa table. Les étudiants en droit se pressaient autour de lui. Le jeune homme soignait son élégance. Beau parleur, il les provoquait de sa hargne et éructait sur les ministres du roi qui prétendaient s'attaquer à leur province. Mais ce n'était pas la seule préoccupation de Moreau, des étudiants en droit, des bourgeois et de tous les autres : une oreille attentive eût entendu dans les mots sanglants qui gagnaient la ville et les campagnes quelque chose comme une sombre et lointaine colère montée du peuple tout entier.

Ce matin du 2 juin 1788, Moreau harangua l'assemblée et lui fit jurer, la pinte à la main, de mener le combat avec courage. Quand ses amis et lui virent, à l'extérieur, des dizaines de soldats courir vers la rue Saint-Georges, et entendirent un nouvel arrivant hurler que « La Rouërie et ses officiers » venaient d'entrer dans l'hôtel de Cuillé, Moreau l'imita.

« Montons chez Farcy ! Le général de La Rouërie nous y attend ! »

Pendant ce temps, Armand prenait la parole au premier étage, avec Jacques de Farcy, au milieu des magistrats en train de deviser devant l'une des deux statues de terre cuite nichées dans le mur. Elle représentait le grand George Washington.

« Messieurs, j'ai défendu à ses côtés la liberté en Amérique, je suis là pour la défendre ici même ! »

Plusieurs approuvaient en dodelinant de la tête, et l'assemblée frappa des mains. Deux lieutenants écoutaient l'orateur avec un respect appuyé : Pontavice et La Haye-Saint-Hilaire, jeune ami du pays de Fougères – « mes deux Louis », ainsi qu'aimait les appeler leur héros d'Amérique. Les deux Louis vouaient à La Rouërie une admiration sans bornes. Pontavice maudissait la jeunesse qui l'avait empêché de l'accompagner en Amérique. Comme lui, Saint-Hilaire voulait maintenant se battre à ses côtés. C'était un cavalier d'un rare talent.

« Tu es un meilleur officier de cavalerie que le meilleur des Prussiens ! » s'amusait Armand, qui l'avait baptisé « le Uhlan », du nom des fiers lanciers allemands.

Mais Louis de La Haye-Saint-Hilaire avait une raison supplémentaire d'accompagner La Rouërie ce matin du mois de juin 1788 : il était en mission. Il partageait avec Thérèse de Moëlien la même marraine : Thérèse de La Bélinaye. Louis était son attentif filleul ; la mère d'Armand aimait l'élégance et la grandeur d'âme du Uhlan.

« Ma filleule suivrait mon fils jusque dans ses batailles les plus folles, lui avait-elle dit. Mon bon Louis, veillez sur elle, mon aîné a parfois la tête ailleurs. »

Il prenait donc soin de Thérèse de Moëlien, et celle-ci appréciait sa conversation intelligente. Néanmoins, elle ne quittait pas Armand des yeux et se tenait bravache à ses côtés, ses longs cheveux noirs tombant sur des épaulettes aux franges dorées.

L'agitation était à la hauteur du défi lancé ce matin-là par les nobles du parlement de Bretagne. Alors qu'il leur était interdit de se réunir, une soixantaine d'entre eux s'étaient rassemblés au petit matin, au premier étage de l'hôtel de Cuillé. Armand, qui tenait Jacques de Farcy en haute estime, avait juré d'assurer leur protection.

« Que se dit-il sur vos terres ? » avait interrogé ce dernier.

Armand fut le premier à répondre :

« Écoutez les mendiants, les faux-sauniers, les laboureurs, les sabotiers. Tous maudissent Versailles, les ministres… mais aussi le roi !

— L'heure est donc si grave ? » interrogea Farcy, le sage magistrat.

Un murmure suivit. Chacun évoqua alors ce qui remontait des domaines. Mais la conversation fut interrompue par des clameurs à l'extérieur.

« Les troupes de Thiard sont dans la rue !

— Si Thiard est en bas, jetons-lui de la merde par les fenêtres ! »

La voix tonitruante du vieux comte de Kersalaün avait tonné, provoquant le courroux de Jacques de Farcy, qui ne voulait pas de révolution chez lui. Kersalaün se reprit, comme pour contenir son envie de descendre lui-même se battre :

« Messieurs, réunissons-nous ici même, dès demain matin !

— Je tiendrai la rue avec mes officiers ! » cria Armand qui courut vers l'escalier, suivi de près par Schaffner, Pontavice, Saint-Hilaire et Thérèse, que son père, parmi les plus énervés des magistrats, ne put retenir.

La foule avait envahi les abords de l'hôtel de Cuillé pour faire obstacle aux détachements qui approchaient. Armand grimpa sur un muret et ordonna qu'on laisse passer le grand prévôt, précédé de quelques soldats, qui tentait de se frayer un passage. Le prévôt, qui apportait les lettres de cachet comportant les ordres du roi à destination des magistrats, eut l'air hésiter, s'adressant à La Rouërie :

« Monsieur, si vous êtes le garant de ces lieux, veuillez m'ouvrir le chemin jusqu'à messieurs de Farcy et de Kersalaün. »

Des huées grondèrent. Armand les encouragea, levant plusieurs fois les bras.

« Monsieur, il me semble que votre requête est rejetée. »

Alors que le prévôt, blême, s'apprêtait à répondre, une troupe de cavaliers fendit la foule et s'arrêta face à George Schaffner. D'un vif mouvement du corps, le major américain s'était placé devant Armand. À ses côtés, Louis du Pontavice mit la main sur le pommeau de son épée, prêt à défourailler. Saint-Hilaire voulut précéder Thérèse, mais elle s'empressa de rejoindre son cousin.

« À moi, Louis, mon cousin nous demande ! »

Armand les contourna pour se planter devant le colonel qui commandait le détachement. Son uniforme de général américain intrigua l'officier, qui eut un geste de recul. On entendit la voix de Moreau, bientôt couverte par celle des étudiants en furie scandant « Mort aux despotes ». La Rouërie jeta à l'officier un regard plein de défi.

« Voudriez-vous nous passer sur le corps ?

— Voudriez-vous défier votre roi ?

— J'ai servi mon roi mieux que vous et plus loin que vous !

— Votre roi vous ordonne de libérer les lieux !

— M. de Thiard n'est pas le roi ! »

La tension était à son comble quand les magistrats sortirent de l'hôtel de Cuillé. Les soldats du comte de Thiard n'allaient pas risquer de s'en prendre à eux. Après un instant d'hésitation, le colonel leur donna l'ordre de se retirer.

La foule déambula, grondant sous les murs de l'hôtel de Cornulier, où vivait l'intendant, et devant le portail de l'hôtel de Blossac, la résidence du comte de Thiard. Mais elle avait d'abord acclamé Armand de La Rouërie. Rennes s'enflammait, et il était aux avant-postes. Le joyeux chahut dura jusqu'au soir.

À la fin du mois, les nobles de Bretagne, n'y tenant plus, décidèrent d'envoyer une délégation chez le roi. Douze gentilshommes furent désignés. Les actions d'éclat dans les rues de Rennes du général Armand lui valurent de se retrouver le premier sur la liste. Il réunit ses fidèles pour préparer le voyage.

« Dis-moi, Louis, que fait Valentin Chevetel à Paris ?

— Il soigne…

— Je sais qu'il soigne ! Mais quand il ne soigne pas, que fait-il donc ? Je n'ai plus de ses nouvelles…

— Il fait de la politique, il discourt, il est là où il faut être, tenta Pontavice.

— Bien. Je veux qu'il réunisse tous nos amis de Paris. Pars devant pour le lui dire. »

Ayant accompagné la pauvre Louise jusqu'à son dernier souffle, Valentin Chevetel avait la haute estime du général Armand. Louis du Pontavice, en revanche, le détestait. Il l'avait rencontré trois fois. Le médecin lui avait, la première fois, tendu son manteau sans même le regarder. La deuxième fois, il l'avait prié de se taire, car il avait à parler au général. La troisième fois, il s'était étonné qu'un général de cavalerie aussi brillant qu'Armand s'appuie sur un jeune officier fantassin qui n'avait pas encore fait la guerre.

« Je pars dès ce soir », répondit Pontavice. Sans broncher.

49

Louis du Pontavice chevaucha la nuit entière. De rage sans doute, mais aussi parce qu'il tenait par-dessus tout à remplir la mission que lui avait confiée La Rouërie. Il y avait tant de Bretons à Paris qu'il faudrait des semaines pour les rameuter. Il s'arrêta chez un cousin au fond du Maine, y laissa son destrier et attendit une berline à deux chevaux qui montait jusqu'à la capitale.

Quelques jours après, il traversa la Seine sous un soleil de plomb. Les odeurs de la ville vinrent lui rappeler combien Paris était sale. Dans les rues bouillonnantes, le va-et-vient incessant des badauds, des soldats et des mendiants ainsi que les hurlements dans les échoppes l'étonnèrent. L'orage qui grondait en Bretagne gagnait déjà Paris.

Il n'eut pas de mal à localiser Valentin Chevetel, qui avait ses habitudes dans les meilleures auberges. Il le retrouva au Procope, attablé avec un homme au teint blafard, au regard sombre comme hanté du souci de ses affaires. Le médecin paraissait détendu et sembla même heureusement surpris quand il aperçut Louis du Pontavice.

« Ah, Pontavice ! J'en finis avec le docteur Marat et vous me donnerez des nouvelles de Bretagne. »

« Paris a l'air de lui réussir », pensa Pontavice, songeur.

Trente minutes plus tard, il avait face à lui un Valentin Chevetel bavard et beaucoup moins distant qu'à l'habitude. Il l'interrogea sur son « ami » le général Armand, dont il n'oublierait jamais « l'épouse si pieuse et recueillie au seuil de la mort ». Louis du

Pontavice mit un peu de temps à se laisser aller : il se méfiait assez de Chevetel pour l'imaginer comploteur. Il se livra, toutefois, contant par le menu les événements de Rennes, et annonçant, comme le lui avait ordonné Armand, l'arrivée chez le roi des douze représentants de la noblesse bretonne.

« M. de La Rouërie à leur tête, cela ne m'étonne guère. Telle est sa place. Mais dites-moi, Pontavice, qui sont les autres ?

— La Fruglaye, Becdelièvre, Bedée l'Artichaut…

— Et en dehors de ces trois idiots ? »

À peine Louis avait-il énoncé le quatrième nom que le médecin lui demandait déjà, et avec insistance, quand La Rouërie arriverait à Paris. « Cet homme est trop pressé et prétentieux pour être honnête », songea Pontavice, qui se contenta de répondre que les Bretons seraient là d'ici à trois jours au plus tard.

Qu'allait-il dire à La Rouërie ? Pontavice imaginait déjà le général Armand le pressant de questions sitôt qu'il aurait mis pied à terre. Il voudrait savoir combien de Bretons Louis avait pu regrouper autour de Valentin Chevetel. « C'est le feu qui le mène, pensa-t-il. Comment lui faire comprendre que ce Chevetel est une planche pourrie ? »

Il eut alors l'idée de contacter Charles de La Bélinaye, qui l'accueillit sans façons.

« Les officiers de mon pays sont ici chez eux ! éructa Charles en le serrant dans ses bras. Racontez-moi donc la dernière guerre de mon neveu. »

Il rit à n'en plus finir, en ordonnant à ses domestiques de tirer son meilleur vin. Louis décrivit à nouveau les événements de Rennes, sans oser exprimer ses doutes sur Valentin Chevetel. « Ces deux-là doivent se connaître », se dit-il, buvant parcimonieusement car il savait se tenir. Il quitta la demeure de Charles de La Bélinaye avec une liste de noms d'amis sûrs.

« Ceux-là seront à nos côtés, je m'en porte garant. Et je m'en vais dès ce soir quérir tous les autres. Dites à Armand que son oncle veille au grain ! »

Pontavice termina sa folle journée dans une auberge du côté de la barrière de Reuilly. Il but quelques pintes pour oublier ses sombres pressentiments. Il s'endormit d'un coup, abruti de Paris, des quolibets des gueux et du caquet des poissardes.

À Rennes, Armand avait retrouvé ses onze compagnons à la chambre de lecture de la rue Bourbon. Tous jurèrent de revenir de la Cour avec de bonnes nouvelles. Quatre berlines prirent à midi le chemin de Versailles. Cinq jours plus tard, elles quittaient le château pour Paris : Louis XVI avait refusé de recevoir la délégation. Ils arrivèrent sur les bords de Seine, furieux, bien décidés à lever tous les Bretons pour être enfin entendus du souverain. Ils s'installèrent à l'hôtel d'Espagne, rue de Richelieu.

La nouvelle se répandit dans les faubourgs. Tout Paris sut alors que les envoyés des Bretons avaient été éconduits par le roi. La chaleur suffocante échauffait les esprits, et le bruit courut qu'une armée de Bretons rejoindrait la capitale pour se venger des ministres. Au matin du 13 juillet 1788, des pochetrons qui avaient dormi dans les fossés pour éviter d'être cueillis par la maréchaussée crurent entendre ladite armée s'abattre sur la ville. Le ciel devint soudain noir comme la suie, balayé de vents mauvais chauffés à la braise. Quelques grosses gouttes mouillèrent les pavés, avant de laisser place à un torrent. L'orage dantesque fit oublier les Bretons – à moins qu'il n'ait répercuté l'humeur belliqueuse de la Bretagne hurlant sa colère jusqu'après Versailles. Des grêlons de l'épaisseur d'une poigne frappèrent les âmes inquiètes.

Toujours sensible aux tourments du ciel, Armand sentit son cœur battre à l'orée du champ de bataille. Il pressentait le pire, sans trop pouvoir l'expliquer. L'image de la mendiante aux cheveux de feu lui vint à l'esprit aux premiers éclairs. « De là-haut, Marie, tu secoues nos crinières », pensa-t-il. Il finit la journée dans les bras d'une autre Marie, Marie Nonnes, comédienne dramatique qu'il retrouvait à chacune de ses venues à Paris. Ils s'ébattaient longuement, avant de s'affaler des heures durant, ivres de caresses et de plaisir. Alors Marie lui racontait Paris, ses nouvelles et ses ragots. Lui écoutait, prenait note, retenait ses paroles et promettait de revenir. Il avait revu Adélaïde, mariée depuis quelques années à un ténor de la Comédie-Italienne. Mais ces retrouvailles prirent l'odeur du soufre quand Adélaïde l'assaillit de reproches avant de lui proposer, ivre de colère et peut-être de vin, de l'affronter en duel s'il persistait à déranger son bonheur retrouvé. Il retourna aussitôt à Marie et oublia Adélaïde.

Au soir du 14 juillet, la délégation bretonne organisa un grand dîner, invitant tous ses soutiens. Armand enfila la veste bleu nuit portant l'étoile de général de l'armée d'Amérique. Il serra les mains, recueillit les compliments sur sa vie d'aventures et goûta son effet sans retenue, jusqu'à se trouver devant un officier du roi qu'il reconnut au premier coup d'œil quand celui-ci entra dans la salle de réception de l'hôtel d'Espagne. L'homme s'avança vers lui, les mains en avant, le gratifiant d'un « Général Armand, mon ami ! ». Flatté, heureux sans doute aussi car lui revenaient à l'esprit les plus belles de ses batailles, La Rouërie s'inclina.

« Monsieur de La Fayette, c'est un honneur ! »

50

Chacun des douze tergiversa sur ce qu'on lui voulait, à l'heure de dormir, quand il fut invité par un officier de police flanqué de deux soldats en armes à les accompagner.

« Qui diable me demande à cette heure ? avait lancé Armand.

— Ordre du roi, monsieur. »

Le dîner avait fini tard. La Rouërie et La Fayette avaient longuement devisé, se rappelant les assauts de Gloucester et de Yorktown.

« J'ai souvent témoigné de votre ardeur au combat, avait dit La Fayette.

— Le roi ne vous a pas entendu, avait répondu Armand. Savez-vous qu'il a voulu faire de moi le colonel d'une troupe de fantassins ?

— Général vous êtes, général vous resterez ! » s'était exclamé La Fayette, en levant son pichet et en ajoutant que, ce soir-là, il se sentait « plus breton que les Bretons ».

Qui donc lui en voulait ? Était-ce le marquis de La Fayette qui le faisait mander ? Armand n'eut pas longtemps à s'interroger. La calèche suivit un long corridor sombre qu'il crut reconnaître ; la vue de la porte Saint-Antoine lui confirma la destination.

« Les douves de la Bastille ! Nom d'un chien, que m'amenez-vous là ?

— Vous aurez de la compagnie », gronda le cocher.

Deux berlines précédaient la leur. Trois autres la suivaient. Armand comprit, en devinant à la lueur des torches « l'Artichaut » qui descendait de sa voiture, que la délégation des douze était invitée par le souverain à dormir en sa prison !

Passé les murs immenses, la Bastille était comme un tombeau à ciel ouvert. Les portes infranchissables se fermaient sur deux cours et, pour voir autre chose que le caillou, il fallait lever la tête bien haut. Les douze protestèrent. Seul La Rouërie se tut, révolté en profondeur, ulcéré d'être traité comme un brigand par Sa Majesté. « Que le roi est ingrat », pensa-t-il. Quand l'intendant des lieux, le marquis de Launay, s'approcha de lui et évoqua la tour de la Liberté, Armand desserra les lèvres.

« La liberté ? Que connaissez-vous donc de la liberté ?

— C'est une tour, voici la tour de la Liberté, celles du Coin, de la Chapelle, de la Bertaudière, de la Bazinière... »

Il présentait les tours de la Bastille comme s'il avait aligné sa vaisselle de famille.

« Une tour ? Non, monsieur, la liberté est un combat ! »

Armand avait pesé chaque mot en fixant Launay de ses yeux noirs. Celui-ci y vit une menace et voulut rassurer son hôte.

« Vous serez servi du mieux possible, nourri comme un prince, et vos proches pourront aussi vous rendre visite, si vous...

— Je n'attends rien de vous, monsieur. Allez donc faire votre œuvre ! »

Cela fut dit sur un ton qui ne supportait pas la réplique. Launay prit congé, et Armand s'enferma dans le mutisme. Chaque soir il retrouvait ses compagnons, dont les conversations finirent par l'ennuyer. À tourner en rond dans sa cellule, il crut devenir fou. La visite du fidèle Pontavice, le cinquième jour, lui fit chaud au cœur.

« Mon bon Louis, regarde ce qu'ont fait de nous les ministres du roi. Sois-en sûr, ils en paieront le prix. »

Louis du Pontavice cachait mal sa colère de voir ainsi traité le général Armand. Il rudoya l'un des geôliers qui prenait son temps et jura à son chef qu'il remuerait ciel et terre pour le faire sortir des prisons royales.

« Votre oncle Maurice sera là demain, et M. Charles doit arriver de Bretagne d'ici à deux jours. Chevetel est prévenu, et je m'en retourne à Fougères chercher de l'aide.

— Va donc, Louis, sans plus attendre, et que Chevetel s'occupe de rameuter Paris. »

Quand Louis du Pontavice revint dix jours plus tard, accompagné de Pierre Nivau, un domestique du château qu'Armand appelait « Saint-Pierre », l'atmosphère avait changé du tout au tout à l'intérieur de la Bastille. Alors qu'ils s'attendaient à découvrir La Rouërie prostré au fond de sa cellule, Pontavice et Saint-Pierre trouvèrent les douze Bretons attablés dans une salle aussi grande que trois cellules et furent invités à partager un repas comme ils n'en avaient pas vu depuis longtemps ! Des plats de viande à moitié consommés, du pâté de foie gras, des fromages à profusion et, surtout, ce qui mit les visiteurs de fort belle humeur, des bouteilles de vin qui occupaient tout le fond d'un des cachots.

« Parbleu, jura Saint-Pierre à l'adresse de Pontavice, je crois bien en compter deux cents ! »

Dans un tel paysage, les esprits étaient échauffés et d'humeur joyeuse. Pour fêter l'arrivée des visiteurs, bientôt rejoints par le fils et les domestiques du vieux comte de La Fruglaye qui menait la délégation, l'un des heureux prisonniers chanta à tue-tête sa belle Bretagne, ses bois et ses marées. Emporté par la flamme du dernier pichet qu'il venait de vider d'une traite, il hurla plus qu'il ne fredonna deux vers que tout Paris dut entendre :

« Et la Bertaudière nous salue… Je m'en vais lui montrer mon cul ! »

Joignant le geste à la parole, il fit tomber sa large culotte et s'accroupit, tournant le dos à la tour du même nom. L'hilarité fut générale, et l'on partagea bouteilles et pichets jusqu'avec les geôliers qui servaient eux-mêmes à boire. Louis du Pontavice, qui avait retrouvé le sourire, n'était pas au bout de ses peines. Alors que les rires semblaient se calmer, une berline franchit la lourde porte de la cour. Quatre valets descendirent, chacun chargé de quatre bouteilles qu'ils déposèrent dans les geôles. Puis ils revinrent en chercher de nouvelles. La berline en était pleine, et ils durent entreprendre plusieurs allers-retours pour finir leur besogne !

« Dieu que le roi est bon avec ses prisonniers ! lança Pontavice à La Rouërie, qui éclata de rire.

— Crois-moi, la vie ici est plus douce qu'à Valley Forge ! La Fayette m'a rendu visite. Nous sortirons sous peu, m'assure-t-il. »

À trois reprises, jusqu'au 20 août, Armand reçut la visite de Valentin Chevetel. Celui-ci arrivait à la Bastille avec les informations des salons parisiens et la quittait ensuite avec des ordres précis qu'il écoutait avec froideur. La Rouërie y voyait la preuve du sérieux du jeune et sémillant médecin.

La meilleure des nouvelles tomba dans les derniers jours du mois d'août : Louis XVI venait d'exiger la démission de Loménie de Brienne pour le remplacer par un revenant – Necker ! Le même Necker que le même Louis XVI avait renvoyé sept ans plus tôt. La banqueroute qui guettait le royaume avait sans doute rendu au roi sa sagesse. Des dizaines de représentants bretons de la noblesse, du clergé et du tiers état furent reçus en délégation par le nouveau ministre des Finances, dont l'une des premières décisions fut d'accorder la liberté aux douze Bretons.

La grand-place de Rennes en fut informée avant que ne soient revenues les diligences des prisonniers de la Bastille, et la fête y fut mémorable. Armand envoya aussitôt en Bretagne Pontavice et Saint-Pierre pour préparer son retour. Il revint au pays en triomphateur.

Jamais sans doute Fougères n'avait connu de telles réjouissances. Depuis plusieurs jours, on décorait les rues de la haute ville, et des couronnes de fleurs menaient les badauds jusqu'à l'hôtel de la famille de La Bélinaye. La mère d'Armand, prête à oublier les incartades de son fils, entraîna ses sœurs dans les préparatifs. Renée, Perrine et Anne rendirent grâce au ciel en faisant des dons aux pauvres, et la populace fut invitée à accueillir le héros. Durant ces heures de fête, Thérèse bénit le ciel plus souvent qu'à son tour. Elle pria autant pour remercier Dieu que pour solliciter son aide, car Armand était revenu exalté de la

Bastille. Un démon qu'elle ne connaissait que trop le rongeait. Son aîné courait vers le feu. Et plus il courait, plus elle le perdait. Elle se sentait fière de son fils, mais ce jour fut peut-être le dernier qui la vit heureuse d'être sa mère.

Partout en Bretagne, les prisonniers de la Bastille dont on imaginait qu'ils avaient supporté un lourd calvaire furent acclamés. Mais à Fougères, où, depuis l'Amérique, Armand jouissait d'une belle réputation, on fit les choses en grand. Il fut reçu par les autorités de la ville qui avaient écrit au roi pour demander la libération des Bretons embastillés. Sous un soleil de plomb, il mit des heures à cheminer jusqu'au bas de Saint-Sulpice et sur les hauteurs de Saint-Léonard. Il s'arrêta devant l'église et demanda qu'on le laisse quelques minutes pour se recueillir. Il eut pour lui tout seul l'immense nef. En son milieu, il fit silence, fermant les yeux, tête basse. « Me revoilà, Marie, je mène encore de rudes combats, mais, toi, où marches-tu ce jour ? »

Aucune réponse ne vint, si ce n'est l'image fugace en sa mémoire d'une pauvre fille aux cheveux de feu et aux chicots de sang. Les paupières closes, il perçut dans le lointain le mouvement d'une âme légère courant au côté de la mendiante. « Que Dieu vous garde, mes amis… » fut sa seule prière.

Quand il sortit de l'église, il retrouva la foule qui chahutait, mais resta étranger à sa joie. Les enfants criards voulaient toucher son bel uniforme, et l'on hurlait sur son passage. Un feu d'artifice fut tiré à dix-sept heures. Deux heures plus tard, quatre maisons à l'angle de la Grand-Rue et de la rue de l'Horloge étaient en flammes. On prêta main-forte aux sapeurs, et une longue cohorte de volontaires se pressa pour arrêter le sinistre. La fête était finie.

Cet événement troubla profondément Armand. Il dîna, l'air sombre, puis arpenta les rues, seul dans la nuit. Par toute la ville haute, l'odeur de l'incendie était tenace. Il sentit ses entrailles serrées par l'angoisse. Il se revit à la bataille de Camden, terriblement meurtrière, où il avait vu la mort de si près. Aujourd'hui encore, elle rôdait. Elle l'attendait.

51

En ce temps-là, le vent de fronde était comme un feu mussé dans la tourbière : on le croyait mort, jusqu'à ce qu'un filet de buée chaude rappelle qu'il couvait encore. À Rennes, on avait brûlé les effigies des ministres Brienne et Lamoignon, sur la grand-place du palais. On fit la fête aussi, souvent, avant le retour des magistrats bretons dans leur parlement. Il eut lieu le 8 octobre. Il se trouva beaucoup de monde pour féliciter les parias : des nobles, des bourgeois, des ouvriers et même Moreau, le meneur des étudiants en droit, qui prononça un discours louant les revenants pour leur courage ; il assura que désormais « la Nation assemblée » garantirait les libertés de la Bretagne.

Mais à l'étage du parlement, trop occupés à vanter les décisions du nouveau ministre Necker, les magistrats restaient encore aveugles au fond brûlant de la tourbière, derrière les hauts murs de la cité et bien au-delà, dans les campagnes, voire dans leurs domaines. Au loin, en arrière des faubourgs, chez les pauvres gens qui voyaient enfler le prix du froment, la révolte montait, comme partout ailleurs. Des émeutes eurent lieu en septembre autour de la vieille ville.

Louis XVI avait décrété la tenue au mois de mai 1789 de nouveaux États généraux – les premiers depuis 1614 ! Plus de mille cent élus de la noblesse, du clergé et du tiers état allaient être convoqués par le roi. Le rendez-vous s'annonçait historique. Les finances du royaume étaient exsangues, et le peuple avait faim de pain, de liberté, et bientôt d'égalité. Un événement précipita la tourmente : un hiver de glace s'abattit sur le pays dès le mois de novembre. Les anciens disaient n'avoir jamais connu d'aussi rudes frimas. Le froid gelait les corps, les mares et les rivières. Les pauvres comprirent que les maigres récoltes ne suffiraient pas à les nourrir.

Pour préparer les États généraux, les états de Bretagne qui se réunissaient tous les deux ans furent convoqués fin décembre à Rennes. Les représentants de la noblesse, du clergé et du tiers état arrivèrent sous la neige et se regroupèrent dans l'ancien réfectoire du couvent des Cordeliers, tapissé d'hermines et de fleurs de lys.

Des dizaines de carrioles tournèrent aux abords du palais. Les sabots des chevaux s'ébrouant dans le froid cognèrent le pavé des heures durant. Les nobles s'étaient déplacés en nombre, compte tenu de l'actualité des derniers mois. Même Charles de La Bélinaye était revenu des beaux quartiers de Londres, où il passait quelques jours. Armand lui aussi prit sa place, percevant mieux que son oncle le souffle de l'histoire.

« Je sens la guerre, avait-il lâché à Schaffner un peu plus tôt au café de l'Union.

— C'est un vent d'Amérique ! avait répliqué, pensif, le major américain.

— C'est une tempête et, crois-moi, elle pourrait nous abattre !

— Allons, mon neveu, préparons plutôt notre joyeux retour à Paris », avait ri l'oncle Charles.

Armand avait serré les dents, préférant ne pas répondre. Dans l'ancien réfectoire des Cordeliers, les propos policés des premières heures s'animèrent au fil des débats. Le chahut gagna les travées. Le procureur général syndic des états de Bretagne était un furieux du nom de Botherel. Son corps fatigué, animé de tremblements, semblait en perpétuelle colère. Et ses paroles contre les despotes de Paris étaient cinglantes. Armand goûtait peu le tempérament de « ce fou de Botherel ». Ce dernier avait beau hurler contre les despotes, il dut lui aussi affronter l'excitation du tiers état, dont les membres avaient d'autres exigences en tête – notamment qu'on leur rende justice. Le tiers état, qui représentait la grande majorité de la population, exigeait d'avoir beaucoup plus de députés, et sa colère ne cessa de s'amplifier au fil des jours. Une nouvelle tomba début janvier 1789 : la voix du peuple s'était fait entendre dans les provinces ; le roi décida de doubler le nombre de députés du tiers aux États généraux. Botherel eut beau brailler avec les nobles, il était temps pour le tiers de compter pour ce qu'il pesait. Dans les rues de Rennes, la fureur des privilégiés répondit à la joie des représentants du tiers criant « Vive le roi ! » autant que « Vive le peuple ! ».

La situation bouleversait La Rouërie. Après avoir combattu en Amérique aux côtés des insurgés, comment aurait-il pu ignorer cette aspiration à plus d'égalité ? Il voyait également la vieille noblesse vaciller, le souverain trembler, et le combat pour les libertés bretonnes s'effacer au profit d'un autre : celui du peuple contre les privilégiés. S'il comprenait les appels à l'égalité, s'il s'était toujours élevé contre le mérite de la seule naissance, il sentait monter dans le pays une vague sourde et incontrôlable. Il prôna vainement la réconciliation, notamment auprès de Moreau et de ses jeunes compagnons. Ceux-ci lui tournèrent le dos. Un monde s'écroulait.

À Rennes comme à Saint-Ouen ou à Fougères, qu'il rejoignait chaque semaine, il aimait inviter à sa table des représentants des trois ordres. Toujours, et à tous, il tenait le même discours :

« Ne nous séparons plus. Restons unis ! Ainsi, la voix des Bretons pèsera chez le roi. »

Pontavice et Saint-Hilaire avaient regagné leurs garnisons, avec mission de contacter les Bretons partout où il s'en trouvait et de rendre compte à Valentin Chevetel.

« Préviens-le : je veux savoir ce que l'on dit à Paris. Qu'il m'en donne des nouvelles ! »

Mais rien n'alla comme il le souhaitait. À Rennes, les nobles et le clergé, dépassés par les événements, décidèrent que, puisqu'on ne les écoutait plus, ils ne désigneraient pas de représentants aux prochains États généraux.

« Cette bande d'idiots ne réfléchit donc à rien ! s'écria Armand. Nous avons un ennemi commun, les despotes qui entourent le roi ! Nous devons aller ensemble le dire à Paris ! »

Pendant des jours, il essaya de convaincre les membres de la noblesse, à commencer par ceux du pays de Fougères, qu'il fallait se rendre aux États généraux. Même ses proches, comme le fils de sa défunte marraine au château de Bois-Février, lui assenèrent que ce n'était pas aux états de Paris de régler les affaires de la Bretagne.

« Et tous ces fous du tiers, crois-tu qu'ils ne nous veulent que du bien ?

— Armand, votre cousin a raison, avait tenté Thérèse de Moëlien, ce n'est plus pour les libertés bretonnes qu'ils luttent : c'est contre nous.

— Les ministres du roi veulent nous diviser, rétorqua-t-il, et je vois qu'ils y parviennent.

— Je me battrai avec vous, Armand, toujours, et vous le savez », lâcha Thérèse comme un reproche.

Le 20 janvier, le roi, sous la pression qui ne retombait pas, décida cette fois de tripler le nombre des députés du tiers aux États généraux, provoquant la colère des deux autres ordres. À Rennes, les bagarres de rue devenaient quotidiennes. Chez les nobles, on éructait. Chez les étudiants, on mobilisait des jeunes gens pour monter à l'assaut des privilégiés. La tension était à son comble quand, le 27 janvier, l'assemblée des nobles qui tenait conciliabule se trouva enfermée dans la grande salle du couvent des Cordeliers qui jouxtait le parlement. À l'extérieur, la situation se faisait insurrectionnelle : des femmes et des hommes hurlaient leur colère contre la noblesse et ses vieux privilèges. Le peuple était armé et les nobles acculés. Moreau avait rassemblé les étudiants en droit, qui éructaient : « Vive le tiers ! » Un désordre indescriptible régnait sur la place du Palais. À l'intérieur, Armand croyait devenir fou. Après avoir essayé de convaincre les nobles bretons de la nécessité de rejoindre les États généraux, il comprit qu'on ne l'écoutait plus.

« Plutôt mourir que d'accepter cette requête ! »

On parlementait depuis quelques heures quand soudain les grandes portes s'ouvrirent, dans une clameur du tonnerre, poussées par une nuée de nobles courant, l'épée à la main, au milieu de la foule. La Rouërie fut l'un des premiers à se jeter dehors au cri de « Vive la Bretagne ! ». Moreau et ses hommes eurent un mouvement de recul.

« Pourquoi nous battre ? Posons nos armes ! ordonna Armand à un Moreau qui tâchait de calmer ses partisans.

— Monsieur, entendez le cri du peuple !

— Je l'entends, mais je sais ce qu'est la guerre. Le peuple n'a rien à y gagner. »

Prêt à se jeter dans la bataille, Schaffner avait rejoint Armand. Autour d'eux, on vociférait de toute part. Les pierres et le bois volaient. « Tuez-les ! » hurlait-on. Des coups de feu de plus en plus nombreux faisaient craindre le pire, et le pire arriva : deux jeunes nobles de dix-sept et vingt-deux ans tombèrent sous les balles, au pied du parlement. La foule incrédule regarda les deux corps inertes. Thiard, le commandant en chef de la province, envoya enfin ses troupes pour ramener la paix.

« Mon Dieu, les Bretons s'entretuent, s'attrista La Rouërie en rejoignant quelques minutes plus tard l'hôtel de Cuillé, demeure de Jacques de Farcy.

— C'est un vent mauvais qui souffle, se lamentait Charles de La Bélinaye. Avez-vous vu cette folie ?

— Le roi ne tient plus rien ! Le royaume prend l'eau, je vous le dis ! éructa Louis de Kersalaün.

— Ce n'est point le roi le fautif, reprit Armand. Peut-on reprocher au souverain d'écouter son peuple ? Non, les coquins sont tous les autres, autour de lui. Ce sont eux qui nous perdront, et ils perdront le roi lui-même ! »

Ce soir de janvier 1789, une époque avait pris fin. L'imposante bâtisse du parlement de Bretagne trônait encore en haut de la grand-place du Palais, mais son cœur était aussi froid que le bronze du roi Louis qui lui tournait le dos.

52

Paris devait être à feu et à sang, d'après les nouvelles qui arrivaient en Bretagne, plus incroyables les unes que les autres. Les trois ordres furent abolis en juin, la Bastille tomba en juillet, les privilèges disparurent en août, et l'on confirma en septembre que c'en était fini des parlements des provinces. Tout un monde avait sombré !

Armand n'en dormait plus et cherchait à comprendre. Il écrivit son inquiétude au seul grand homme qu'il reconnaissait : George Washington. Il maudissait à la fois la noblesse qui avait ignoré les aspirations du peuple en « se cramponnant à ses droits de naissance », le clergé « qui se battrait s'il avait plus de courage et moins d'enfants naturels », « la faiblesse du roi » et « l'anarchie » qui semblait gagner le pays tout entier.

En Bretagne aussi les esprits étaient chauffés à blanc. Les colères se répondaient en écho, et Armand consultait sans relâche, dans le pays de Fougères, à Rennes ou à Saint-Malo. Il avait pris l'habitude de se rendre chez celui dont les vues sur la situation du royaume étaient sans doute les plus proches des siennes : Rançonnet de Noyan, le comte au regard d'aigle, à l'esprit vif et à la générosité sans bornes.

On franchissait la grille forgée du vieux Noyan pour soigner ses plaies comme on frappait ses sabots sur la pierre usée de l'église, avant d'expier ses fautes – religieusement. On en repartait le cœur léger, souvent guilleret, car le vin y était bon et l'accueil chaleureux. On riait plus qu'on ne pleurait à l'auguste manoir de La Mancellière. C'était un lieu d'incessants va-et-vient. On y accourait de partout, et les plus riches attendaient leur tour. Louis René Rançonnet de Noyan avait aménagé le domaine sous l'inspiration de son âme généreuse, mais aussi de solides principes : aucun pauvre ne devait manquer de soins, à des lieues à la ronde, de jour comme de nuit. Néanmoins, lorsqu'on passait l'immense grille flanquée d'un « N », rappelant qui résidait en cet endroit, on savait qu'ici l'on obéissait au maître des lieux. On s'y rendait pour se marier, se soigner, se restaurer, et parfois simplement pour s'informer des dernières nouvelles de Paris.

Ce jour de printemps de l'année 1790, on devait y fêter deux mariages. Le maître de cérémonie était le comte de Noyan lui-même, qui suivait un rituel célèbre au-delà même du pays de Dol. Ces jours-là, les préparatifs commençaient dès le matin, car on servait un festin du diable. Les nombreux domestiques ne furent pas étonnés de voir arriver une carriole à deux chevaux bien avant l'angélus de midi.

En attendant que le vieux Noyan en ait fini avec son magnétiseur, qui lui prodiguait des soins chaque matin, Leroy, l'échalas ébouriffé qui faisait office d'intendant, invita « les Malouins » à entrer dans la grande salle, où l'on servit un cidre frais. Il y avait là le nouveau receveur des domaines royaux de Saint-Malo, Joseph Anne Loaisel, Georges Vincent, un courtier maritime qui parlait plusieurs langues, et Marc Désilles de Cambernon, l'un des plus gros négociants de la côte. Loaisel était un individu affable et d'une élégance rare. Il affichait en permanence ce rire en coin qui faisait de lui un bon compagnon. Il savait être drôle sans être jamais pédant. Avec Désilles, petit homme sévère toujours parfaitement apprêté, et Vincent, un marchand hâbleur et malin pour deux, ils formaient déjà un solide trio. Rien de ce qui se passait sur les quais de Saint-Malo ne leur échappait.

« Leroy, le général est arrivé. Amenez-le donc. »

Ce n'était pas le comte de Noyan qui avait parlé : l'ordre était venu de « Bonbon », la gouvernante, forte femme ainsi appelée on ne savait trop pourquoi, qui menait l'armée de domestiques et de valets de La Mancellière avec un sens aigu du commandement. Des cavaliers venaient de franchir l'imposante grille.

Armand portait l'uniforme de l'armée des treize colonies. Il avait le regard noir des mauvais jours et les traits tirés.

« Mes amis, l'heure est grave, lâcha-t-il d'emblée.

— Et votre Américain, où est-il ? »

Cette fois, c'est le comte de Noyan qui était sorti du silence.

« Il prend pourtant de la place, fit La Rouërie sans rire en montrant Schaffner.

— Pas lui... Bienvenue, George... Mais l'autre.

— L'autre ? Il arrive ! Bonbon, il va mettre de l'ordre dans vos cuisines. Mais puisque cela fait plaisir à M. de Noyan. »

Aussitôt, la porte s'ouvrit, et un petit singe virevolta du guéridon à la grande table, et, d'un fauteuil à l'autre, jusqu'aux épaules d'Armand. Bonbon avait crié de surprise. À la vue de l'animal, le comte de Noyan crut s'étouffer tant il riait. Quand un jeune garçon pénétra à son tour pour se saisir du singe, qu'il attacha à l'aide d'une cordelette, personne ne le remarqua. L'attention se porta vers celle qui l'accompagnait, Thérèse de Moëlien, que Noyan salua de grands gestes. Elle l'apostropha :

« Monsieur de Noyan, pardonnez notre entrée bruyante. Connaissez-vous Armand, que son père ne vous a même pas présenté ? »

L'enfant semblait gêné qu'on s'intéresse ainsi à lui. Il rougit et se tourna vers Thérèse, dont il était très proche. Bonbon le saisit par l'épaule.

« Viens donc avec moi montrer ton singe aux gens du domaine. Je crois qu'ils n'en ont jamais vu un. »

Le général broyait du noir et, sans un regard pour son fils, toisa Loaisel.

« Loaisel, comment sont les nouvelles de Saint-Malo ?

— Pas bonnes. On arrive de partout pour prendre le bateau et passer à Jersey ou à Londres.

— Je viens du Maine, de l'Avranchin, de Vitré jusqu'à Rennes, expliqua Armand, et j'entends toujours la même rengaine sur l'Assemblée nationale. Je n'ai que mépris pour les Bretons qui y siègent. Ils ont trahi leur charge ! Ils ont trahi la Bretagne.

— Que veulent-ils donc ? éructa Noyan. La Bastille ? Ils l'ont eue ! Tant mieux ! C'était une triste geôle. Mais maintenant que les libertés bretonnes sont mortes, que nous restera-t-il ?

— Ce qu'ils veulent ? lança Désilles. Nos têtes au bout d'une pique !

— Quelle sauvagerie ! souffla La Rouërie. Mes amis, nous devons agir. Nous ne pouvons laisser faire.

— Tu as raison, Armand, clama Noyan. Notre bon roi recule, jour après jour.

— Que faire, mon cousin ? s'écria Thérèse. Ces gens-là sont pires que les ministres.

— Tenons-nous prêts. »

Vincent, qui n'avait pas encore pris la parole, interpella La Rouërie à son tour :

« Vous êtes un général ! Vous savez mener les hommes. Vous êtes un chef. Soyez le nôtre ! »

Armand avait l'ouïe fine et fut sensible à l'hommage. Mais il avait face à lui le comte de Noyan, neveu de feu le procureur de La Chalotais, qui avait si bien mené la bataille pour sauver les libertés bretonnes.

« C'est à vous, monsieur de Noyan, qu'il revient de nous fédérer. Je serai votre plus fidèle appui, avec ceux d'ici, Loaisel, Vincent, Désilles, George, Thérèse et tous les autres, Pontavice, Saint-Hilaire. C'est une armée que nous vous offrons !

— Tout cela n'est plus de mon âge, confia Noyan, avant d'ajouter : Te souviens-tu, Armand, de ta première visite chez moi ?

— Et comment, que je m'en souviens ! J'avais avec moi mon fidèle Lefevre, Ventre-à-Terre, qui coupa votre tignasse. Ah, je n'ai pas oublié !

— Tiens ! Qu'est-il devenu ? »

Armand fronça les sourcils et resta pensif quelques instants, la gorge serrée.

« Je l'ai perdu, en Amérique... »

Schaffner vint à son aide, dans un français approximatif :

« Mon pays est grand. Il a où courir là-bas ! Il a pris ma place et j'ai pris la sienne. »

Le visage du comte de Noyan se ferma. Ses yeux d'acier fixèrent longuement La Rouërie.

« Ce jour où ton Ventre-à-Terre a coupé ma tignasse, ce jour-là, Armand, et les jours d'avant quand je t'ai vu avec ton bien-aimé grand-père, j'ai su que tu étais né chef. Sois-le aujourd'hui encore. Et c'est moi qui te le dis !

— Au général Armand, sauveur des libertés bretonnes ! »

Loaisel avait crié fort pour être entendu jusqu'aux cuisines. Noyan enchérit et fut imité par les autres. Le jeune Armand entra dans la pièce, le petit singe sur son épaule. Son père lui fit signe de s'approcher et posa sa main sur son bras. Le moment était rare, le général trop occupé semblant le plus souvent ignorer son fils qui pourtant rêvait lui aussi de servir sa province.

« Loaisel, j'aurai besoin de toi à mes côtés. Et vous, Vincent, Désilles – et toi aussi ma chère Thérèse, tu sauras me dire si je faiblis. Mais, monsieur, n'avez-vous pas quelques couples à marier ? »

Dehors, il y avait foule sous le chaud soleil d'automne. Bonbon donna des ordres. Comme à chacune des cérémonies de mariage organisées à La Mancellière, les habitants du voisinage se rangèrent sur deux rangs. Les couples furent placés au centre. Noyan, suivi de ses invités, posa deux fagots dans les bras d'Armand, son singe sur l'épaule, que les gens regardaient avec curiosité.

« Monsieur de La Rouërie, jetez cela au milieu de nous. »

Armand s'exécuta, radieux. Il avait visiblement oublié ses soucis du matin. Le comte rappela qu'il entendait que ces mariages soient célébrés comme il convenait.

« Votre nom ?

— Pierre.

— Et le vôtre, madame ?

— Marie.
— Et vous, mon ami ?
— Louis.
— Parfait. Et vous, madame ?
— Marie.
— Tiens donc ! Messieurs, ouvrez l'œil. Ne vous trompez pas de Marie ! »

L'assistance éclata de rire. Il restait maintenant à effectuer le saut du fagot, une tradition qui ne souffrait aucune dérogation. Les couples devaient sauter à pieds joints de part et d'autre du fagot, sans toucher une branche. Alors seulement le mariage était reconnu, et un repas pantagruélique était offert par le comte de Noyan. Ce jour-là, les mariés durent s'y reprendre à plusieurs fois, sous les rires et les applaudissements de l'assistance.

Noyan prit la parole :

« J'ai aujourd'hui des invités de marque. Et même un général de l'armée d'Amérique ! Eh bien, gens du pays de Dol, comme à l'habitude, mes invités vont vous servir le repas ! »

Devant les yeux étonnés de Thérèse de Moëlien, Armand rit de bon cœur et fut le premier à se saisir d'un plat. Les Malouins firent de même, encouragés par les convives. La fête dura jusqu'au soir. Dans l'ivresse du moment, portés par l'énergie contagieuse du maître des lieux, ils oublièrent un temps que le royaume était en feu.

Dans la nuit, Armand mena ses compagnons au galop jusqu'à Saint-Ouen, le regard de plus en plus sombre à mesure qu'ils s'éloignaient de La Mancellière.

53

On se mit à parler de châteaux en flammes, de manoirs pillés on ne savait trop où, et un vent de peur traversait la noblesse dans les campagnes et les villes. Plus d'un eut envie de quitter la Bretagne pour Jersey ou l'Angleterre. À l'orée du Maine, le château du magistrat Jacques de Farcy avait brûlé lui aussi. La tempête de la révolution soufflait partout, dans les bois et les chemins, les landes et les marais, où l'on parlait de moins en moins des libertés bretonnes et de plus en plus des souffrances des pauvres et de la faim des miséreux. Ceux sur qui depuis trop longtemps pesait l'impôt demandaient des comptes.

L'émigration devint pour beaucoup la solution. Charles de La Bélinaye sauta le pas à son tour et émigra à Londres, où il avait ses entrées. Il confia son domaine de Saint-Christophe aux domestiques qui acceptèrent d'y rester, annonçant un retour « dans quelques mois ». Effaré, Armand ne put le retenir.

« Je vais donc devoir ne compter que sur mes braves, songea-t-il. Je ne partirai pas. J'ai à faire ici ! »

Au même moment tomba l'obligation faite aux recteurs et aux curés de jurer fidélité à la Nation, à la loi, au roi et à la nouvelle Constitution civile décrétée par l'Assemblée nationale. Les religieux furent tenus de choisir. Ceux qui acceptaient de signer étaient appelés les « jureurs » ; les autres, les « réfractaires ». Cette exigence de Paris fit l'effet d'un vent sec sur des fourrés en feu. Beaucoup des Bretons qui voyaient d'un bon œil la fin des privilèges des nobles basculèrent dans la contre-révolution.

Combien de clochers bretons sonnèrent le tocsin ? On aiguisa les faux. On sortit les fusils. On voulut parfois pendre les curés jureurs ; des détachements furent envoyés pour les défendre. Des assemblées de paysans réclamèrent la liberté pour les recteurs et les vicaires ; souvent, elles se terminèrent par des processions où l'on jurait de ne jamais reconnaître ceux qui prêteraient le serment obligatoire imposé par Paris.

À Saint-Brice, le recteur Gaultier de Rontaunay respira fort ce matin de janvier 1791, juste après la grand-messe. Il avait froissé le papier qu'il tenait de sa main levée.

« Ah, j'ai bien eu connaissance du décret, mais, devant Dieu, ma conscience m'interdit de vous le lire. Et je m'y refuse ! »

Il y eut des exclamations, un début d'ovation et de chahut lorsqu'un des officiers municipaux vint se saisir du document que le curé avait jeté sur le lutrin. Il intima l'ordre à son sergent de lire le décret « à haute et intelligible voix ».

Dans tout le pays de Fougères, au printemps, seuls quinze recteurs avaient juré, quand plus de quarante y avaient renoncé. À Saint-Ouen, La Rouërie, le recteur et ses vicaires refusèrent de prêter serment. Armand vint à la rencontre des courageux religieux pour les glorifier et demanda qu'aucun paroissien ne leur manque de respect.

Fou de colère à mesure que les jours s'égrenaient, prêt à pendre ceux de Paris qui prétendaient mettre à terre les recteurs bretons et à étriper ceux qui en Bretagne soutenaient les jureurs, il héla les mendiants de passage et les faux-sauniers qui prenaient la direction du Maine, les priant de lui rapporter des nouvelles. Et celles-ci disaient toutes que, partout, des paysans se levaient pour s'opposer aux jureurs. Il partit à Saint-Malo, rejoignit Rennes et fila ensuite rendre compte au maître de La Mancellière. Il le trouva aussi furieux que lui.

« Armand, sais-tu ce que l'on me dit de Paris ? Loménie de Brienne est l'un des seuls évêques du royaume à prêter le serment. C'est un jureur !

— La voilà, la vérité ! Ceux-là mêmes qui ont mis à terre notre parlement sont ceux qui aujourd'hui veulent mettre à terre nos recteurs, nos vicaires, et le peuple tout entier. Brienne était un ministre félon. C'est désormais un évêque misérable, tout juste bon pour la potence !

— Lève-toi, général ! Il n'est que temps !

— Alors, suivez-moi, mes amis ! Levons-nous ! J'en fais ici le serment, et que toi Schaffner, toi Loaisel, toi mon fidèle Saint-Pierre en soyez les témoins devant M. de Noyan. Que naisse la coalition des Bretons ! »

Il en fut ainsi. Plus un jour ne passa sans qu'Armand travaille à échafauder ses plans. Il retrouvait la flamme de l'Amérique. Là-bas, il avait formé une fameuse légion de partisans. Il lui fallait aujourd'hui bâtir la grande Association bretonne. Vincent, Loaisel et Désilles s'occuperaient de Saint-Malo. Il imagina regrouper autour de Chevetel à Paris tous ceux que révoltait la Constitution civile du clergé. À Saint-Ouen, il détacha en permanence à ses côtés Saint-Pierre, le solide domestique. Semaine après semaine, à La Mancellière, il réunissait le réseau des amis du comte de Noyan.

Avec un Loaisel impressionné par son sens de l'organisation, il prévoyait de faire le tour de la Bretagne pour mobiliser des soutiens. Schaffner pendant ce temps resterait à Saint-Ouen pour rallier tout le pays de Fougères avec l'aide précieuse de Thérèse de Moëlien.

« N'imaginez même pas organiser vos batailles sans moi ! » avait-elle prévenu Armand.

Mais pouvait-il lancer un tel projet sans en référer à Sa Majesté ? Il n'en était pas question. C'est ainsi qu'il décida de monter une expédition pour retrouver le comte d'Artois, frère du roi, émigré à Turin et qui devait rejoindre Coblence, en Rhénanie. Cette affaire-là était sérieuse. En allant chercher ses ordres chez le frère du roi, Armand s'engageait devant le souverain lui-même.

Il travailla plusieurs semaines à l'écriture d'un mémoire dans lequel il exposait ses plans, discutés de longues heures à

Saint-Malo et à la table du comte de Noyan. Le moment de partir approchait. La première étape était Jersey. Pour convaincre le comte d'Artois, puis les Bretons, Botherel, le tempétueux procureur syndic des états de Bretagne, devait être associé au projet. Inquiété par la tournure des événements, celui-ci avait, comme déjà beaucoup de nobles, choisi d'émigrer à Jersey. C'était là une première difficulté. L'incontrôlable Botherel, toujours en verve quand se réunissaient les états de Bretagne, avait une âme de chef. Armand, qui n'avait jamais de sa vie supporté une autre autorité que celle du général George Washington en Amérique, comptait bien en faire l'un de ses lieutenants, et rien de plus.

« Botherel ? Mais qu'a-t-on à faire d'émigrés ? avait tonné La Rouërie devant l'insistance du comte de Noyan. C'est ici qu'il va falloir se battre, pas outre-Manche !

— Botherel t'introduira chez le comte d'Artois. Compte sur lui. »

Schaffner fut chargé de monter l'expédition avec à ses côtés l'efficace Saint-Pierre, qui montrait semaine après semaine ses véritables qualités de soldat. Ce dernier mobilisa deux valets, le perruquier et le barbier du domaine. Morbleu, on allait chez les princes ! Armand écouta longuement Thérèse, dont les talents de stratège n'avaient d'égale que son âme inflexible. Elle était de fer quand il s'agissait de conseiller son cousin général. Elle entendait être écoutée de sa part plus que de tous les autres.

« Soyez ferme, mon cousin, devant les princes, soyez intransigeant ! »

Ils partirent un matin du début du mois de mai vers Saint-Malo, où Loaisel et Vincent avaient préparé l'embarquement pour Jersey. Le temps était clair et la mer apaisée. Armand prit Loaisel dans ses bras sans cacher sa joie.

« Au revoir, mon ami. Je serai bientôt de retour. Prends soin des nôtres. »

L'aventure l'exaltait, et il sentait qu'enfin il pourrait agir sur les noirs événements qui s'enchaînaient depuis des mois.

Devant la Grand'Porte, des charrettes attendaient que l'on charge les navires. Armand, son perruquier et son barbier, Thérèse, Schaffner et Saint-Pierre embarquèrent sur un bateau de soixante-quinze pieds de long qui appareillait pour rejoindre le port de Saint-Hélier avant la fin de l'après-midi. Seul sur la dunette, Armand regarda s'éloigner Saint-Malo, posé sur l'horizon. Quand ils arrivèrent à Saint-Hélier, l'accueil de Botherel fut tel qu'ils l'anticipaient : glacial.

« Monsieur de La Rouërie, c'est moi qui vous introduirai chez le comte d'Artois, l'avertit Botherel.

— Vous y serez donc à mes côtés, répondit du tac au tac Armand, qui ne manqua pas d'interroger perfidement Botherel : N'êtes-vous pas trop inquiets, ici, du bruit des fusils dans nos chemins creux ? »

Deux jours plus tard, l'équipée posait le pied en Angleterre.

Trois jours plus tard, Armand et ses compagnons embarquaient pour Ostende à bord d'un navire marchand. La colère du général ne retomba pas lorsqu'il constata, à Coblence, que l'appel du comte d'Artois et du comte de Provence, frère cadet du roi, avait été entendu : les émigrés y débarquaient par centaines !

« Que diable viennent-ils chercher ici ? Qu'ils restent donc chez eux, et qu'ils s'organisent, comme nous !

— Rester chez nous ? Mais combien n'y attendent qu'une chose : nous mettre au bout d'une corde ? tenta Botherel.

— Qu'ils osent ! »

Armand pensait voir le frère du roi à Coblence, pourtant il dut descendre jusqu'à Ulm pour le rencontrer.

« Va-t-il nous faire courir jusqu'à Turin ? »

La Rouërie était aussi impatient qu'enthousiaste à l'idée d'obtenir enfin le blanc-seing du comte d'Artois pour rentrer en Bretagne et bâtir sa coalition. Il dormait peu, ne tenait plus en place. Saint-Pierre avait fort à faire pour exécuter ses nombreuses volontés.

Sur le chemin, Armand entreprit Thérèse sur les grandes qualités des armées de Prusse, prenant Schaffner à témoin. Il avait aussi étudié l'histoire des Souabes, ces paysans au caractère rude dont les révoltes le long du Danube étaient restées célèbres.

« Ces Souabes-là, il m'en faudrait quelques-uns dans mon armée de Bretons ! »

Botherel avait fait sa part. À Ulm, Armand était attendu et fut introduit sans tarder auprès du comte d'Artois pour un entretien en tête à tête. Celui-ci avait l'élégance princière et le cœur léger. Il aimait baguenauder d'une cour à l'autre, ne manquait jamais les fêtes organisées en son honneur et voyait toujours la vie du bon côté. Quand il reçut Armand, ce fut d'abord pour le féliciter d'avoir quitté sa province et rejoint les princes frères du roi. La Rouërie, qui se plaisait à classer les grands hommes par comparaison avec George Washington, eut un premier jugement sévère.

« J'irais bien avec lui affronter les dames de la cour, mais pas faire la guerre au roi d'Angleterre. »

Pourtant, le comte d'Artois fut à l'écoute. Armand expliqua longuement qu'il voulait se battre, mais en Bretagne, et que, si les princes frères du roi levaient une armée à l'est, il assurerait, au même moment, le soulèvement des Bretons oppressés par ceux qu'il appelait les « despotes » de l'Assemblée nationale.

Sachant La Rouërie en difficulté financière, Artois consentit seulement à des prêts confiés à un comptable. Mais là n'était pas le plus important. Lorsqu'il retrouva ses amis, Armand les informa de l'essentiel : le comte d'Artois encourageait la création de l'Association bretonne. Tous les volontaires bretons étaient invités à se mettre sous les ordres d'un seul chef : Armand Tuffin de La Rouërie.

De retour à Coblence, Thérèse et son cousin ne cessèrent de pester contre tous ces nobles qui avaient quitté leurs provinces pour mener la bataille dans les beaux salons rhénans. Le comte d'Artois avait prié Armand de retourner en Rhénanie pour s'entretenir avec l'ancien ministre Calonne.

« Que faut-il donc penser de ce Calonne ? interrogea Thérèse.

— C'est un renard, hâbleur, qui vous charmera de ses mots avant de vous planter sa lame dans le dos. Celui-là est de ceux qui ont bafoué nos libertés, de ceux qui ont mis à mort nos parlements des provinces. »

Il devait voir Calonne, il vit Calonne. L'ancien ministre lui demanda de rendre compte et de missionner un officier qui ferait la liaison permanente entre la Bretagne et Coblence. Armand pensa tout de suite à ses deux Louis de confiance, Pontavice et Saint-Hilaire. Mais il n'eut pas à choisir. Un événement le fit pour lui, dans lequel Armand vit un signe du destin.

Ils ne pouvaient quitter la cité rhénane sans avoir visité le nouveau château de Clément de Saxe, oncle du roi de France et de ses frères. La majestueuse demeure s'étalait sur les bords du Rhin et était, ce jour-là, baignée de soleil. La foule s'y pressait : les nobles venus des provinces françaises rivalisaient pour se montrer au café des Trois-Couronnes ou aux abords de l'édifice. Chacun des frères du roi y avait sa cour. Les plumeaux blancs et les fleurs de lys tourbillonnaient, à la grande irritation d'Armand.

« Qu'est-ce que c'est que cette armée qui papillonne et manigance, après avoir fui ses terres la peur au ventre ? Où vais-je trouver parmi ces âmes légères un officier recommandable ? »

Il s'interrogeait à haute voix quand soudain Schaffner lui agrippa le bras, puis se mit à courir en retenant son chapeau qui faillit s'envoler.

« George, où cours-tu donc ?

— Je crois avoir trouvé le meilleur des Souabes ! »

La Rouërie vit Schaffner taper dans le dos d'un officier qui se retourna vivement. C'était un individu de petite taille qu'Armand ne put immédiatement reconnaître tant il y avait de monde.

« Qui est-ce donc, Thérèse ? »

Armand courut à son tour, s'approcha de l'homme et le prit dans ses bras, au bord des larmes.

« Fontevieux ! Mon fidèle Fontevieux ! »

54

« Pendant que ces gens-là batifolent sous les fenêtres des frères du roi à Coblence, nos bons curés sont enfermés dans les geôles du Mont-Saint-Michel ! »

Fontevieux écoutait Armand avec gravité. S'il avait rejoint Coblence, c'était parce qu'il avait appris que les frères du roi voulaient y organiser une armée.

« Rester sans me battre, moi ? Tu le sais, général, c'est impossible. Je t'en fais le serment comme en Amérique : je demeurerai à tes côtés jusqu'à la mort ! »

La détermination de cet homme aussi frêle qu'élégant impressionna Thérèse. Son regard était si doux, et il semblait en même temps si brave ! Elle connaissait déjà le rugueux George Schaffner. « Ces deux-là sont du plus solide des bois d'Amérique ! » se dit-elle. La reconnaissance que son cousin témoignait à Fontevieux la persuada qu'il était un homme sûr.

Armand, Thérèse, Saint-Pierre et les deux domestiques quittèrent la cité rhénane pour Paris, laissant Botherel et Schaffner repartir vers Jersey. Fontevieux fut prié de rester pour enquêter chez les nobles bretons de Coblence : certains, apprenant qu'une coalition allait naître en Haute-Bretagne, pourraient décider de rentrer au pays. Il devait ensuite rejoindre à Paris Chevetel et Pontavice.

Les chemins du royaume de France étaient sous surveillance. Armand avait trouvé une redingote qui lui donnait l'air d'un marchand. En habit vert d'Amazone, les cheveux ramassés sous un chapeau noir, Thérèse était heureuse. Elle aimait les voyages. Les trois domestiques parlaient entre eux, et elle avait son cousin pour elle seule. Elle entendait bien lui révéler ce qu'elle pensait de la situation et veiller à ce qu'il ne se laisse pas emporter par l'exaltation. Elle avait l'œil à tout.

La petite équipe monta dans une diligence qui filait en Belgique. Les Bretons passèrent la nuit dans la ville fortifiée de Mons. Le lendemain, ils entrèrent en France, et une berline à quatre chevaux les mena jusqu'aux alentours de Péronne. Deux autres voyageurs, qui semblaient soucieux, prirent place le matin suivant pour descendre vers Paris. Ils chuchotaient des mots imperceptibles. Armand était aux aguets. Il avait le sens aigu des loups qui guettent en lisière des bois, sentait le feu de loin et devinait le danger avant tous les autres. En approchant de Senlis, alors que Thérèse somnolait, il répondit à Saint-Pierre, qui s'étonnait de voir tant de détachements de dragons :

« Tu as l'œil, Saint-Pierre.

— Il n'y a point de guerre par ici ?

— Non, mais ils sont en chasse.

— Mais que chassent-ils ? s'interrogea Thérèse qui venait de s'éveiller.

— Je le saurai bien vite… »

Le cocher arrêta son attelage au bourg suivant. Un groupe de soldats faisait boire les chevaux. Armand sut flatter l'officier qui conduisait le détachement. Quand il rejoignit Thérèse, elle comprit que quelque chose de grave s'était passé. Son cousin affichait sa mine des très mauvais jours.

« Le roi et la reine ont fui Paris, et ces soldats sont à leur recherche… »

Abattue par la nouvelle, la petite équipe reprit sa route sans un mot. Les deux autres voyageurs leur jetaient des regards interrogatifs. Ils avaient remarqué le trouble ambiant et semblaient se demander quelle en était la cause. Armand, appuyé à la portière, ballotté par les secousses et enfermé dans le silence, s'irritait de la moindre parole de Thérèse. Ils passèrent la nuit dans une auberge aux abords de Senlis. Le général ne ferma pas l'œil. Le lendemain avant midi, ils arrivèrent sur les bords de Seine, accueillis par la saleté repoussante et l'agitation. La fuite du roi et de la reine mettait Paris en état d'ébullition. Le vent chaud de la Révolution balayait les pavés boueux et agitait les esprits.

Ils s'installèrent dans l'habitation laissée vacante par Charles de La Bélinaye. Armand y avait ses habitudes. Il envoya Saint-Pierre trouver Chevetel, qui logeait rue de Tournon. Il en revint avec une invitation à déjeuner pour Armand et Thérèse.

Le lendemain, ils furent reçus au premier étage d'un vaste appartement qui donnait sur un jardin. Chevetel prit soin de finir quelques écrits pour laisser deux domestiques s'occuper de ses invités. Il avait fait son trou à Paris – cela devait se savoir sans même qu'il ait à le dire. Il vint à leur rencontre, serré dans un habit bleu des plus élégant, la barbe noire fine et taillée, le regard pétri d'intelligence, mais peut-être aussi teinté d'un éclat de méfiance ou de retenue. Le potage et les viandes, le vin et le chocolat témoignèrent de la bonne fortune de Valentin Chevetel, médecin consultant des bâtiments de monsieur le comte de Provence, frère du roi.

« Je n'ai point à me préoccuper du bien-être de mon ami Valentin », songea Armand.

Chevetel prit soin de Thérèse, s'enquérant de sa santé, de sa fatigue après un si long voyage et de ses projets. Impatient, La Rouërie mit un terme à ses amabilités.

« C'est terrible, Valentin : le roi a fui !

— C'est fâcheux, pour le moins... Sa Majesté est fort affaiblie...

— Et même en danger ! Ce Danton, que vous semblez bien connaître, il hurle, il va empester Paris tout entier avec ses hurlements ! »

Danton ! Ce nom était de toutes les conversations. À Paris, le tribun tonitruant, membre éminent du club des Cordeliers, marchait en tête de la Révolution, et sa voix dominait toutes les autres quand il célébrait le patriotisme. Valentin Chevetel, qui l'avait pour voisin, le croisait presque chaque jour, du côté des fossés Saint-Germain.

« Il est, je crois, soucieux de l'anarchie qui s'installe. Le roi parti est-il encore roi ? Tout cela le rend nerveux.

— On me dit que ce matin, à l'Hôtel de Ville, Danton s'en est pris au roi et a sorti son épée devant tous les révolutionnaires du club des Jacobins. Il a demandé que des têtes tombent ! »

Quand La Rouërie parlait des Jacobins, le sang lui montait aux tempes. Cette société de fortes têtes s'était d'abord appelée « club des Bretons ». Elle avait été fondée en 1789 par des députés arrivés de Bretagne pour participer aux États généraux convoqués par le roi. Au grand dam de La Rouërie, qui pressentait les aspirations de son temps, la noblesse bretonne, opposée aux revendications des représentants du tiers et du bas clergé, avait refusé d'y participer. Armand avait tenté de convaincre jusque dans les rangs de sa famille qu'il fallait « députer » à Versailles, en vain. Débarrassé de la noblesse, le club des Bretons avait été le premier à exiger que l'on remplace les trois ordres par une Assemblée nationale.

« Tous ces furieux nous préparent le pire des despotismes, s'enflamma Thérèse. Ils ne veulent que révolutionner !

— Valentin, ils ont mis à terre nos libertés. Ils s'en prennent maintenant à nos curés. Eh bien, je vous le dis, nous devons nous lever ! Et vous aussi, ici, à Paris ! »

Chevetel, prudent comme à son habitude, fit signe à ses domestiques qu'ils servent de nouveau à boire. Il écouta longuement Armand raconter son voyage en Rhénanie et son entretien avec le comte d'Artois. Il acquiesça lorsque La Rouërie s'éleva contre l'anarchie à Paris et dans les provinces. Et quand il eut terminé, Valentin Chevetel lui demanda avec une attention touchante si ses douleurs à l'épaule, séquelle de ses lointains combats, ne le gênaient pas trop.

« Qu'il est prévenant », pensa Thérèse.

« Ce n'est point de mes douleurs qu'il faut s'enquérir, répondit l'intéressé, mais de celles de la Bretagne et du royaume. »

Ils se revirent les jours suivants. Valentin confia à Armand qu'il fréquentait le club des Cordeliers pour s'informer de la teneur des débats à Paris. Thérèse et son cousin l'aperçurent une dernière fois avant de rentrer en Bretagne : ils sortaient du Procope où une foule de gens se pressaient pour entendre les conversations animées, y participer, et aussi être vus. En contournant le fameux restaurant parisien, ils débouchèrent sur la rue de l'Ancienne-Comédie ; Thérèse signala au loin un couple qui marchait, conversant, bras enlacés.

« N'est-ce pas notre ami Valentin, là-bas, devant nous ? »

Armand, qui l'avait lui aussi repéré, lâcha un simple « Morbleu ! ». Car il avait reconnu la femme dont Chevetel tenait le bras : c'était Marie Nonnes, la comédienne surnommée « Mlle Fleury », que La Rouërie aimait à retrouver lorsqu'il se rendait à Paris. Elle vivait dans un appartement de l'hôtel de La Fautardière, à deux pas du Procope, où ils s'étaient si souvent aimés. Quand Valentin était parti s'installer à Paris, Armand lui avait recommandé l'amitié de Mme Nonnes : « Prêtez-lui attention, elle saura toujours vous venir en aide. »

« Morbleu, répéta Armand, Valentin est décidément digne de confiance : il a suivi mes consignes à la lettre. »

55

Le craquement du rondin attaqué par les flammes fit sursauter Marie-Jeanne de La Motte de La Guyomarais, maîtresse des lieux en son manoir de Saint-Denoual, niché en lisière de la forêt de la Hunaudaye. Depuis des semaines, dévorée d'angoisse, elle ne trouvait plus le sommeil. Les curés s'enfuyaient, pourchassés comme des bandits. Beaucoup rejoignaient au cœur de la nuit les criques du pays de Saint-Malo, pour embarquer et gagner Jersey. Là-bas, Botherel se chargeait de les recueillir.

Marie-Jeanne de La Motte avait encore à l'esprit les mots de Julien Saucet, celui qui se faisait nommer Duval. Envoyé de La Rouërie, Duval avait fait halte la veille au manoir. Il arrivait de Saint-Coulomb, où Armand avait réuni les Malouins chez son ami négociant Marc Désilles de Cambernon. Désilles habitait à la Fosse-Hingant, une de ces immenses habitations autour de Saint-Malo qu'on appelle les « malouinières ». Le faste de sa demeure rappelait que la famille avait autrefois fait fortune en commerçant dans les lointaines mers du Sud. « Il va nous falloir beaucoup d'argent, avait annoncé Armand. Et toi, Désilles, tu sais faire deux sous avec un sou. Tu seras mon trésorier ! »

« Nous connaissons M. Désilles, c'est un homme recommandable. Mais dis-moi, Duval, quelles sont les nouvelles ? Je ne pressens que du malheur.

— Madame, le général Armand m'a demandé de vous quérir, avec monsieur le comte. Il veut organiser la coalition des Bretons. Je m'en vais maintenant à La Mancellière quérir M. de Noyan, puis à la Ballue. Dans deux jours, le général veut voir ses amis à la Fosse-Hingant.

— Monsieur est avec nos gens à la chasse. Je lui en parlerai ce soir. On dit par ailleurs que des curés ont été pendus, que des châteaux sont en feu ! Sais-tu cela, Duval ?

— Ce qui est vrai, c'est que des mendiants ont vu les derniers moines s'enfuir du Mont-Saint-Michel. Et les cachots y sont pleins de curés qui ont refusé le serment ! »

Marie-Jeanne, bouleversée, n'avait pu répondre quoi que ce soit. Elle lui avait fait servir un pichet.

Deux jours plus tard, les carrioles s'alignèrent dans l'allée de la Fosse-Hingant. Thérèse et Louis de La Haye-Saint-Hilaire arrivèrent à cheval. Le Uhlan avait mené un train d'enfer, et, tout le long du chemin, s'il s'était montré très attentif, il n'avait jamais demandé à Thérèse si elle fatiguait à le suivre. Elle qui ne s'autorisait aucune faiblesse ne l'aurait pas admis. C'était surtout une excellente cavalière.

Marc Désilles avait mobilisé ses domestiques et des paysans du Clos-Poulet opposés au départ de leurs curés. Massés devant le manoir, ils écoutèrent longuement Armand de La Rouërie, monté sur un tombereau que le maître des lieux avait fait placer en haut de la cour. Tous remarquèrent, sur le manteau rouge du général de l'armée de Washington, l'aigle de Cincinnatus, tenu par un large bandeau bleu. Ce trophée venu d'Amérique impressionnait la foule.

« Voyez l'aigle de Cincinnatus, lança Armand, l'emblème des Cincinnati, porté par ceux qui se sont insurgés en Amérique contre les despotes et pour la liberté ! À Paris, de semblables despotes ont mis à terre les libertés bretonnes et, aujourd'hui, ils pourchassent nos curés. Ceux de chez nous qui y voient une manifestation de la liberté se trompent. Levons-nous ! »

Le comte de La Guyomarais et sa femme Marie-Jeanne furent les premiers à applaudir.

« Que votre tournée de Bretagne vous porte jusqu'à La Guyomarais ! » lança la comtesse à l'adresse d'Armand.

Le général venait d'annoncer à la foule qu'il irait avec Loaisel à la rencontre de chaque contrée bretonne.

« Dans toute ville, dans toute paroisse, nous installerons des commissaires, choisis dans les trois ordres, et il n'y aura entre eux aucune différence. Point de mérite de naissance ! Les plus gradés seront les plus valeureux ! »

Loaisel écoutait avec une satisfaction visible les principes exposés par La Rouërie, qui avait fait de lui son secrétaire. Cet homme-là savait tenir les papiers et écrivait de fort belle manière.

« Nous ferons telle l'araignée ! lui avait déclaré Armand.

— L'araignée ?

— Oui, l'araignée ! Elle œuvre avec persévérance. D'un fil, elle tisse une toile, se rit du vide et finit par occuper tout l'espace. »

Ils partirent tous les deux aux dernières heures du mois d'octobre de l'année 1791. Ils descendirent à Nantes, rejoignirent Guérande et, pendant plus d'un mois, longèrent la côte du diocèse de Vannes jusqu'à la Cornouaille et au Léon. S'ils passèrent beaucoup de temps dans le Morbihan, c'est parce que Loaisel y était né, dans la paroisse de Caro. Il en connaissait, du monde ! À Brest en revanche, les choses faillirent mal tourner. Nombre d'officiers avaient fui ; le désordre régnait.

« Je ne vois là qu'une populace de fous et de brigands », s'écria La Rouërie en quittant le port de Brest après avoir manqué d'embrocher deux marins.

Il retrouva un bel entrain en traversant le Léon. Presque tous les curés avaient refusé de prêter le serment. La fureur gagnait les campagnes au fur et à mesure que les religieux étaient déportés.

« Tous ceux-là fourniront mon armée », lâcha-t-il à Loaisel.

Ils firent halte dans le Trégor, puis à Saint-Brieuc, avant d'atteindre Dol et La Mancellière, où les attendait le comte de Noyan. Armand lui fit un compte rendu complet. Ils s'étaient arrêtés dans chaque ville pour y rencontrer en secret quelques hommes d'influence. Chacun d'eux avait ensuite été chargé de réunir autour de lui un petit comité, sans divulguer les noms de ses membres : l'ennemi était partout.

La Rouërie trouva aussi l'appui des démunis. Parmi eux, les faux-sauniers mis à terre par la suppression de la gabelle. Leur sel ne prenait plus de valeur en franchissant la frontière entre Bretagne et Maine. On les appela alors les « chômeurs de la gabelle ». Ils voulaient se venger des « bandits de Paris ». Beaucoup se mirent au service du général Armand.

« Maintenant, Loaisel, je vais m'occuper de tous ces pauvres bougres qui n'ont plus rien pour vivre. Les chômeurs de la gabelle sont des nôtres ! »

À la mi-décembre, La Rouërie fut de retour à Saint-Ouen. Des comités étaient maintenant en place dans vingt-deux villes bretonnes. Il prit le temps d'écrire à l'ancien ministre Calonne et voulut aussitôt descendre dans le Maine, filer à Saint-Malo, visiter Avranches et les provinces limitrophes. Tout cela en même temps. Il allait, venait, commandait et ne dormait quasiment plus, tant il avait à faire.

Très vite, il confia au Uhlan les relations avec les provinces voisines. Louis de La Haye-Saint-Hilaire, stratège hors pair, homme de mission, avait beaucoup d'entregent. Partout on le recevait aimablement. Et on l'écoutait. Loaisel, de son côté, tenait les cahiers et consignait tout ce qui devait l'être. Quant à Schaffner, assurant très régulièrement des missions qui le menaient à Jersey, il était chargé d'aider Botherel à récupérer des armes. Car la coalition d'Armand était devenue, semaine après semaine, une légion de soldats secrètement éparpillés en Bretagne. Elle devait être prête à se lever le jour où le chef en donnerait l'ordre.

Le rôle des agents de liaison fut alors capital. Si Fontevieux fit plusieurs fois la traversée de Coblence à la Bretagne, Armand mit aussi sur la route son cousin Gervais. C'était un petit homme teigneux comme un bouc.

« Celui-là a la tête dure. Il coulerait au fond d'un puits si je le lui demandais », plaisantait souvent La Rouërie.

Gervais fut envoyé à Coblence, puis à Paris pour avertir Chevetel des dernières nouvelles. Quand il revenait, il ne pensait qu'à repartir.

Armand organisait l'Association bretonne dans un état de grande exaltation. Rien ni personne ne pouvait freiner son ardeur à mener l'affaire. Tous essayaient de suivre, mais il était partout en même temps, parlait sans cesse et arrachait l'adhésion des plus réservés. Ses lieutenants, Loaisel, Schaffner, Thérèse en tête, assuraient l'intendance.

Mais l'argent manquait. La Rouërie le distribuait généreusement et comptait maintenant sur les dons des plus fortunés de sa coalition. Gervais, qui avait été reçu par Calonne, avait informé l'ancien ministre de la situation. Fontevieux fut alors prié de quitter Coblence pour Paris et d'emporter avec lui quarante mille livres en billets. La générosité de Calonne avait une explication : ces billets étaient faux, et il appartenait à Fontevieux de les changer à Paris, avec l'aide de Valentin Chevetel. Le médecin lui fit un accueil de prince et l'invita à sa table.

« Gervais m'a tenu informé de l'état d'avancement des projets de notre ami Armand. Il est urgent qu'il reçoive cet argent ! »

En confiance, Fontevieux conta par le menu ce qui se tramait à Coblence. Le lendemain, Chevetel lui fit savoir qu'aucun de ses amis banquiers ne voulait courir le risque de transformer en valeur sûre des liasses de faux billets.

« Me voilà bien démuni, regretta Fontevieux.

— Allez donc fureter du côté du Palais-Royal. Vous y trouverez de l'aide. Il y a toujours au milieu de la populace des spéculateurs peu regardants. »

Quand il arriva quelques jours plus tard au château de Saint-Ouen, Fontevieux fut reçu en héros. L'argent avait fondu, car les spéculateurs avaient assuré leurs arrières. Mais Armand se sentit rassuré de retrouver à ses côtés son courageux soldat d'Amérique. Avec Schaffner et Fontevieux, comme à Yorktown, il était paré pour le combat ! Son enthousiasme s'émoussait ces dernières semaines. La coalition commençait à faire parler d'elle, et il savait les républicains en alerte.

Un matin, après avoir échafaudé des plans toute la nuit, il annonça que les forces vives de la coalition bretonne se réuniraient à la Pentecôte au château de Saint-Ouen. C'est ce jour-là que l'affaire bascula.

56

À Paris, les révolutionnaires lorgnaient les frontières. Aux aguets, comme les loups à l'orée du bois, ils devinaient qu'une armée s'assemblait derrière les princes frères du roi. Des nobles venus de tous les horizons préparaient la guerre sous les ordres du duc de Brunswick. Le prince et grand général prussien peaufinait son alliance avec l'Autriche. Et tous ceux-là n'avaient qu'une idée en tête : se rendre en France et rétablir Louis XVI dans ses pleins pouvoirs. Ce dernier était prisonnier en son palais des Tuileries, ce que les souverains d'Europe ne toléraient pas, craignant la contagion des idées révolutionnaires.

La tension était extrême dans tout le royaume. Après le vingtième jour d'avril 1792, la nouvelle se répandit comme une traînée de poudre jusqu'en Bretagne : les révolutionnaires, qui exigeaient que les émigrés soient chassés de Rhénanie, venaient de décider d'entrer en guerre contre l'archiduc d'Autriche, roi de Hongrie et de Bohême, neveu de la reine Marie-Antoinette.

L'offensive approchait. Le plan de La Rouërie était simple : une fois les troupes étrangères et l'armée des émigrés sur le sol français, les Bretons se lèveraient à leur tour, passeraient en Normandie et marcheraient vers Paris. Les chefs de l'Association bretonne furent convoqués au château de Saint-Ouen.

Ils arrivèrent nombreux, seuls ou par petits groupes, pendant des heures. Ils avaient cheminé le cœur battant, guettant les républicains qui rôdaient loin des villes, à la recherche des curés réfractaires. Au petit matin, aux abords du domaine de La Rouërie en état de siège, ils pensaient se restaurer après une très longue marche. Mais ils eurent d'abord à montrer patte blanche : Armand avait placé aux abords de son domaine des dizaines d'avant-postes armés. Derrière les tombereaux couchés à proximité du château, ses compagnons veillaient. Beaucoup d'entre eux, paysans et pauvres hères, étaient venus toucher les quelques sous que le chef leur avait promis.

« Mon argent est au service de notre roi », disait-il, distribuant généreusement ses derniers deniers.

Chacun dut décliner son identité, dire d'où il venait et donner le nom de sa paroisse. Thérèse de Moëlien scrutait chaque visage, cherchant à deviner si un traître ne se cachait pas parmi les invités.

« Aimé, que sais-tu ? »

Face à Armand, dans la grande salle du château dont les fenêtres étaient ouvertes pour que ceux qui n'avaient pu entrer puissent entendre, un garçon de quinze ans peut-être se tenait debout, bras croisés. Il semblait si jeune, pourtant la détermination brûlait dans son regard. Ses cheveux noirs tombaient sur des épaules droites. Son large nez, ses lèvres charnues et l'éclat de ses yeux intriguaient. Cet enfant-là était déjà un homme robuste. L'air bravache, Aimé du Boisguy toisait Armand.

« Les juges sont à l'affût, les gendarmes sont en chasse, et les détachements vont arriver. Je le sais, je l'ai vu et on me l'a dit.

— Et les sangliers, Aimé, leur as-tu demandé s'ils connaissaient la coalition des braves ? »

La boutade d'Armand provoqua des rires dans une assemblée jusque-là silencieuse, écrasée par la gravité du moment.

« Même les sangliers seront avec nous ! »

La réponse de son interlocuteur fusa, et Armand rit de plus belle. Il aimait la jeune teigne qui se tenait devant lui – un chasseur redoutable et précoce qu'il venait de nommer à ses côtés. Mais le général retrouva son sérieux : les nouvelles étaient inquiétantes.

« Et toi, Louis ? Le meilleur des uhlans ! Que rapportes-tu des provinces voisines ? »

Louis de La Haye-Saint-Hilaire se tenait, comme souvent, aux côtés de Thérèse. Il réfléchit un instant et redressa son menton avec élégance.

« Général, partout les paysans se lèvent, mais partout c'est la guerre. J'ai vu le sang couler dans le Maine, des réfractaires battus du côté de Vitré et des jureurs qu'on a failli pendre non loin de Fougères.

— Que devons-nous craindre ?

— Les troupes sont en route, à notre recherche. Aucun d'entre nous ne sera en sécurité à partir de demain. Les ordres ont été donnés, à Avranches, à Fougères et à Rennes. Nous devons informer nos gens. »

Un long silence suivit les propos du Uhlan. Armand, l'air sombre, balaya l'assistance du regard. Il interrogea Thomazeau de Saint-Malo, Gavard de Parcé, Saucet-Duval de Saint-Brice, La Bourdonnaye du Morbihan. Loaisel s'approcha de La Rouërie et de Schaffner, leur soufflant quelques mots à l'oreille :

« On me dit que Pontavice arrivera de Paris tout à l'heure. En attendant, M. Loaisel va lire nos règlements, et chacun d'entre nous jurera devant Dieu de ne pas faiblir à la tâche. À notre roi ! À notre Bretagne ! »

La vieille charpente dut trembler tant ils crièrent.

Pontavice apparut avant le soir. Il n'avait pas fermé l'œil depuis Paris, avait rejoint le Maine en carriole et fini à cheval. Essoufflé, il vida les deux pichets que lui tendit Armand avant de l'emmener à l'écart.

« Quelles nouvelles de Valentin Chevetel ?

— Il sera de retour sous peu… Il voit tant de monde, répondit, nerveux, Louis du Pontavice.

— Mais qu'as-tu donc, Louis ? Me caches-tu quelque chose ?

— Général… »

Louis du Pontavice souffla par le nez et parla plus fort :

« Ils savent… Trop de gens savent à Paris qui sont les Bretons qui se lèvent… Nos ennemis sont partout et souvent bretons eux aussi. Les fédérés de Brest et du Finistère sont les plus enragés.

— Les traîtres ! Ma tête est mise à prix. Je le sais. Quoi qu'il en soit, notre association est parée au combat. Nous partirons tous dans la nuit nous fondre dans les chemins, nous musser dans les terriers et les genêts, nous tenir aux aguets. La guerre approche, Louis. »

La nuit fut brève. Au petit matin, la plupart des participants à la réunion avaient quitté Saint-Ouen. Armand, Schaffner, Pontavice, Saint-Hilaire et Boisguy se lancèrent au galop vers Saint-Brice, sous un soleil froid. Thérèse de Moëlien, accompagnée de Saucet et de Saint-Pierre, grimpa la dernière dans une voiture à deux chevaux qui rejoignit Fougères. Le château était vide.

L'été arriva. Tout le long du Couesnon, de Laval à Saint-Malo, du Rocher-Portail à La Guyomarais, on aurait été bien en peine de dire où se cachait Armand Tuffin de La Rouërie.

57

« As-tu vu La Rouërie ? »

Du fond du Maine jusqu'après Lamballe, mendiants et vagabonds se posaient la même question :

« As-tu vu La Rouërie ? »

Certains avaient cru l'apercevoir avec ses domestiques sur les hauteurs de Dinan. D'autres affirmaient qu'il se mussait en forêt de Rennes, derrière les murs du château de la Ballue ou dans les lointaines contrées du Maine. D'autres encore n'avaient rien vu mais avaient peut-être entendu qu'il était mort, et qu'on trouverait plus vite un lapin cornu qu'un La Rouërie vivant.

« As-tu vu La Rouërie ? »

Interrogé par le recteur de Saint-Brice, le vieil homme leva au ciel ses yeux fatigués. Il posa son poing sur le granit de l'église pour reprendre son souffle.

« Si j'ai vu La Rouërie ? Pour sûr que je l'ai vu. Il s'est échappé dans la nuit du château du Rocher-Portail par une sente souterraine qui l'a emmené jusqu'au fond des jardins. Des soldats étaient là pour le quérir. Moi aussi, j'y étais. »

Le vieil homme s'arrêta de parler et respira un bon coup. Il fut pris d'un rire nerveux qui secoua sa carcasse amaigrie.

« Ils n'ont vu que le cul des chevreuils ! ajouta-t-il d'une voix rauque et tremblante. Dans la nuit, le général Armand est partout chez lui !

— Où est-il donc à c't'heure, Sans-Chagrin ? Tu dois bien le savoir, tu refuses simplement de me le dire, même en confession ! lâcha le curé, sourire en coin.

— Oh, on me rapporte des choses, mais je ne sais point. D'autres mendiants le savent. Demandez aux chiens des faux-sauniers. Si vous parvenez à les attraper ! »

Sans-Chagrin faillit de nouveau s'étouffer tant il riait.

« C'est un homme valeureux, reprit avec sérieux le curé, mais ceux qui voudraient sa tête sur un billot sont trop nombreux. »

Le mendiant devint grave. Il attendit un peu de retrouver sa respiration.

« Bien trop, oui ! Il est peut-être à prier au Mont-Saint-Michel pour l'âme de celui qui le trahit... Ou peut-être caché dans les caves du vieux Noyan.

— Qui donc le trahit, Sans-Chagrin ? Qui est le Judas ? »

La mine triste et figée du vagabond glaça le recteur de Saint-Brice.

« Peut-être l'un de ses plus fidèles.

— Parle, Sans-Chagrin.

— Je suis passé à La Branche il y a quelques semaines et j'y ai vu chez son père le capitaine du Pontavice.

— Est-ce lui, le traître ?

— Bon Dieu, non ! Pardon, monsieur le recteur. Le jeune Pontavice a quitté sa garnison au mois de mai et est maintenant aux côtés du général. Mais il m'a dit qu'à Paris trop de gens savent trop de choses. Quelqu'un parle...

— Qui serait à ce point enragé contre un homme si généreux ? »

Le visage tordu par une grimace, Sans-Chagrin prit le temps de répondre :

« Les chiens enragés mangent à toutes les gamelles ! »

À Saint-Ouen, nul n'approchait sans quelque frayeur la grande demeure de La Rouërie, vide de ses occupants, hors deux ou trois domestiques qui erraient de temps à autre sur le domaine. Tout avait été fouillé par des détachements venus de Rennes. Mais le lieu était désert. Même les écuries. Le château était empli des âmes des disparus qui parfois, disait-on, revenaient la nuit. Autour du domaine, on vivait dans la peur. Et la question se murmurait souvent au sortir des auberges et sur les routes : « Est-il aristocrate ou démocrate ? » Les « aristocrates » s'opposaient au serment des curés et à la conscription, et comptaient les plus valeureux comme les brigands les plus sordides. Les démocrates, c'étaient les bleus, les révolutionnaires, y compris les plus sanguinaires. À Saint-Ouen, aux abords du château, on craignait par-dessus tout les patrouilles en armes prêtes à emmener ceux qui se trouveraient là.

À la fin du mois de mai, des charbonniers de la forêt de Bazouges, ceux qu'on appelait les « chagourins », avaient aperçu un groupe de cavaliers à la nuit tombée, filant dans les sous-bois vers la Ballue. Le bruit courut alors que La Rouërie y avait trouvé refuge. Des détachements venus de Rennes et de Fougères traînèrent non loin. Deux mois plus tard, des faux-sauniers du Maine emmenés par les frères Cottereau arrêtèrent le comte de Langan près de son château de Launay-Viliers, dans le bois de Misedon. Là encore, le bruit courait que La Rouërie y avait trouvé refuge.

« Dites au général que sa troupe tient les bois et les chemins.

— Taisez-vous donc, malheureux ! Que nul ne vous entende, et que Dieu garde notre chef là où il se terre. »

Les nouvelles arrivaient de Paris. Dans les salons, les journaux passaient de main en main. Sur les routes, les colporteurs et les mendiants rapportaient ce qu'on leur confiait. Le 10 août, la monarchie sombra dans le sang. Le peuple de Paris envahit les Tuileries, et la famille royale séjourna quelques nuits au couvent des Feuillants avant d'être enfermée à la tour du Temple. Les troupes emmenées par le généralissime duc de Brunswick, commandant de la coalition austro-prussienne, franchirent les frontières. En Bretagne et dans le Maine, l'enrôlement des conscrits dans les paroisses, ordonné par Paris, tournait souvent à l'émeute.

Sur les chemins de Bretagne, les mendiants portaient les ordres d'Armand. Des cavaliers tambourinaient parfois aux portes des présidents des comités et repartaient aussitôt.

Le réseau des compagnons de La Rouërie était à l'affût. Leur chef n'attendait plus que le signal des princes pour lancer le soulèvement. Il fut d'abord prévu en octobre, mais les princes envoyèrent à nouveau Fontevieux retenir Armand : « Il faut attendre, attendre encore, le moment propice viendra. » Les vents de l'histoire en décidèrent autrement. Les troupes du duc de Brunswick entrées en France furent arrêtées à Valmy. La République triomphait. Armand comprit. À Paris, dans les salons des faubourgs Saint-Germain, Danton hésitait depuis quelque temps sur la conduite à tenir. Mais un matin, il donna l'ordre d'en finir avec les conjurés bretons. La tête de La Rouërie fut mise à prix.

En Ille-et-Vilaine, la chasse à l'homme était lancée. De manoirs en châteaux, d'une forêt à l'autre, Armand fulminait. Qu'attendait donc Botherel qui, de Jersey, devait faire livrer des armes sur les côtes bretonnes ? Que faisaient donc les princes incapables de mener leur armée à la victoire ? Valentin Chevetel arriva enfin devant Armand avec des nouvelles de Paris. La Rouërie l'envoya à Jersey avec Fontevieux pour quérir les armes. En octobre, la situation semblait sans issue. Armand, qui était remonté vers la côte nord, rejoignit Saint-Coulomb pour réunir ses troupes à la Fosse-Hingant, chez le trésorier Marc Désilles. Chaque nuit, un lougre quittait la côte en direction de Jersey, plein de curés réfractaires ou de nobles en fuite. Ceux qui étaient recherchés savaient que la guillotine les attendait. Armand était le premier d'entre eux.

« Les troupes de l'Est ont échoué à Valmy. Nous allons devoir mener la bataille sans elles. Sommes-nous prêts ? »

Marc Désilles de Cambernon invita chacun à s'asseoir, mais plus d'un resta debout tant l'inquiétude pesait. Il avait près de lui sa plus jeune fille, Angélique. Elle avait sans doute vingt ans et tenait ses deux enfants dans son giron. Ils devaient entendre ce qui se dirait ce jour-là.

« Général, nous ne pouvons nous lever seuls. Pas avant que de solides renforts arrivent de Jersey.

— J'ai la parole de Botherel. Je compte sur lui. Ils vont venir.

— J'en suis moins sûr... »

C'est Fontevieux qui avait parlé.

« Vous savez mon ardeur au combat. Et je suis prêt à mourir à vos côtés. Mais vous savez aussi que, sans renfort, cette bataille serait vaine...

— Je ne donnerai pas ce plaisir à ceux qui pourchassent nos curés et appauvrissent nos provinces. Nous nous lèverons avant la Saint-Joseph ! »

C'était en mars qu'on fêtait Jospeh. Le soulèvement fut prévu pour le 10. Il restait cinq mois. Fallait-il les passer à l'abri à Jersey ?

« Votre devoir est de vous y rendre, estima à son tour le comte de Noyan, posant sur Armand son regard d'aigle. Trop de détachements sont à vos trousses. Nous avons besoin de vous vivant à notre tête !

— Mes amis, qui peut imaginer pareille situation ? Qui peut imaginer le général prenant la fuite pour Jersey ? Personne ! »

L'assemblée se tourna vers Thérèse de Moëlien. Elle avait parlé d'une voix cassante. Quelques-uns qui en mouraient d'envie n'osèrent lui demander de se taire. Cette femme les irritait. Sa présence permanente, intransigeante, aux côtés de son cousin les empêchait parfois de se faire entendre de leur chef. Ce jour-là, la parole de Thérèse fut encore plus forte ; Armand intima le silence d'un geste de la main. Il réfléchit longuement, toisant chacun du regard, allant et venant de l'un à l'autre comme pour deviner ce que signifiait chaque expression de visage. Et il parla :

« Mes amis, il ne sera pas dit, dans ce noble combat, que je n'ai pas pris ma part. Il ne sera pas dit que j'ai fui devant l'ennemi. Il ne sera jamais dit que j'ai tenté d'échapper à une mort certaine. Je reste ! Oui, je reste, et ma décision est irrévocable ! Vous êtes libres et garderez mon infini respect ainsi que mon amitié fidèle. »

Il devint blême. George Schaffner qui le connaissait si bien compris que son chef s'apprêtait à verser des larmes. Les gorges étaient nouées.

« Je vais à la mort le cœur vaillant, reprit La Rouërie. J'aurai faim, j'aurai soif, mais s'il le faut je mangerai de cette terre et je boirai mon sang ! »

58

Tout semblait à Armand de La Rouërie d'une noirceur infinie. Les armées de l'Est étaient déchues à Valmy, et les livraisons d'armes de Jersey ne purent quitter l'île. Aucune division amie n'arriva sur les côtes de Bretagne et de Normandie. Son combat était-il déjà perdu ? Il dormit peu, courant les landes, les bois et les sentiers reculés, avec jamais plus de trois compagnons à ses côtés. Une vision tenace le taraudait, chaque nuit : c'était un feu de brindilles dans la pénombre. Lorsqu'il croyait percevoir la lueur, il repensait à ce Mohican de l'Hudson qui lui avait offert un jeune loup. Il lui avait aussi appris à lire ses pressentiments. Quand dans la nuit lui revenait cette image obsédante, Armand humait le danger. Ce feu était celui des chasseurs de loup. Et le loup, c'était lui.

Danton lâcha justement ses chasseurs. L'un d'eux s'appelait Lalligand-Morillon, grand homme aux belles manières mais trafiquant notoire, qui avait échappé aux fers en vendant ses services aux plus offrants. Doué d'une rare intelligence, rusé comme un renard, quoique dénué de scrupules, il était obnubilé par l'argent. Le second chasseur se fit surnommer « Latouche », car son véritable nom eût attiré l'attention. Lui devait agir dans l'ombre, recueillir l'information et la transmettre au Comité de sûreté générale. Les deux individus formèrent un duo bringuebalant. Lalligand-Morillon méprisait Latouche autant que Latouche le détestait. Ils se voyaient peu, s'épiaient à la manière de deux chiens attirés par la même gamelle. Mais ils avaient l'un et l'autre un intérêt certain à mener à bien leur funeste mission. Latouche gardait en lui trop de secrets qui auraient pu le conduire à la guillotine. Lalligand-Morillon avait trop d'ennemis prêts à le pendre sitôt qu'il perdrait le soutien du Comité de salut public.

Parfois, Latouche disparaissait. De longues semaines. Pendant ce temps, Lalligand-Morillon courait la campagne. De Laval à Saint-Malo, il écoutait, interrogeait, cherchant à séduire par ses belles manières. Il fit un saut à la Fosse-Hingant à la fin du mois d'octobre. Il salua Désilles, le maître des lieux. Il expliqua qu'il arrivait de Paris, qu'il tâchait de comprendre ce qui souciait tant les Bretons et qu'il était en quête d'amis, notamment d'un certain marquis de La Rouërie qu'il avait connu autrefois. Marc Désilles avait avec lui sa fille Angélique. Elle sembla vivement intéressée par ce que Lalligand-Morillon avait à dire à son père. Ce dernier était occupé par un autre visiteur, avec qui il était resté toute la matinée et qui s'apprêtait à repartir. Il fit patienter Lalligand-Morillon et pria Angélique de converser avec lui.

« Ne portez point le souci de nos tourments, monsieur. Les gens de Saint-Malo ont de quoi passer l'hiver.

— J'en suis bien aise. Voyez-vous, on m'a recommandé cette maison où mon ami La Rouërie aurait, m'a-t-on dit, ses habitudes.

— Mon père vous le précisera lui-même, il aime accueillir des amis de passage avant qu'ils prennent la mer. Êtes-vous certain que votre ami La Rouërie ne s'est pas embarqué pour Jersey ? »

Elle faisait si jeune et avait l'air si bravache. Lalligand-Morillon ne s'attendait pas à se retrouver en tête à tête avec une femme trop fine pour être sincère. Pourquoi eut-il le sentiment d'être démasqué, lui qui tenait surtout à ce que l'on ignore son identité ? Elle parla de ses deux fils, des temps tourmentés, des chemins couverts de neige et de la mer agitée par les tempêtes ces dernières semaines.

Au même moment, Désilles finissait sa conversation avec son visiteur sur le départ. Il le salua avant de s'approcher de Lalligand-Morillon.

« À Dieu, Saint-Pierre ! »

Lalligand-Morillon qui conversait avec Angélique n'y prêta qu'une attention distraite. Impassible, il fixait son interlocutrice d'un regard apaisé. Mais il entendit, nota ce nom qu'il connaissait déjà : « Saint-Pierre », l'un de ceux qu'il s'était promis de ne jamais oublier dans sa chasse aux coalisés bretons.

« Saint-Pierre, celui-là est un des plus proches, pensa-t-il. Cette maison est un nid de vipères. »

Il sut alors qu'il y reviendrait, et que sa conversation avec la jeune Angélique de La Fonchais, fille de Marc Désilles, aurait une suite prochaine.

59

Ce mois de janvier fut de glace. Le froid extrême et la neige figèrent les chemins et les forêts. Cette nuit-là, Joseph de La Motte tisonnait nerveusement les braises dans l'âtre enfumé du vieux manoir de La Guyomarais.

À l'étage, Armand, livide, respirait à peine. Son corps amaigri était inerte, sur un lit. Il était arrivé là en pleine nuit, le visage en sang après une mauvaise chute de cheval, accompagné de Loaisel et de Saint-Pierre. Si le comte de La Guyomarais, qui se méfiait tant, avait accepté d'ouvrir sa porte aux trois cavaliers couverts de neige glacée, c'est parce que, dans la pénombre, l'un d'eux avait décliné son identité :

« Je suis Gasselin !

— Si tu es Gasselin, tu es le bienvenu ici.

— J'ai avec moi Saint-Pierre et Loaisel. J'en réponds. »

Il s'était affalé sur sa monture. Le comte d'un réflexe l'avait retenu avant qu'il ne tombe.

« Ne restez pas dehors. La garde de Lamballe rôde par ici. »

Au coin du feu, hagards, ils avaient soufflé sur leur bol de soupe sous les yeux de Casimir, le jeune fils de La Guyomarais. Armand était hirsute, parlant à peine, la barbe trempant dans sa soupe. Sa main tremblait pour amener la cuiller à sa bouche.

Il fallut quelques jours à Saint-Pierre pour guérir de la mauvaise fièvre qu'il avait contractée lui aussi. Mais Armand, s'épuisant un peu plus à chaque heure, fut bientôt incapable de prononcer un mot. Deux médecins furent chacun appelés secrètement à son chevet, sans toutefois parvenir à identifier le mal.

Un soir, Saint-Pierre crut entendre un hennissement dans la cour de La Guyomarais. Le chien gronda. Le comte s'était levé, jetant un regard à sa femme inquiète. Quelqu'un frappa.

« Je n'attends personne à cette heure. Rejoignez M. de La Rouërie à l'étage », souffla-t-il à Saint-Pierre et à Loaisel.

La Chauvinais, l'un des domestiques, saisit fébrilement un fusil posé près de la cheminée. Saint-Pierre et Loaisel montèrent précipitamment l'escalier. La maîtresse des lieux serra son mouchoir quand le comte entrouvrit la porte. Il ne put reconnaître son visiteur, qui parla d'une voix volontairement étouffée :

« Ils vont venir cette nuit, ils fouilleront tout. Croyez-moi, si j'vous le dis. »

L'homme dans la pénombre n'avait pas lâché la bride. Il se remit prestement en selle et s'enfuit sous la pluie froide. Gagné par un noir pressentiment, le comte de La Guyomarais resta un instant sur le seuil, écoutant le galop de l'inconnu s'éteindre dans la nuit. Derrière lui, on cria :

« C'est mon acte de mort, et si vous me gardez là, ce sera aussi le vôtre ! Courons nous musser dans la Hunaudaye, mes amis. »

La Rouërie se tenait debout sur les dernières marches de l'escalier, tremblant de tous ses membres. Sentant comme toujours le danger, il avait usé de ses maigres forces pour bondir hors du lit. Ses cheveux sauvages cachaient une partie de son visage balafré. La lueur blafarde des torches lui donnait l'air d'un démon. Dans un coin de la pièce, Perrin, le domestique qui venait de poser une lourde souche près du foyer, s'était saisi d'un pichet. Il but une rasade pour calmer sa nervosité. Il avait sous les yeux le diable, ce qui n'annonçait que du malheur.

« Jamais ! »

La voix ferme du maître des lieux imposa le silence.

« Vous n'êtes pas en état. Et vous êtes notre hôte ! Perrin, amène les chevaux, nous allons à la ferme de la Gourhandais.

Lemasson et sa femme cacheront le général. Filons, la garde de Lamballe doit être en route. »

Alors que la pluie redoublait, Saint-Pierre et Loaisel s'y prirent à deux fois pour hisser La Rouërie sur son destrier. Armand faillit tomber quand sa monture traversa le Guinguenoual, le ruisseau qui parcourait les terres de La Guyomarais. Saint-Pierre le rattrapa d'un geste vif, avec l'aide de Casimir, mais la sente boueuse qui menait à la Gourhandais parut fort longue. Armand fut enfermé dans un des lits clos qui entouraient la table familiale.

Pendant une partie de la nuit, les dix gardes venus de Lamballe fouillèrent le manoir de La Guyomarais et les dépendances, sans rien trouver. Ils reprirent la route au petit matin, cherchant à boire. On dénichait toujours de la vieille gnôle au fond des étables. Lorsqu'ils s'arrêtèrent à la Gourhandais, Lemasson crut défaillir ; sa femme, qui avait l'esprit vif, sut ce qu'elle avait à faire.

À genoux contre le lit clos, elle marmonna des prières en pleurant.

« C'est mon frère, il se meurt. Il a une mauvaise fièvre. Il s'est vidé, et on va p'têt bien tous finir sous la terre. Mon Dieu… »

Les soldats, dont trois ou quatre avaient connu la dysenterie, préférèrent goûter la mauvaise gnôle que débiter des chapelets. Ils continuèrent leur quête nocturne vers le village de Saint-Denoual. Dans son lit clos, Armand tremblait de fièvre.

Il fut ramené le lendemain au manoir et porté dans sa chambre. Loaisel resta de longues minutes près de lui, sans un mot. Au moment du repas, il confia son inquiétude :

« Ce mal va l'emporter, notre chef se meurt.

— J'ai perdu la tête il y a plus de dix jours et, ma foi, je l'ai retrouvée, dit Saint-Pierre. Il la retrouvera, lui aussi.

— Les médecins n'ont pas de remèdes. Son esprit si vif est éteint. Il entre dans sa nuit. Il erre… Notre général se meurt, je te le répète, Saint-Pierre.

— Il lui faut du repos, coupa Mme de La Guyomarais. Prions Dieu.

— Oui, prions Dieu », reprit Loaisel, dépité.

La pluie battante n'avait pas cessé. Deux cavaliers traversèrent la forêt de la Hunaudaye sans prononcer un seul mot, cachés sous des toiles épaisses qui masquaient jusqu'à leur visage. Le soir tombait lorsque, l'un après l'autre, ils touchèrent la croix à l'entrée de la rabine de La Guyomarais. Ils se signèrent, comme on le fait avant une rude bataille, quand on ne sait si on va donner la mort ou la recevoir. Ils avancèrent au pas, guidés par les lueurs vacillantes du manoir tout au bout du chemin. Les chiens aboyèrent. Ils étaient repérés. Adossé à l'un des piliers de granit, le comte de La Guyomarais les attendait debout, la figure cireuse, insensible à la pluie qui collait ses cheveux à son front. Ses deux molosses réduits au silence grondaient sourdement.

« Vous voilà enfin. Notre ami est au plus mal. Et la garde de Lamballe est en chasse. Ils sont passés la nuit dernière. Venez prendre l'abri.

— Le général va-t-il mourir ici ? dit l'un des visiteurs. Bon sang, que pouvons-nous pour lui ? Et nous qui apportons une nouvelle qui pourrait le tuer.

— Quoi donc ? De quelle nouvelle parles-tu ?

— De la pire ! Celle que nous redoutions tous !

— Parle, Fontevieux ! Parle avant qu'Armand ne puisse t'entendre !

— Notre roi bien-aimé… Ils l'ont tué ! Ils ont tué le roi ! Décapité ! Passé à la guillotine !

— Le roi est mort ? Ils ont tué le roi ? Mon Dieu, le roi est mort… »

Le comte de La Guyomarais resta prostré quelques instants. Seul Fontevieux avait parlé. À ses côtés, Schaffner, livide, regarda tour à tour les hommes en présence. Enfin, il prit la parole :

« Ce n'est pas tout. Je reviens de Londres, où j'ai appris des choses.

— Quelles sont les nouvelles ? Combien d'entre nous ont-ils débarqué là-bas ?

— Il en arrive sans cesse. À Londres, à Jersey, à Guernesey. Calonne en veut le maximum. Mais… »

Fontevieux observa Schaffner avec insistance.

« Parle, ordonna-t-il. Dis ce que tu sais. M. de La Guyomarais donne l'abri à notre chef au péril de sa vie. Il doit être informé.

— Que savez-vous, major Schaffner, que je devrais savoir ?

— Il se dit de drôles de choses à Londres.

— Parlez donc ! Il n'y a que mes chiens pour vous entendre.

— Il se dit qu'un grand danger menace notre association.

— Mais il n'y a que des dangers, ici. Même au fin fond des bois de la Hunaudaye, il faut prêter garde aux cochons noirs. Les bleus ont des oreilles partout.

— Justement, il faut se méfier de tout le monde. Y compris de nos amis.

— Nos amis ?

— Il y a un traître parmi nous. Je le sais. Il a des contacts à Londres et à Jersey. Il sait des choses que nous seuls savons. Et il parle aux oreilles de Danton. »

Il s'arrêta, pensif.

« Qui donc est chez vous ?

— Il y a Loaisel, et Saint-Pierre, dit le comte.

— Je réponds d'eux », répliqua Fontevieux, alors que les domestiques menaient les chevaux à l'écurie.

Les deux hommes furent invités à la grande table du manoir. On chuchota pour ne pas attirer l'attention d'Armand.

« Il semble plus apaisé ce soir, remarqua Mme de La Guyomarais.

— Je vous l'ai dit, répondit Saint-Pierre. Le mal passe, et nous repartirons peut-être dès demain.

— Pour aller où ? Il est apaisé mais bien incapable de venir s'asseoir à nos côtés, ajouta la maîtresse de maison.

— Pontavice avait donc raison, lâcha Loaisel. Depuis des semaines, il affirme qu'un traître est parmi nous. Il en a eu la preuve à Paris. Il a même fini par irriter notre chef, qui ne veut rien entendre. Armand est comme ça : il refuse l'idée qu'un de ses compagnons puisse lui être déloyal.

— Tu sais combien Louis du Pontavice se méfie de Chevetel, dit Fontevieux. Il le déteste !

— Ça ne fait pas de Chevetel un traître, reprit Loaisel, songeur.

— Peut-être. Mais Thérèse a aussi des doutes, soutint Schaffner.

— Mlle de Moëlien a toujours des doutes. Je crois même qu'elle doute de chacun de nous, soupira Loaisel.

— Thérèse veille sur l'âme d'Armand ainsi qu'une louve. Elle le protège comme nous le protégeons.

— Je prie pour elle, George Schaffner, car Armand Tuffin de La Rouërie va mourir, et elle ne l'apprendra que trop tard. »

Un long silence suivit. Mme de La Guyomarais se signa.

Le lendemain, à l'angélus de midi, Saint-Pierre tenait Armand éveillé en lui lisant les nouvelles. Assis près du lit, la feuille sous ses yeux fatigués, il parlait lentement. S'il prenait le temps de dire chaque mot, c'est qu'il voulait éviter de communiquer à son chef des informations qui l'auraient désespéré. Il faisait le tri.

« Allons, Saint-Pierre, quoi encore ? Que se passe-t-il à Paris ? »

Armand luttait pour garder un œil ouvert et balbutier quelques mots. Il suffoquait à chaque syllabe, mais ne lâchait pas la bataille. Il voulait tout savoir et pressait Saint-Pierre :

« Que me caches-tu ? Lis plus vite ! A-t-on des nouvelles des colonies ? Et notre roi ? Notre roi ? Dis-moi donc ce que tu lis dans ton foutu journal !

— Il n'est pas question de notre roi… Il se passe quelque chose… Comme toujours à Paris…

— De quoi parles-tu ? »

Saint-Pierre triturait fébrilement le papier, comme pour l'expurger de la noirceur de son contenu.

« Je veux boire ! Je veux boire ! »

Le valet posa précipitamment son journal sur le sol et sortit de la pièce, trop heureux d'arrêter là l'interrogatoire. Il descendit chercher un pichet et s'attarda pour donner son sentiment à ses amis, qui devisaient dans la cour.

Soudain, il y eut un cri, venu d'on ne savait où, si ce n'est qu'il tomba du haut du manoir. Un cri long et aigu. Une colère du diable à glacer le sang.

« À mon roi ! À la garde ! À moi ! Morbleu ! Au roi ! »

S'ensuivit un râle infini. Saint-Pierre et Loaisel grimpèrent le grand escalier de bois qui menait à l'étage. Dans la chambre, Armand était à terre, pris de convulsions, comme fou. Son poing serrait le journal, et ses yeux avaient la blancheur des revenants. Il hurla quelque chose d'incompréhensible et s'évanouit.

« Maintenant, il sait pour notre roi ! se lamenta Loaisel. Les bourreaux de Louis XVI vont le tuer lui aussi. »

Fontevieux prit les choses en main. Aidé du comte de La Guyomarais, il coucha La Rouërie, en proie à de nouvelles convulsions.

« Nous nous relaierons à son chevet. Moi, puis toi, Saint-Pierre, puis toi, Loaisel.

— Et je finirai la nuit, ajouta Schaffner.

— Je vais le garder aussi », lança Casimir, qui ne savait trop comment se rendre utile.

À la porte de la chambre, Mme de La Guyomarais priait, ses filles à ses côtés. Le jour suivant, le malade paraissait déjà plongé dans l'au-delà, mais il respirait encore. Le lendemain, les convulsions reprirent, et il fallut le maintenir avec des draps noués.

Dans l'après-midi, Casimir descendit l'escalier après avoir veillé Armand plus de trois heures.

« Il m'a soufflé à l'oreille qu'il voit une mendiante aux cheveux de feu, il me parle d'une fouine, il semble si perdu...

— Il se parle à lui-même... lui répondit Schaffner. Combien de fois l'ai-je ainsi entendu évoquer sa mendiante. Je ne sais qui elle est, mais elle le suit depuis longtemps.

— Une fouine ? Te souviens-tu George quand il criait son nom au cœur de nos batailles ?

— Je l'entends encore, Fontevieux, il criait : “À la Fouine !” Cette Fouine-là était un enfant perdu des bords du Couesnon, son fidèle Lefevre l'avait bien connu.

— Ah, Lefevre ! Le général l'a encore appelé ce matin. Mais où est-il aujourd'hui, fermier à Philadelphie ou sous les racines d'un tulipier de Virginie ? »

Au soir du 29 janvier 1793, Armand était enfin apaisé. Son souffle était à nouveau régulier. Il dormait. Au milieu de la nuit, Schaffner nota que son chef respirait plus fort. Un son rauque sortait maintenant de sa gorge. Sa maigre carcasse semblait secouée par la danse de Saint-Guy. Peu après minuit, Schaffner, sentant l'émotion le gagner, appela Fontevieux, Loaisel et Saint-Pierre.

« Notre chef est-il endormi ?

— S'il dort ? Je crois que oui, dit Saint-Pierre. Approche donc la bougie.

— George, tu le sais bien, regarde sa poitrine inerte, balbutia Fontevieux, la main sur l'épaule de son ami. S'il dort, c'est dans la paix du Seigneur. Armand, notre chef, est mort !

— Armand de La Rouërie est mort ! » répéta Loaisel, incrédule, lui aussi bouleversé.

Tous quatre se signèrent. Le comte et la comtesse, qui dormaient de l'autre côté du palier, arrivèrent à leur tour.

« Que Dieu te garde, Armand de La Rouërie, sanglota Saint-Pierre.

— Honneur à notre chef qui fut un grand général, déclara George Schaffner, la voix tremblante. Honneur au colonel Armand qui a lutté pour la liberté de mon pays. Fontevieux, te souviens-tu de Short Hills, de Westchester et de Yorktown ? Il était au-devant de nous. Toujours au-devant.

— J'y étais, confia Fontevieux, séchant ses larmes. J'y étais… Maintenant, il court à jamais au-devant de ses rêves. Honneur au brigadier général Armand !

— Que Dieu te garde, Armand Tuffin de La Rouërie », ajouta le comte de La Guyomarais.

Il regarda longuement la petite assemblée abattue de tristesse et conclut dans un souffle :

« Que Dieu nous garde, mes amis. Que Dieu nous garde… »

60

Printemps 1794. Les deux cavaliers du 15e chasseurs avaient allumé un feu de bois à l'écart du régiment réparti en petits groupes de quelques soldats. Les troupes républicaines devaient encore patienter quelques jours avant de faire route vers la Vendée. Des dizaines de foyers brûlaient à petites flammes dans la prairie des bords de Loire. Au début du printemps, les soirées étaient parfois fraîches, et les soldats s'y réchauffaient.

Les deux cavaliers chuchotaient plus qu'ils ne parlaient, prêtant attention au moindre mouvement autour d'eux, car ils craignaient d'être écoutés. Leur conversation ne leur aurait valu que des ennuis si elle avait été entendue par d'autres. La question était grave : comment baigner les chevaux sans être vus et les faire nager au plus vite vers la rive opposée ? En un rien de temps, les deux hommes auraient rejoint l'armée catholique et royale du Bas-Poitou et son général, Charette de La Contrie. Non pas pour la combattre, mais pour en être les deux plus glorieuses lames.

Incorporés de force dans le régiment républicain, les frères Amaury et Casimir de La Guyomarais n'avaient qu'une idée : venger leurs morts. Combien de fois s'étaient-ils raconté ces terribles jours de la fin février de l'année précédente ? Lalligand-Morillon, le loup lâché par Danton pour débusquer Armand Tuffin de La Rouërie, dont la tête était mise à prix, était arrivé avec son équipe infâme et plus d'une centaine de soldats. Pendant des heures, Lalligand et son bras droit, le sinistre Burthe, avaient interrogé chaque membre de la famille.

« Où est le marquis ? Est-il passé là ? Parlez, ou vous en paierez les conséquences ! »

Tous avaient tenu leur langue. Tous, sauf un : le domestique Perrin était déjà à moitié saoul quand la troupe de malheur avait remonté la rabine. Chacun avait été interrogé devant un juge du nom de Petitbon, que Lalligand avait fait venir.

« Non... Non... Non... »

Casimir, questionné à son tour, n'avait eu que cette réponse à la bouche lorsque, à plusieurs reprises, on lui avait demandé s'il avait vu La Rouërie. Amaury n'avait pas eu à subir cet examen, puisqu'il était absent du domaine les jours précédents. Tous les autres y étaient passés, et plutôt deux fois qu'une, jusqu'au soir. Après une nuit interminable où tout le monde était resté sur place, les interrogatoires avaient repris au petit matin. Jusqu'à midi, Lalligand avait poursuivi sa besogne, se faisant de plus en plus menaçant.

Jamais Casimir n'oublierait le rire bestial de Burthe quand Perrin, ivre mort, avait invité Lalligand, le juge et les gendarmes à rejoindre le bois du Vieux-Semis, derrière le parc du château. Amaury et Casimir avaient assisté à la scène, l'un près de l'autre, pétrifiés. L'eau-de-vie coulait dans les gosiers pour délier les langues ou conjurer la peur. Deux journaliers avaient avalé quelques lampées et creusé là où Perrin avait indiqué qu'il fallait creuser. La terre était tendre ; on avait trouvé assez vite au fond du trou la chaux d'où l'on avait extirpé un corps à la tête chevelue. Lalligand avait bu à son tour une rasade d'eau-de-vie. Le chef de la conjuration bretonne gisait à ses pieds. Il avait été enterré là dans le plus grand secret au cœur de la nuit, avant que ne se lève le jour du 31 janvier 1793.

« Le rat est mort ! »

Il avait bu de nouveau et lancé un ordre sec :

« Décapite-le ! »

Casimir ne parvenait toujours pas à raconter la suite des événements à voix haute. Sa pauvre mère avait vu arriver Lalligand triomphant, un trophée macabre à la main : la tête de La Rouërie, qu'il avait jetée à terre en hurlant.

« Citoyenne, persistes-tu à nier que tu ignores où se trouve ce bandit du nom de La Rouërie ? »

Souvent, Casimir fondait en larmes en se remémorant ces événements. Toujours, Amaury en revenait à cette interrogation qui les taraudait depuis plus d'un an : comment Armand et les siens avaient-ils pu être ainsi trahis sans que personne ouvre les yeux ?

« Comment ce Chevetel, à qui j'arracherai la langue avant de lui couper la tête, a-t-il pu tromper tous les compagnons du général ?

— Pas tous, rappelait alors Casimir. Ce pauvre Pontavice avait vu juste. Il avait deviné que Latouche et Chevetel, le chasseur de Danton et le médecin, ne faisaient qu'un… Si seulement on l'avait écouté… »

Les deux frères pourraient-ils un jour oublier la terrible procession qui les avait conduits à la prison de Lamballe ? Mme de La Guyomarais, trop faible, avait été autorisée à suivre en carriole, mais tous les autres avaient marché jusqu'à la nuit, la peur au ventre.

Les jours suivants, Lalligand-Morillon avait poursuivi sa sinistre besogne jusqu'à la Fosse-Hingant, chez les Désilles de Cambernon. À Fougères, Thérèse de Moëlien avait été arrêtée à son tour par un certain Sicard. Elle avait pris soin de détruire les documents compromettants, notamment les listes des membres de l'Association bretonne. Elle aurait pu émigrer. Elle avait choisi de rester. Et de mourir. Sa dernière lettre fut adressée à son ami le plus cher, Louis de La Haye-Saint-Hilaire : « Je cesse d'être pour ce monde et c'est peu de chose. Ne vous affligez pas quel que soit mon sort, car cela m'affligerait encore et je ne veux garder qu'un souvenir doux de vous. Adieu ! Regrettez-moi un peu, mais pas trop. Depuis que je suis en prison, j'ai repris une partie de ma gaîté naturelle, et je crois qu'elle me surviendra jusqu'au dernier moment… » Elle joignit à cette ultime missive une mèche de ses cheveux noirs.

Puis il y avait eu Angélique. Elle n'avait pas vingt-cinq ans. Elle connaissait un secret : le nom d'une femme qui aurait apporté aux conjurés bretons une belle somme d'argent. Ce n'était pas elle. Mais elle savait. Elle n'aurait eu qu'un nom à donner pour éviter l'échafaud. Elle avait refusé, préférant périr que trahir. Elle avait pris la plume, écrit à sa belle-sœur qu'elle lui confiait ses deux « malheureux enfants », Adolphe et Alphonse. « Adieu… Pensez quelquefois à moi, parlez-en à mes enfants, chérissez ma mémoire, mais ne me plaignez pas. Mes maux vont finir. Les vôtres dureront encore. »

Les chasseurs avaient mené leur besogne. Il y avait eu plus d'un doigt tordu pour extorquer des renseignements, mais bien des compagnons d'Armand de La Rouërie s'étaient égaillés dans les paroisses et les chemins creux de Haute-Bretagne. George Schaffner et Loaisel avaient gagné Jersey. Saint-Pierre, Saint-Hilaire, Saucet-Duval, Aimé du Boisguy et les autres rejoignirent plus tard les rangs des chouans de Bretagne et du Maine ou l'armée vendéenne.

Vingt-sept Bretons avaient été emmenés à Paris – un long voyage d'insultes et d'humiliations pour les accusés. Le sinistre Fouquier-Tinville, accusateur public, se mit à l'ouvrage. Douze des prisonniers furent condamnés le 18 mai 1793 à la peine capitale. Fouquier-Tinville réquisitionna de nombreux soldats pour accompagner cette bande à la guillotine. Les douze mourraient dans l'honneur. L'honneur lui faisait peur. Ils furent exécutés à quinze heures, place de la Révolution.

61

« Mon Dieu, quel doux soleil… »

Thérèse se tenait debout, la cuisse appuyée contre la ridelle. Elle ferma les yeux, oubliant la morsure de la corde qui serrait ses poignets. Ses compagnons haletaient d'angoisse. Angélique souffla quelques mots incompréhensibles d'une voix tremblante.

« Ferme les yeux, Angélique. Dieu nous regarde et déjà nous apaise… » lui glissa Thérèse, tandis que ses longs cheveux noirs effleuraient l'épaule de sa jeune voisine. Elle avait refusé qu'on les lui attache, et l'aide du bourreau n'avait pas osé y toucher.

Douze curés s'étaient approchés, un pour chacun des suppliciés. Douze curés jureurs. Joseph de La Guyomarais parla pour les douze. D'un seul mot :

« Arrière ! »

Les prélats firent demi-tour, et le sinistre cortège s'ébranla.

Les pavés secouaient la vieille carcasse de bois qui transportait les condamnés. Dans la foule, on s'écharpait pour être aux premières loges, on criait « Mort aux Bretons ! ». De la Conciergerie jusqu'à la rue Saint-Honoré, le peuple de Paris vociférait, hurlait et parfois se taisait, le cœur pétri de peine. Le tombereau mena son chemin, les sabots sur le pavé étouffant les grincements du bois usé. Il arriva rue Royale. On se poussait des coudes pour apercevoir la funeste procession.

Puis les cris se raréfièrent. Et le silence se fit sur la grand-place de la Révolution. Un silence impressionnant qui emplit l'espace, à l'instar du vent chaud avant l'orage. Quelque chose frappa les esprits : serrés les uns contre les autres, les condamnés souriaient ! Ils souriaient, comme heureux de leur sort, sauf la plus jeune d'à peine vingt ans, blême, qu'ils consolaient malgré leurs mains liées.

Dans la foule, éperdu de douleur, Louis de La Haye-Saint-Hilaire laissa échapper une larme. Elle s'écrasa sur le pavé brûlant de Paris. Quand le Uhlan ouvrit de nouveau les paupières, il aperçut Joseph de La Motte de La Guyomarais qui se retournait et disait quelques paroles à sa femme. Elle lui répondit d'un long regard et peut-être d'un mot que Louis ne put deviner.

Il fut alors bouleversé comme jamais il ne l'avait été. Thérèse venait à son tour de gravir les marches. Ses cheveux noirs volaient au vent. Le visage se levait vers le ciel. Elle ferma les yeux et les rouvrit en souriant. Louis l'imita, capturant ce sourire qu'il n'oublierait jamais. Il serra les lèvres pour retenir le flot de larmes qu'il sentait monter. Il resta ainsi immobile, à l'écoute de la respiration de ses voisins. Quelques mots furent soufflés, et à nouveau le chuintement métallique de la lame. Quand il ouvrit les yeux, Thérèse avait disparu. Il reconnut Vincent de Saint-Malo, puis le courageux Fontevieux qui menait là son dernier combat, mains sanglées dans le dos, mais tête haute.

Les douze suppliciés marchèrent à l'échafaud sans recul. Seul le couperet leur fit baisser la tête. Douze fois, la lourde lame tomba, jetant le sang sur le pavé. Douze fois en douze minutes.

Une mendiante s'était glissée aux premiers rangs, bien avant l'arrivée des condamnés. Elle observa chacun d'eux ; chaque fois que le triangle de fer s'abaissait, elle prononçait quelques mots que personne ne chercha à écouter. Elle avait cheminé tôt des entours de Paris jusqu'à la place de la Révolution. Comme beaucoup des pauvres qui entouraient l'échafaud, elle venait d'on ne savait où. Sous le soleil, on voyait seulement la large capuche qui cachait son visage.

Le dernier des douze monta les marches. Il avait eu le temps de voir surgir la mort, d'entendre chanter l'infâme guillotine. Il avait le matin même, dans une dernière lettre, confié à son père son épouse et leur petite Élisabeth qui venait de naître, et qu'il n'avait pu serrer dans ses bras. « Mon tendre père, veillez à son secours… » Ses pensées étaient au loin, vers les siens accablés de douleur dans leur manoir breton de Saint-Brice.

Il tourna la tête vers la foule, semblant chercher une âme sœur. Son regard croisa celui de la femme à ses pieds, qui tenait d'une main ferme son bâton. De son autre main, elle fit glisser sa capuche. Ses yeux fatigués, d'un bleu tenace, apparurent sous ses cheveux couleur de sel et de feu. Elle desserra les lèvres et lâcha une parole qu'il ne put entendre :

« Où es-tu donc, Armand ? Que Dieu te garde. »

Quand vint son tour, Louis du Pontavice avança. Le pas ferme.

FIN

Composition et mise en pages
Nord Compo à Villeneuve-d'Ascq

Imprimé en France par
CPI Firmin-Didot
en octobre 2023

N° d'édition : 66166/01 – N° d'impression : 175819